本书系教育部人文社会科学重点研究基地重大项目"退欧背景下英国与欧盟关系及其对中国的影响"（项目编号：17JJDGJW013）阶段性研究成果

欧洲研究丛书

EU Foreign Policy under
the Multi-dimensional Crisis

危机影响下的欧盟对外政策

王明进 ◎ 著

中国社会科学出版社

图书在版编目（CIP）数据

危机影响下的欧盟对外政策/王明进著.—北京：中国社会科学出版社，2018.12

ISBN 978-7-5203-3363-4

Ⅰ.①危… Ⅱ.①王… Ⅲ.①欧洲国家联盟—对外政策—研究 Ⅳ.①D850.0

中国版本图书馆CIP数据核字（2018）第243736号

出 版 人	赵剑英
责任编辑	赵 丽
责任校对	刘 娟
责任印制	王 超

出　　版	中国社会科学出版社
社　　址	北京鼓楼西大街甲158号
邮　　编	100720
网　　址	http://www.csspw.cn
发 行 部	010-84083685
门 市 部	010-84029450
经　　销	新华书店及其他书店

印刷装订	环球东方（北京）印务有限公司
版　　次	2018年12月第1版
印　　次	2018年12月第1次印刷

开　　本	710×1000　1/16
印　　张	16
插　　页	2
字　　数	248千字
定　　价	68.00元

凡购买中国社会科学出版社图书，如有质量问题请与本社营销中心联系调换
电话：010-84083683
版权所有　侵权必究

欧盟研究丛书编委会

主　编：闫　瑾
编委会（按照姓氏笔画排序）：
　　　　　王义桅　石　坚　冯仲平　杨慧林
　　　　　时殷弘　宋新宁　陈志敏　罗天虹
　　　　　周　弘　房乐宪　黄卫平　戴炳然
常　务：关孔文

目 录

第一章 危机背景下的欧盟对外政策研究 ……………………（1）
 第一节 为什么研究欧盟的对外政策？……………………（2）
 第二节 欧盟对外政策是什么？……………………………（8）
  一 对外政策 ………………………………………………（9）
  二 欧盟的对外政策 ………………………………………（11）
 第三节 危机与欧盟对外政策研究 …………………………（14）

第二章 欧盟的发展援助政策 ……………………………………（21）
 第一节 欧盟发展援助政策的历史发展 ……………………（22）
 第二节 欧盟发展援助政策演变的特点 ……………………（31）
  一 援助的地域发生了显著的变化 ………………………（32）
  二 援助的政策措施向着综合化方向发展 ………………（33）
  三 发展援助的政治化与安全化趋势 ……………………（37）
 第三节 英国脱欧与欧盟对外发展援助的未来 ……………（44）
  一 对外发展援助重点区域的变化 ………………………（45）
  二 欧盟发展援助预算的短缺 ……………………………（46）
  三 贸易和投资上的变化 …………………………………（50）
  四 欧盟的协调能力会受到影响 …………………………（51）
  五 英国脱欧与欧洲公民社会组织的关系 ………………（52）
 小 结 ……………………………………………………………（53）

第三章 欧盟对外环境政策 (55)
第一节 欧盟对外环境政策的基本目标 (55)
第二节 欧盟对外环境政策的实践 (59)
一 充分利用外交权能,促进全球环境保护制度建设 (59)
二 利用经济手段,推动国际环境合作 (64)
三 完善环境立法,形成坚固的环境壁垒 (68)
第三节 欧盟对外环境政策的实践效果 (70)
第四节 多重危机对欧盟环境政策的影响 (72)
小 结 (78)

第四章 反恐合作与对外政策 (80)
第一节 21世纪欧洲恐怖袭击的特点 (81)
第二节 欧盟国际反恐合作的制度安排 (86)
第三节 欧盟国际反恐合作的理念和实践 (91)
一 警务与执法 (92)
二 司法合作 (94)
三 金融领域的反恐合作 (96)
四 反恐合作中的对外援助 (97)
五 欧盟国际反恐合作的特点 (100)
第四节 反恐行动在对外政策层面的挑战 (101)
小 结 (108)

第五章 欧盟的对外文化政策 (110)
第一节 欧盟对外文化政策的发展 (110)
第二节 欧盟开展对外文化关系的机制 (114)
第三节 欧盟对外文化关系实践 (117)
一 与申请加入欧盟以及潜在的欧盟成员国的文化关系 (118)
二 与周边政策所覆盖的欧盟周边国家的文化关系 (119)
三 与俄罗斯和中亚国家的文化关系 (122)
四 与亚洲国家的文化关系 (123)

五　与拉丁美洲国家的文化关系 …………………………………（124）
　　六　与非加太国家文化关系 ………………………………………（125）
　第四节　危机与欧盟对外文化政策的调整 …………………………（126）
　小　结 …………………………………………………………………（131）

第六章　欧盟的反扩散政策 ……………………………………………（133）
　第一节　基本认知及原则立场 ………………………………………（133）
　第二节　欧盟反扩散的基本措施 ……………………………………（139）
　　一　促进有关大规模杀伤性武器法律规范的建设和执行 ………（139）
　　二　加强对两用物项和技术的控制 ………………………………（141）
　　三　加强与第三方的合作 …………………………………………（142）
　　四　加强欧盟反扩散的机制建设 …………………………………（145）
　第三节　欧盟反扩散战略面临的问题 ………………………………（146）
　第四节　欧盟与伊朗核问题 …………………………………………（152）
　小　结 …………………………………………………………………（157）

第七章　人道主义援助与对外关系 ……………………………………（160）
　第一节　欧盟人道主义援助的历史 …………………………………（161）
　第二节　欧盟人道主义援助的基本原则 ……………………………（167）
　　一　国际人道主义援助的法律规范和基本原则 …………………（168）
　　二　欧盟法律规定对人道主义援助基本原则的宣示 ……………（171）
　第三节　欧盟人道主义援助的权能与运行机制 ……………………（173）
　　一　法律依据与权能 ………………………………………………（173）
　　二　预算权力 ………………………………………………………（176）
　　三　决策程序 ………………………………………………………（177）
　　四　机构设置 ………………………………………………………（178）
　　五　实施机制 ………………………………………………………（181）
　　六　监管机制 ………………………………………………………（182）
　第四节　有关欧盟人道主义援助的若干争议 ………………………（183）
　　一　人道主义援助和危机管理能否混淆 …………………………（184）

二　人道主义援助和发展援助的界限 ……………………（186）
　　三　人道主义援助能否借助贸易政策 ……………………（188）
　　四　人道主义援助的非政治性与对外政策的
　　　　一致性之间的矛盾 ……………………………………（190）
　第五节　欧盟人道主义援助政策政治化的问题 ……………（195）
　小　结 …………………………………………………………（199）

第八章　多重危机冲击下欧盟对外政策的未来 ……………（201）
　第一节　多重危机冲击欧盟对外政策 ………………………（202）
　第二节　欧盟对外政策的调整 ………………………………（207）
　第三节　欧盟对外政策的调整与中国 ………………………（223）

参考文献 ………………………………………………………（233）

后　记 …………………………………………………………（252）

第 一 章

危机背景下的欧盟对外政策研究

1957年3月25日,欧洲六国在欧洲煤钢共同体的基础上,决定签署《罗马条约》,成立欧洲经济共同体和欧洲原子能共同体,为欧洲一体化打下了基础。但2017年3月在罗马举行的《罗马条约》签订60周年庆典峰会上,庆祝的气氛却被当前欧洲面临的严重危机所压抑。自2008年世界性的金融危机爆发以来,欧盟受到了多重危机的冲击,金融危机及随后的债务危机显示了欧盟内部机制问题,并引发了欧盟内部的分裂,中东地区的动乱又导致难民危机的爆发,难民危机加上一直存在的多元文化冲突,导致对欧洲一体化持怀疑态度的民粹主义力量的兴起,英国由于历史传统文化的影响和当今民粹主义势力的崛起,甚至采取公投的方式与欧盟正式分手,而恐怖主义威胁近几年来也呈现出日益严峻的形势。这是欧盟成立以来没有遇到的艰难局面。在2016年6月29日即英国脱欧公投6天之后,欧盟其余27个成员国就发布一个非正式声明,要设立一个反思期,对欧洲一体化的过去进行总结,并展望欧洲的未来发展。2017年3月,欧盟委员会主席容克发表了《欧洲未来白皮书》,对欧洲一体化进行了反思,并对欧盟的未来发展进行了展望。[1] 欧盟的对外政策应该是欧盟反思的重要内容。本书将选择欧盟在若干对外政策领域的政策主张和实践,希望有助于我们认识欧洲一体化发展的成就和面临的问题,有利于我们认识欧盟未来的发展方向。

---

[1] European Commission, "White Paper on the Future of Europe: Reflections and Senarioes for the EU27 by 2015", https://ec.europa.eu/commission/sites/beta-political/files/white_paper_on_the_future_of_europe_en.pdf.

第一节 为什么研究欧盟的对外政策？

欧盟作为一个特殊的一体化组织，其在国际上的行为体角色越来越受到重视。欧盟不是一个国家，但其在国际舞台上的影响则是有目共睹的。但是，由于对外政策是一个事关民族国家主权的非常敏感的领域，当20世纪90年代订立的《马斯特里赫特条约》提出欧洲共同外交与安全政策时，关于欧盟是否是合格的国际政治行为体，是否能够拥有自己的对外政策，马上就引起了人们的争论。欧盟在对外政策领域对非成员国是否有什么政治影响呢？欧盟在对外经济活动中是否应附加上自己所坚持的价值观？欧盟到底是不是人们常说的经济上的"巨人"、政治上的"侏儒"？因此，尽管欧盟的外交政策作为一个概念已经提了出来，但人们并不能完全认同这一提法，而争论的核心就是欧盟是否有一个外交政策。由于欧盟不是一个国家，也没有固定不变的边界，人们对欧盟性质的认识本身就是模糊且充满争议的，关于一群国家是否会有一个共同的外交政策以及如何衡量其对外政策的结果就存在很大的分歧。

一些人对欧盟对外政策持怀疑和否定态度。他们认为，由于欧盟不是一个国家，它在外交方面的任何政策只能以失败而告终，因此欧盟不可能存在共同的外交政策。人们对欧盟对外政策的怀疑和否定，既有复杂的理论论证，也有根据实践得出的判断。在欧盟机构内部工作的人通常以欧盟脆弱的制度来否定欧盟的对外政策，而以成员国为活动舞台的人士则从国家利益的巨大差异和欧盟存在的民主缺陷来否定欧盟的对外政策，研究地方和社区的学者们则认为欧盟共同的文化身份仍然脆弱，不能形成共同的欧洲对外政策，等等。黑泽尔·斯密斯和简·热隆卡在各自的著作中对那些否定或怀疑欧盟拥有自己的外交政策的观点进行了总结归纳，[①] 把对欧盟对外政策这一概念的批评意见归纳为以下三类：

[①] Jan Zielonka, *Explaining Euro–Paralysis: Why Europe is Unable to Act in the International Politics*, Macmillan Press Ltd., 1998, pp. 13–17; Hazel Smith, *European Union Foreign Policy: what it is and what it does*, Pluto Press, London, 2001, pp. 1–7.

第一类观点认为，欧盟在结构或制度上是缺乏效率的，因而不能制定或者执行对外政策。首先，欧盟是由主权国家构成的，在其所有机构中，在2010年《里斯本条约》生效之前，只有欧共体拥有签署国际条约的法律人格，而由欧洲理事会和部长理事会代表的欧盟所做出的决策则是由共同体或各成员国来执行的。《里斯本条约》生效后，凡涉及共同外交与安全政策、共同安全与防务政策方面的事宜，仍采取政府间决策方式。欧盟只不过像主权者那样行事，而其伙伴和对手，也把它当作拥有主权的行为体与其谈判，并对其行为做出反应。事实上，欧盟不是一个主权实体，而外交政策则是由主权国家所独有，因此欧盟不可能有自己的对外政策。其次，欧盟成员国是国际舞台上的主要行为体，而欧盟只是成员国的附属行动工具。这种论点实际上是欧盟缺少主权论的变种，只是强调欧盟的工具性。最后，欧盟缺少一个单一的执行机构，例如总统或者总理，缺少集中的决策能力，因此不能制定并执行外交政策。

第二类观点认为，欧盟也许能够在外交政策方面做出决策，但是，由于其能力有限，且不能有效实施对外政策，因此不能把欧盟作为民族国家那样的外交政策行为者来看待。首先，欧盟没有军事能力，而军事力量历来被视为外交的最后手段和坚实的后盾。其次，欧盟存在能力和期望之间的巨大鸿沟。欧盟在很多被认为是对外政策领域的问题上提出了大量主张，但是能够有效采取行动的领域却少得可怜。最后，欧盟在处理国际危机问题上不是非常有效。这一观点承认在贸易和发展等问题上欧盟作为国际行为体的角色，但认为欧盟不能够对国际危机产生足够迅速的反应，并且其缺少军事能力，从而使其外交抱负难以实现。这个观点实际上是认为欧盟在能力和人们对它的期望之间存在巨大鸿沟这一观点的一个变种。

第三类观点则从国际局势和国家利益的多样性角度来否认欧盟共同的外交政策。首先，欧洲大国之间旧式的权力游戏使欧洲各国之间不可能形成共同的外交政策。随着冷战的结束，欧洲有可能重新回到民族国家之间钩心斗角、尔虞我诈的旧时代，在这种充满不确定性和变化的时代，各国都在寻求自己的安全。"欧洲再次面临这样的局面：一个强大的起核心作用的德国，一个落后而不稳定的俄罗斯，一大群脆弱的小国。

还有，法国和英国没有能力平衡德国的力量，没有能力平抑俄罗斯的不稳定，更不用说围绕法英轴心重组整个欧洲的秩序了……民族主义、边界问题和结构不平衡，（在冷战后的欧洲）又重新复活。"① 其次，冷战的结束给各国带来了严重的战略混乱，使得有可能顺利进行的欧洲共同安全与外交政策严重受阻。国家面临着新的并且在很大程度上是未知的挑战，国际制度正在经历重大改变，而新的政治安排在不断变化的国际环境下形成缓慢。如果欧洲不知道自己所努力争取的秩序是什么，不知道如何去实现它，不知道花费什么样的代价，那么，怎么可能会出现共同的外交与安全政策呢？最后，欧洲各国的国家利益是天然相异的，因而不可能出现共同的外交政策。尽管这一观点没有强调国家本性邪恶自私的一面，认为欧洲国家不一定会追求权力和霸权，但是各国的国家利益根源于不同的历史经验、地理位置、经济相互往来的模式和与外部世界的联系。考虑到这些，能够使欧盟成员国形成共同利益的对外政策议题就寥寥无几了。

但是，尽管欧盟在对外政策领域存在让人指责的弱点，但也应该认识到欧盟是国际舞台上一个重要的行为体。欧盟是全球最大的经济体之一，成员国的经济总量加在一起与美国不分伯仲；欧盟在国际贸易上的影响是强大的，是国际贸易的引领者；欧盟和其成员国的对外援助总额加在一起，超过全球对外援助的一半，是世界上最大的发展援助和人道主义援助的提供者；在气候政策领域同样具有领导作用；等等，欧盟对国际政治经济和全球治理体系的影响是不可小觑的。

首先，欧盟是一个强大的经济体，在国际舞台上具有重要的影响。欧盟截至 2018 年年底有 28 个成员国，总人口为 5.1 亿人。2017 年名义国内生产总值为 19.67 万亿美元，占全球名义国内生产总值的 24.6%，超过美国为全球第一，② 若以购买力平价计算也占到 16.5%。③ 从国际贸

---

① Pierre Lellouche, "France in Search of Security", *Foreign Affairs*, Vol. 72, No. 2, 1993, p. 130.

② "World Economic Outlook Database", International Monetary Fund, 7 June 2018.

③ "Report for Selected Country Groups and Subjects（PPP valuation of country GDP）", IMF. Retrieved 9 May 2018.

易流量上来看，欧盟的国际贸易总额约占世界的20%，如果包括成员国之间的贸易，则占到1/3，作为国际商业中的一个主要力量，欧盟是美国、加拿大、日本、中国等国在国际贸易中的主要合作伙伴。2017年，欧盟及其成员国的对外发展援助加在一起达到了757亿欧元，占到全球对外发展援助的57%。[1] 可以说，欧盟是世界上最富有的和最有活力的贸易集团。它还是世界上最大的货币联盟集团之一。欧元自1999年启动以来，很快便以仅次于美元的国际货币地位在国际金融体系中站稳了脚跟，被各国政府和私人广泛作为储备、借贷和贸易结算的选择货币。由于欧元区巨大的经济和金融规模，使得欧盟的经济决策和经济发展与世界经济息息相关。

由于欧盟在世界经济体系的重要地位，使得欧盟能够运用自己的影响维护自身的利益。当欧盟的利益受到了损害，欧盟也能够对竞争者发起贸易战。例如，早在20世纪80年代，共同体就坚决反对美国把禁运扩展到对塞尔维亚的天然气管道建设项目上，在20世纪90年代，欧盟坚决反对美国对与古巴做生意的欧洲公司的制裁。2018年6月，在美国总统特朗普宣布对欧盟加征钢铝关税后，欧盟同样宣布贸易报复措施。

欧盟能够充分运用自己的力量，影响那些想加入欧盟的欧洲国家的政治和社会经济的发展，为那些试图加入欧盟的国家制定了严格的经济、金融、农业、环境等入盟标准。欧盟向世界大多数发展中国家提供贸易最惠国待遇，同时，对那些违反国际行为规范的国家则会取消最惠国待遇。另外，欧盟所代表的经济一体化本身，也形成了区域一体化的欧洲模式，对其他地区的一体化有着示范效应。总体来讲，欧盟对其领土之外很多国家的经济利益和经济政策有着巨大的影响，这说明其在经贸领域具有相当强的对外行为能力，在国际经济领域是一个重要的行为体。

其次，在政治和安全领域，在欧洲一体化启动之后的60多年的历史中，欧共体以及后来的欧盟也一直试图在某些领域发出自己的声音。在

---

[1] European Commission: "EU remains the world's leading donor of development assistance: □ 75.7 billion in 2017", https://ec.europa.eu/europeaid/news-and-events/eu-remains-worlds-leading-donor-development-assistance-eu757-billion-2017_en.

有关欧共体成立的最初条约中并没有包含对外政策的内容,这是事实。20世纪50年代初,法国国防部部长普利文就提出了建立欧洲防务共同体的计划,但却由于担心其具有超国家性质而最后失败。50年代末60年代初,法国先后提出了两个富歇计划,共同外交政策问题又一次被提出,但这时讨论的所谓"共同外交政策"只不过是国家间合作的代名词。富歇计划虽然最终以失败告终,但是在很多方面却为后来的欧洲政治合作机制奠定了基础。1970年确立的欧洲政治合作机制为欧共体成员国政府提供了一个在外交政策领域进行讨论与合作的论坛,构成了欧共体在外交政策领域的非正式磋商机制,并在1987年通过《单一欧洲法案》制度化。1993年根据《欧洲联盟条约》(又称《马斯特里赫特条约》)建立的欧盟由三个支柱构成,第一支柱是欧洲经济共同体,第二支柱是取代欧洲政治合作的欧洲共同外交与安全政策,第三支柱是司法和内务合作。《欧洲联盟条约》还引入了"欧洲安全与防卫身份",并指明西欧联盟将作为欧盟未来的防卫力量。1998年,《阿姆斯特丹条约》对共同外交与安全政策进行了修改,设立了共同外交与安全政策高级代表这一职位,使欧盟的共同外交与安全政策在机构框架、制度建设和政策实施等方面取得了实质性进展。[①]

科索沃战争之后,欧盟在共同防卫政策建设上取得了一定进展。1999年确定了欧洲安全和防卫政策,取代"欧洲安全防卫身份"。1999年12月,欧盟15国政府外长在布鲁塞尔提议建立一支欧洲快速反应部队,很快得到欧盟首脑会议的批准,欧洲理事会还决定设立与快速反应部队有关的三个军事机构,即政治与安全委员会、军事委员会和军事参谋部。2003年3月31日,欧盟领导下的350人的军队开始在马其顿执行维和任务,这标志着欧盟首次执行安全使命,是欧盟在共同防务方面迈出的重要一步。2003年12月12日,欧盟各国外长通过了欧盟第一个安全战略《更美好世界中的欧洲安全》,文件首次把军事手段与贸易条件、经济合作等一起列为欧盟的安全政策工具。2004年,马德里恐怖袭击事

---

① 郑启荣:《全球视野下的欧盟共同外交与安全政策》,世界知识出版社2008年版,第65—121页。

件之后，欧盟设立了反恐协调员，建立了欧洲情报网，组建了欧洲中央情报指挥部和间谍卫星系统。2004年7月，欧盟建立了联合防务局。到2016年年底，欧盟已经建立了由1500人组成的快速反应部队，并向非洲、亚洲、中东、西巴尔干、东欧和高加索总共派出了30支维和部队。[①]因此，欧盟的共同防务在冷战结束之后取得了很大的进展，军事手段成为欧盟推行对外政策的可供选择的手段。

2009年12月1日生效的《里斯本条约》通过了一系列的改革，取消了三个支柱的划分，赋予欧盟单一的法人资格，设立欧洲理事会常设主席、欧盟外交与安全政策高级代表和欧盟对外行动署（EEAS）职位和机构等，强化了欧盟在对外政策不同领域之间的相互协调，加强了欧盟的国际行为体角色。条约赋予了欧盟外交与安全政策高级代表在欧盟对外政策领域的核心角色，赋予了其在对外政策领域的动议权，使"该职位能够在超国家层面巩固欧盟外交政策的权能，从而提高欧盟外交政策的一致性以及欧盟在国际舞台上的形象"。[②]而欧盟对外行动署的设立，则标志着欧盟专门外交行政机构的出现，将促进成员国外交政策的"欧洲化"进程，培育欧洲共同的外交文化，有利于提高欧盟对外政策的效率。

当前，尽管欧盟经历了多重危机，例如欧债危机、难民危机、乌克兰危机、欧洲民粹主义力量的崛起以及英国脱欧等危机的冲击，但欧洲在对外政策领域还是展示了其进一步发展的雄心。在英国脱欧公投5天之后的2016年6月28日，欧盟就发布了《共同愿景，共同行动：更强大的欧洲——欧盟外交与安全政策全球战略》（简称《欧盟全球战略》），表达了对欧盟作为国际行为体在国际上发挥影响的目标、立场和信心。《欧洲全球战略》发布以后，欧盟成立了新的军事训练和顾问团指挥中心，并就各国国防预算进行联合年度评估，成立了意愿性的永久结构性合作安排（Permanent Structured Cooperation，PESCO），使欧盟在共同防务方面取得了较大发展。

---

① 关于欧盟在维和方面的行动，参见 http://www.eeas.europa.eu/csdp/missions-and-operations/。

② 金玲：《欧盟对外政策转型：务实应对挑战》，世界知识出版社2015年版，第17页。

最后，欧盟是当代全球治理的重要力量，不论是在气候问题上，还是在北极治理问题上，抑或是在世界经济危机治理、反对大规模杀伤性武器扩散等问题上，都能显示其影响力。尽管欧盟对外政策不能和国家对外政策相比，虽然没有军事手段，使它不能在涉及军事力量使用的问题上让人感到它的存在，但是在全球治理领域它仍然是一个"领导世界的角色"。[1] 在全球气候变化问题上，欧盟能够把成员国的力量集中在一个具体的立场上，使这一立场成为国际谈判中的关键，从而对国际协议的形成产生决定性的影响，这一点已经在《联合国气候变化框架公约》（1992年）及其《京都议定书》（1997年）的达成以及《巴黎协定》（2015年）的签署等案例中得到充分体现。尽管欧盟没有自己的军事力量，但它可以号召成员国的军事资源，实际上，在国际危机当中欧盟及其成员国与联合国维持和平军事力量之间的合作是非常密切的。在反对大规模杀伤性武器问题方面，欧盟一直在努力发挥积极作用，伊朗核问题就是一个例子。

欧盟作为一个特殊的区域一体化组织，以其自己的整体实力影响着当代的国际政治经济格局，影响着当代全球问题的治理，是国际政治经济领域一个重要的行为体。人们常说，研究欧盟对外政策的学者比欧盟外事部门的工作人员还要多，[2] 正是由于欧盟对外政策的特殊性和敏感性以及欧盟自己的力量特性，才引起了围绕欧盟对外政策问题上的广泛争论，才让欧盟对外政策研究更加显示出其魅力。

第二节 欧盟对外政策是什么？

欧盟在当今世界上拥有巨大的影响，包括经济、政治、文化等各个方面，但从上文的论述可以看出，人们对欧盟对外政策是否存在却充满着争议，更不用说欧盟对外政策的内涵了。因此，要讨论欧盟的对外政

---

[1] Francois Heisbourg, *European Defence: Making it Work*, Paris: Institute for Security Studies, 2000, p. 27.

[2] Hylke Dijkstra and Sophie Vanhoonacker, "Why Study EU Foreign Policy at all? A Response to Keuleers, Fonk and Keukeleire", *Cooperation and Conflict*, 2017, Vol. 52, No. 2, p. 280.

策，必须首先对欧盟对外政策的基本内涵作一基本界定，而要界定欧盟对外政策，必须首先确定对外政策概念中某些具体的内涵是否适用于欧盟这一特殊的体系。为了弄清这一问题，我们有必要确定对外政策这一概念。

一　对外政策

和对外政策密切相关的几个概念包括外交、外交政策、对外事务和对外关系。外交是一个相对狭窄的概念，指的是国家代表进行的活动，包括"从搜集驻在国的情报、评估驻在国的政治形势等，到进行国际谈判等"。[①] 与外交相联系的外交政策一般特指设计传统的安全和政治领域的政策，是一个更为狭义的概念。对外事务指的是一个国家与外国或其他国际行为体交往的全部活动、利益和行为。[②] 对外关系则是一个国家在处理对外事务中与外国或其他国际行为体发生关系的总和，它比外交关系的概念要宽泛一些，不仅包括政治与安全领域的内容，也延展至经济、文化等其他领域。[③] 对外政策，显而易见，是一个国家在处理与外部关系时所采取的政策的总和。国家与外部的关系，包括与其他国家的关系，也包括与政府间国际组织、非政府组织等国际行为体的关系。所采取的政策，包括对外政治关系、军事关系，也包括经济关系、文化关系等各方面的政策。杰里尔·罗赛蒂指出，对外政策是"由政府政策制定者所选择的国外介入范围以及目标、战略和手段的综合"。[④] 对外政策，就是为促进内部价值、利益和该行为体国内政策而制定并在海外实施的政策。

传统上来看，外交是国家的事，国际行为体只能是国家。但随着现代国际关系的发展，非国家行为体在国际舞台上的作用在不断增强，其

[①] David Robertson, *A Dictionary of Modern Politics*, London: Europa Publications, 2002, p. 147.

[②] Cathal J. Nolan, *The Greenwood Encyclopedia of International Relations*, Vol. 2, Westport, CT: Greenwood, 2002, p. 560.

[③] 陈志敏、[比] 古斯塔夫·盖拉茨：《欧洲联盟对外政策一体化——不可能的使命？》，时事出版社2003年版，第4—5页。

[④] [美] 杰里尔·罗塞蒂：《美国对外政策的政治学》，世界知识出版社1997年版，第2页。

作为国际行为体的特性得到了人们的承认。现在，已经很少有人否认国际组织、非政府组织在国际舞台上的作用，欧盟的不同机构和其他各种地区机构就被人们认为是国际行为体。

政策一词在汉语中一般被定义为"国家或政党为完成一定历史时期的任务而制定的具体行动准则"。[①] 可见，"政策"并不为政府所专有，政党也可以有。政党之所以可以拥有自己的"政策"，是因为政党是政治行为体。从现代国际政治的发展来看，国际政治的行为体已经不限于国家政府，其他如国际组织也成为国际政治行为体，这样，能够拥有自己的"政策"也就不局限于国家和政党了，包括国际组织也可以拥有自己的政策。西方学者提出政策是由"一个组织或者个人提出或采取的指导行动的方针或原则"[②]，则有把政策这一概念的主体无限扩大之嫌，但也从另一个方面说明政策不唯国家政府所有。因此，政策并不是国家或者政府专有的，其他的组织也可能有自己的政策。欧盟作为一个区域一体化组织，拥有自己的法律人格，在经济一体化和政治合作包括共同外交和安全政策方面都取得了很大进展，完全有资格拥有自己的政策。

对外政策意味着针对国家（或地区）领土之外世界的政策，如果政策的最初目标是面向领土外部，它就被认为是对外政策，尽管该政策的后果可能在国内。需要指出的是，有些政策，尽管是面向国内或者区域内的，但由于产生了国际性的影响，也可能进入对外政策的议程。欧盟单一市场某些方面的政策就是如此，尽管单一市场政策设计的目标是区域内部，但对全球贸易体系产生了一定的影响。

有人把对外政策的定义分为两大类，[③] 一类是以国家为中心的，例如，诺兰认为，对外政策"是一个国家就其在世界事务中的立场和利益而采取的官方决策、行为和原则的网络，特别是指那些和其他国家和国际法人关系的行为和原则。（还包括）一个国家为实施其外交而进行的任

[①] 多数汉语词典做此定义。参见中国社会科学院语言研究所词典编辑室编《现代汉语词典》，商务印书馆 2002 年版，第 1608 页。

[②] Judy Pearsall, ed. "Policy", *The Concise Oxford Dictionary*, Oxford University Press, 2001.

[③] Roberto Dominguez, *The Foreign Policy of the European Union* (1995 – 2004): *A Study in Structural Transition*, The Edwin Mellan Press, Ltd., p. 64.

何稳定的目标和战略"。① 另一类是包括其他行为体的,认为对外政策是"一国为达到其国家目标而在一国的领土之外采取行动的指南"。② 埃里亚森认为对外政策是"一个国家政策的一部分,该政策决定了这个国家与其他国家和国际社会的关系。这一概念涵盖了外交、联盟、军事政策、贸易政策等等。这个概念的宽泛性反映了政治的复杂本质和不同政策领域的广泛联系。这就使对外政策成为一个具有多个层面的事物"。③

另一部分学者则超越国家中心主义的视角,认为"把处理国际环境的行为的总体说成是对外政策,的确是一个简洁的定义。该定义能够使我们把对外政策理解为包括一切官方的活动,而不仅仅是外交官和外交部长的活动"。④ 同样,一个宽泛的对外政策定义意味着,对外政策是"一个独立的行为体(通常是一个国家)在国际关系中对外关系的总和"。⑤ 还有学者指出,"对外政策分析的核心视野是关于一个行为体(通常是但不总是国家)针对外部世界的意图、言论和行为以及其他行为体对这些意图、言论和行为的反应的"。⑥ 总而言之,在这部分学者看来,对外政策是由正式的机构,通常是国家,但不完全是国家,制定的战略、指南或者目标。

二 欧盟的对外政策

欧盟是一个由 28 个国家组成的独特行为体,在全球治理中发挥重大

---

① Cathal J. Nolan, *The Greenwood Encyclopedia of International Relations*, Vol. 2, Westport, CT: Greenwood, 2002, p. 562.

② Bruce Russet, Harvey Starr, and David Kinsella, *World Politics: The Menu for Choice*, Boston: Bedford/St. Martin's, 2000, p. 117.

③ Kjell A. Eliassen, "Introduction: the New European Foreign and Security Agenda", in Kjell A Eliassen (ed), *Foreign and Security Policy in the European Union*, London: Sage, 1998, pp. 2 – 3.

④ Christopher Hill, "What Is to Be Done? Foreign Policy as a Site for Political Action," *International Affairs*, 79, No. 2, 2003, p. 239.

⑤ Christopher Hill, *The Changing Politics of Foreign Policy*, New York: Palegrave Mcmillan, 2003, p. 3.

⑥ Deborah J. Gerner, "The Evolution of the Study of Foreign Policy", in Laura Neack, Jeanne A. K. Hey, and Patrick J. Haney, *Foreign Policy Analysis: Continuity and Change in its Second Generation*, New Jersey: Prentice Hall, 1995, p. 18.

作用，不仅世人常把它作为一个世界行为体来看待，而且它也自称为一个世界行为体。但讲到欧盟的对外政策，人们常感到疑惑，外交政策一般被认为是国家专属，作为国家的联合体，怎么会有对外政策？欧盟如果有对外政策，那么成员国会不会有自己的外交政策？成员国的外交政策和欧盟的外交政策是什么关系？

从欧盟对外政策发展的历史来看，欧盟的对外政策从历史渊源上来讲可以分为两类：一类来源于早期欧共体的对外政策，一类来源于20世纪70年代欧洲政治合作。

首先，从欧洲一体化发展历史中欧共体与外部的关系来看，贸易、援助、扩大等政策理所应当属于欧盟的对外政策领域。① 其一，早在欧洲经济共同体成立之时，《罗马条约》就对欧洲经济共同体的对外关系做了专门的规定。条约第一编第三条规定了欧洲经济共同体对外行动的原则：建立针对第三国的共同海关税则和共同贸易政策，建立海外国家和领地与共同体的联系，以便增加贸易并共同致力于经济和社会的发展。② 该条约第210条明确指出，"共同体具有法人资格"。③ 该条约及以后的修订条款还赋予了欧共体参加国际条约的权力。《罗马条约》所建立起来的这些权力说明了这些共同贸易政策的外部结果，涵盖与第三方的贸易和发展关系。共同贸易政策领域的政策是经特定多数表决的方式决策的，成员国的权力最大限度地被让渡，成员国在该领域的机构和功能因而萎缩，据说英国脱欧后，英国贸易和贸易谈判人才的匮乏将给英国将来进行国际贸易谈判造成困难。因而共同贸易政策领域被称为欧洲一体化程度最高的领域并不为过。从对外政策分析角度来看，这种形式的决策属于外交政策是没有争议的。其二，发展援助政策与欧盟的经贸政策密不可分，其最初是为了加强欧共体与前殖民地和海外领土之间的经济联系，后来发展成为对外援助政策。而人道主义援助是最初依托发展援助下面的紧急援助项目，现在也是欧盟推行其对外政策的有效工具，欧盟是世界上

---

① 冯仲平：《关于欧盟外交政策的几个问题》，《现代国际关系》2006年第4期。
② 欧共体官方出版局编：《欧洲联盟法典》（第一卷），苏明忠译，国际文化出版公司2005年版，第121—122页。
③ 同上书，第208页。

最大的发展援助和人道主义援助的捐助方，对外援助也应该成为欧盟的对外政策。其三，第三方合作政策是欧共体对外联系的重要内容。这部分外交政策被称为共同体外交政策，在《里斯本条约》被列入了《欧洲运行条约》，采用的是共同体决策机制。

其次，从20世纪70年代欧洲政治合作发展而来的欧洲共同外交与安全政策也应该是欧盟的对外政策。欧洲共同外交与安全政策起源于20世纪70年代开始的欧洲政治合作进程，那时候欧共体成员国试图就有关外交政策进行协调，以在两个超级大国对抗的情况下以一个声音说话，显示欧洲自己的力量。1974年12月开始设立由成员国国家元首和政府首脑组成的欧洲理事会，以整体的方式来应对一体化进程中遇到的内部和外部问题，从而在欧共体架构之外形成了欧洲政治合作的机制。由于政治合作的外长会议与共同体部长理事会的外长会议同时召开，政治合作机制和共同体机制之间的外长会议常被模糊化，但在1986年《单一欧洲法案》之前，政治协调过程是在共同体的法律框架之外的。1993年签订的《马斯特里赫特条约》正式确立欧洲共同外交与安全政策。共同外交与安全政策是作为欧盟的一个独立的支柱（第二支柱）建立起来的，采取的是政府间主义决策机制。1997年的《阿姆斯特丹条约》进行了制度创新，设立了欧盟负责共同外交与安全政策高级代表一职，高级代表同时兼任理事会秘书长，负责这部分对外政策的执行。这部分对外政策在《里斯本条约》中被写入了《欧洲联盟条约》。这部分政策属于欧盟的对外政策范畴也是不容怀疑的。但它指的是欧洲对外政策中更加明显的政治与安全层面，包括对成员国外交政策的协调过程，显然不应该是欧盟对外政策的全部。

《里斯本条约》生效后，欧盟又进行了重大制度创新，打破了原来的支柱划分，整合了欧盟对外关系事务，把原来的"欧盟共同外交与安全政策高级代表"一职与"欧盟委员会外交专员"一职合并，设立了"欧盟外交与安全政策高级代表"一职，该职务同时兼任欧盟委员会副主席，负责欧盟的外交机构，其职责得到了较大的扩展。2010年12月欧盟设立欧盟对外行动署，协助欧盟外交与安全政策高级代表履行其在共同外交与安全政策、共同安全和防务政策以及相关对外政策领域的协调工作，这样，欧盟外交与安全政策高级代表的职责范围大大增加，但两类政策领域的决策机制仍然没有改变。

最后，欧盟对外政策不应该被理解为成员国独立的对外政策。成员国独立的对外政策在1990年之后仍然存在并得到发展。尽管欧盟成员国的外交政策在欧盟制度环境下运作的过程可能由于欧盟的存在而发生些许改变，但欧盟各成员国仍然是独立的主权国家，有各自不同的国家利益，各国的利益当然不可能和欧盟整体的利益完全一致。因此，欧盟成员国在发展对外关系时，有时候会利用欧盟的整体机制作为实现它们自身利益最大化的杠杆，这种"算计"往往造成成员国与第三国的双边关系超越欧盟与该第三国的双边关系，例如在对华关系上就是这样的例子。[①] 因此，成员国的外交政策是不能被理解成欧盟的对外政策的。

欧盟是一个特殊的治理体系，其行为体高度多元化，既包括成员国又包括不同机构，且欧盟在不同的政策领域拥有的权能不同，在政策决策和实施方面具有很大的差异性：在某些领域几乎拥有完全的权能，例如在共同贸易政策领域，在某些领域欧盟则采取政府间主义方式，只能进行政策协调，例如在共同外交与安全政策领域。欧盟的对外政策具有与主权国家不同的特性。因此，所谓欧盟的对外政策，指的是在欧洲层次上对外贸易、发展援助、与第三方合作等原本属于欧洲共同体的对外关系和后来属于欧洲共同外交与安全政策方面的对外政策的总和。《里斯本条约》对欧盟的对外政策结构进行了变革，成立了对外行动署总揽欧盟对外政策，使欧盟能够通过使用"全部手段，不论是政治的还是经济的，以协作的和相互加强的形式""最大限度地发挥其在全球舞台上的影响"，[②] 这一制度变革对欧盟对外关系将产生深远的影响。

第三节　危机与欧盟对外政策研究

物质决定意识，意识反映物质，社会意识反映社会存在，并且这

[①] 赵柯、丁一凡：《"失衡"的中欧关系：解析欧盟对华政策调整》，《当代世界》2018年第4期。

[②] Final Report of Working Group VII on External Action, "The European Convention, The Secretariat, CONV 459/02", Brussels, 16 December 2002, para. 20.

种反映是具体的和历史的。反映在欧盟对外政策研究上，则是欧洲一体化的现实环境决定了欧盟对外政策研究的议题和方向，每当客观环境发生了变化，新的历史环境就要求学术界根据变化的环境，提出新的概念和理论框架，研究分析新的问题。同样，对欧盟对外政策的研究和欧洲一体化的现实以及当时的国际环境具有密不可分的联系。当前欧盟面临内外多重危机的冲击，欧盟在对外政策领域获得资源的能力受到了限制，欧盟模式的吸引力降低。欧盟对外政策也被迫做出务实性的调整，这些变化也必然会反映在欧盟对外政策领域的研究上。

1970 年欧洲政治合作启动之后，人们开始探讨欧共体如何参与国际事务。在当时冷战对抗的背景下出现了东西方缓和的趋势，对于欧共体在对外事务上的作用，学术界就提出了"民事力量"这一概念。弗朗索瓦·迪歇纳（Francois Duchene）认为在冷战对抗和"相互依存不确定性"的大背景下，欧共体既不可能（从军事能力上讲）也没有愿望（从政治和战略意志上讲）成为超级大国。欧共体作为长于经济力量而相对短于军事力量的国家组成的民事性的集团，有可能使国家之间的关系温和化，这意味着为国际问题带来共同责任和契约政治结构的意涵，而这些意涵在过去几乎完全是和"国内"而非对外事务联系起来的。[1] 他认为这是欧共体的特性和运用力量的特点。"民事力量"是欧共体的规范性特点还是当时的国际体系对欧共体的限制成了以后十几年学术界讨论的热点。赫德利·布尔就认为"民事力量"的概念实际上表明在两极国际格局的限制下欧共体的缺陷，欧共体要想取得与其相称的地位，必须加强军事力量，回归传统权力政治。[2]

冷战结束也恰好欧盟成立，国际大环境发生了巨大的变化，冷战环境下两极对抗的紧张形势不再，新成立的欧盟不再夹在超级大国争霸的

---

[1] Francois Duchene, "The European Community and the Uncertainties of Interdependence", in M. Kohnstamm and W. Hager (eds.) *A Nation Writ Large? Foreign Policy Problems before the European Commuty*. Basingstoke: Macmillan, 1973, pp. 1 – 21.

[2] Hedley Bull, "Civilian Power Europe: A Contradiction in Terms?" *Journal of Common Market Studies*, Vol. 21, No. 2, 1982, p. 151.

夹缝中，而欧盟共同外交与安全政策的启动也意味着欧盟试图在国际舞台上增强自己的影响。1993年生效的《马斯特里赫特条约》在前言中表示，欧盟"决心实施将来包括共同防务政策在内的并最终导致共同防务行动的共同外交与安全政策，从而鲜明欧洲身份和加强欧洲独立，以促进欧洲和世界的和平、安全和进步"①。这突出表明了欧盟试图在国际舞台上扩大自己的影响，希望自己能够在国际政治舞台形成自己的角色。而苏联解体和南斯拉夫内战也使欧盟感觉到加强军事力量的必要性，共同防务建设提上了日程。欧洲共同安全和防务政策的启动和快速反应部队的建立，充实了欧盟的安全与防务特性。这样对欧盟行为体特性的关注成为20世纪90年代欧盟对外政策研究的关键性话题。②

冷战结束后的国际政治格局中，美国一超独大。美国在"9·11"事件之后的反恐行动中，越来越展示出一种强硬的单边主义色彩。欧盟在处理波黑战争和科索沃问题等地区危机问题上的无能，以及伊拉克战争引起的欧盟内部的严重分裂，使人们认识到欧盟发挥影响的局限性，欧盟只能以民事力量而非军事力量出现在国际舞台上。但是，伊安·曼纳斯提出了"规范性力量"的概念，认为以军事力量、民事力量来衡量欧盟，实际上是"国家中心主义"的，都在强调欧盟多么类似国家，但事实上，欧盟是另外一种力量，是"规范性力量"。苏联的垮台不是军事和经济上的失败，而是价值观等规范的失败，欧盟因此可以通过价值观念和规范的传播发挥其在世界舞台上的作用。③ "规范性力量论"试图以"超越威斯特伐利亚主权体系"的理念为基础，通过欧洲一体化进程中凝聚起来的价值观和规范，塑造欧盟这一当代独特政治实体的新道德形象，而且以向世界推行这些价值观、规范为欧盟的职责和目标，④ 认为这正是

---

① 欧共体官方出版局编：《欧洲联盟法典》（第二卷），苏明忠译，国际文化出版公司2005年版，第8页。

② David Allen and Michael Smith, "Western Europe's Presence in the Contemporary International Areana", *Review of International Studies*, Vol. 16, No. 1, Jan. 1990, pp. 19–37.

③ Ian Manners, "Normative Power Europe: A Cont radiction in Terms", *Journal of Common Market Studies*, Vol. 40, No. 2, June 2002, pp. 235–258.

④ 邮洪生：《"规范性力量欧洲"与欧盟对华外交》，《世界经济与政治》2010年第1期。

欧洲的优势所在，这方面甚至连美国也望尘莫及。① 欧盟对外政策研究出现了"新规范"研究的转向。"有关欧盟的规范性力量的讨论和理论分析成为欧洲研究的主流，人们甚至期望这种研究能够为欧洲一体化未来研究议程提供一些思考。"②

曼纳斯认为欧盟的规范性力量有三个来源，历史环境（两次破坏性战争）、杂合性政体（欧盟作为有着超国家和国际性机制的后威斯特伐利亚秩序的特性）以及政治和法律的宪法主义（欧盟的精英驱动、以条约为基础的法律性质）。③ 这些共同的原则和价值以不同的方式在不同的政策领域构成了作为一个政治行为体的欧盟，在这些不同的政策领域欧盟在与世界其他地方发展关系的时候植入了和平、自由、民主、法治和人权等规范。但这种规范性权力的论断最终要说明的是欧盟在世界政治当中的行为体角色和能力，因而不仅具有强烈的观念含义还具有不可否认的实践含义：作为一个规范性行为体，首先意味着改变世界政治当中的规范、标准和表述，也就是说，规范性权力有两层含义，即作为规范性力量和以规范性力量的身份行动。④ 在欧盟对外政策中追求民主、法治、社会正义和人权，在对外关系实践中偏向外交和多边主义，构成了欧盟规范性基础的基本层面。"规范性力量"这一概念因其隐含的道德和价值优势而深受欧洲学界和政界人士喜欢，也为欧盟在世界上推行其价值观外交提供了坚实的理论基础，"从其主要的政策文件来看，欧盟在定义自己与世界其他部分的关系的时候，是通过对规范和多边主义框架的承诺来定义的"。⑤

---

① Richard Rosecrance, "The European Union: A New Type of International Actor", in Jan. Zielonka (ed.), *Paradoxes of European Foreign Policy*, The Hague, London and Boston: Kluwer Law International, 1998, p. 22.

② Richard Whitman, "The Neo-normative Turn in Theorising the EU's International Presence", *Cooperation and Conflict*, Vol. 48, No. 2, 2013, p. 173.

③ Ian Mannars, "Normative Power Europe: a Contradiction in Terms?" *Journal of Common Market Studies*, Vol. 40, No. 2, 2002, pp. 240–241.

④ Ian Mannars, "The European Union's Normative Strategy for Sustainable Peace", In V. Rittberger and M. Fischer (eds), *Strategies for Peace*, Opladen: Verlag Barbara Budrich, 2002, p. 145.

⑤ Richard Whitman, "The Neo-normative Turn in Theorising the EU's International Presence", *Cooperation and Conflict*, Vol. 48, No. 2, 2013, p. 179.

但金融危机以及随后发生的欧债危机、周边安全危机、难民危机、恐怖主义袭击以及认同危机等涉及欧盟内部建设及包含外部危机的各种危机，严重冲击了欧盟"规范性力量"的形象，引发了人们对"规范性力量"的质疑。欧债危机暴露了欧盟内部机制性的弱点，引起欧盟内部分化和离心力增强，打击了人们对欧盟的信心；冷战结束之后欧盟一直致力于通过价值观的输出来形成以共同价值观为基础的繁荣而稳定的周边，但中东北非动荡和乌克兰危机让欧盟再次面临传统的安全问题，尤其是在中东北非地区长期的战火绵延，更是意味着欧盟以"更多改变更多援助"价值规范输出政策的失败；大量难民的流入迫使欧盟从长期坚持的价值观立场上退缩，改变传统的难民政策，甚至放弃价值观立场，与土耳其达成妥协，就安置难民问题达成协议；恐怖主义袭击的一再爆发和移民的增加，导致了人们对欧洲身份的焦虑，从而引发了认同危机，这突出体现在疑欧主义情绪在欧盟各成员国的迅速增长以及右翼民粹主义势力的增长，英国脱欧公投则在这种背景下顺利通过。欧盟在这种环境下被迫进行政策上的调整，例如放低价值观输出的调门，更多地关注周边安全问题，把周边的安全稳定放在更高的位置，在对外交往中更多地强调自身的利益，等等，以至于有学者指出，这是"欧盟规范性行为体身份的危机"。[1]

当欧洲面临各种危机冲击的时候，中国、印度等国家的经济则实现了快速的发展，"金砖国家"由一个经济学概念走向机制化合作，由众多发展中国家参与的 G20 机制正取代 G7 成为全球治理的主导机制，权力转移的大势正在形成。欧盟面临一个正在形成中的多极世界。但这个多极世界与欧盟所主张的多极世界是不一样的：欧盟需要的是一个能够抵御美国单极世界的多极世界，是一个能够实行它起主导作用的"有效多边主义"的多极世界，当真正的多极世界的轮廓在地平线上出现的时候，内心的焦虑便油然而生。

危机激发了学者们对"规范性力量欧洲"进行批判性研讨的热情，

---

[1] 金玲：《难民危机背景下欧盟周边治理困境及其务实调整》，《当代世界与社会主义》2016 年第 6 期。

这些研讨有的着眼于世界力量格局的变化,有的质疑"规范性力量"概念所体现的欧洲中心主义,有的探讨在危机的冲击下"规范性力量"何以持续,等等,反映出欧盟研究在多重危机的冲击下产生的变化。陈志敏、吉磊把欧洲人对未来世界秩序的观点分为退缩派、务实派和规范派三类,反映了危机冲击下欧洲人对"规范性力量"欧洲的反思。① 退缩派认为全球化和多极化损害欧洲的世界地位和经济优势,主张欧洲应更多关注自身利益,而不是自信满满地专注于塑造外部世界;他们缺乏"规范性力量"主张者所拥有的全球抱负和自信,主张专注内政,为保住欧洲的既有地位和经济社会模式而转向保护主义和排外主义。务实派则主张顺应外部世界的变化,认为当今世界是一个"互赖多极世界"(interpolar world),多极世界中不断增加的相互依赖因素能够对任何大国的单边主义形成体系性制约,从而消解多极体系中所固有的部分不稳定性,由于任何大国难以单独应对全球性问题的挑战,大国需要以利益为基础、问题为驱动、过程为导向进行合作。② 规范派反对欧盟为适应新的多极化世界而弱化自己的价值和主张,要求欧盟继续以"规范性力量"的形象推进价值观外交,继续以欧盟或者西方的价值和规范来塑造世界。

各种观点交流激荡,学术界尤其是欧洲学术界正在对欧盟作为"规范性力量"在世界舞台的作用及未来走向进行重新评估。欧洲面临的多重危机凸显了世界舞台上权力的转移,发展中国家的群体性崛起,国际秩序面临的众多不确定性。学者们开始关注全球局势的演变对欧盟的意义,提出对新形势下多极世界的理解。③ 随着移民问题的凸显,文化间的关系成为欧盟研究的热点话题,未来多极格局下欧盟很难主导世界,这种局面可能产生一个多种秩序共存的世界,④ 在概念构建上出现多极、多

---

① 陈志敏、吉磊:《欧洲的国际秩序观:"有效的多边主义"》,《复旦国际关系评论》2014年第十四辑。
② Giovanni Grevi, "The Interpolar World: A New Scenario", Occasional Paper, No. 79, EU Institute for Security Studies, Paris, June 2009.
③ Trine Flockhart, "The Coming Multi-order World", Comtenporary Security Policy, Vol. 37, No. 1, 2016, pp. 3 – 30.
④ Fabio Petito, "Dialogue of Civilizations in a Multipolar World: Toward a Multicivilizational-multiplex World Order", International Studies Review, Vol. 18, No. 8, 2016, pp. 1078 – 1095.

样性伙伴、多元文化或者多种秩序的世界。[1] 还有一些学者会探讨有关"规范性权力欧洲"争论中出现的问题，例如欧盟对外政策是规范还是利益驱动的问题，由于不同价值规范的竞争而导致的欧盟对外政策行为不连贯、不一致的问题，国际和非国家行为体在欧盟对外政策中的角色的问题等。[2] 面对"规范性力量"隐含着的明显的欧洲中心主义意涵和假定，也有学者号召超越曼纳斯"规范性力量"所设定的研究范式和研究议程。[3] 而其他方面的研究可能把对欧盟对外政策的学术研究与其他领域的研究联系起来进行，例如安全研究、冲突研究、国际政治经济学以及区域研究等。这表明了一种趋势：欧盟对外政策研究越来越不再被视为一种特殊的研究范畴，而越来越成为一种主流研究。

---

[1] Dipesh Chakrabarty, *Provincializing Europe: Postcolonial Thought and Historical Difference*, Princeton, NJ: Princeton University Press, 2007.

[2] Thomas Diez, "Normative Power as Hegemony", *Cooperation and Conflict*, Vol. 48, No. 2, 2013, pp. 194 – 210.

[3] Nora Fisher – Onar and Kalypso Nicolaidis, "The Decentring Agenda: Europe as a Post – colonial Power", *Cooperation and Conflict*, Vol. 48, No. 2, 2013, pp. 283 – 303.

第 二 章

欧盟的发展援助政策

发展援助（development assistance），又称为对外援助（foreign aid）或者发展合作（development cooperation），是指某个国家、国家集团或国际组织对其他国家主要是发展中国家给予的经济、资金、技术等方面的支持，是战后国际关系中的一个重要构成部分，对现代国际关系体系的发展变化起到了重要的影响。欧盟的发展援助政策起源于1957年成立欧洲共同体的《罗马条约》中关于联系国制度的规定，是欧盟对外政策的重要构成部分。从那时起到现在60余年历史中，随着欧盟自身的变化和国际形势的发展，欧盟对外发展援助政策也做出了相应的调整，呈现出新的发展态势。2017年，欧盟及其成员国的对外发展援助金额加在一起达到了757亿欧元，达到了国民总收入的0.50%，超过了发展援助委员会成员国的0.21%的平均水平，占到全球对外发展援助的57%。[①] 当前，欧盟面临多重危机，例如金融危机、欧债危机、难民危机、恐怖主义、身份认同危机等等，都意味着欧洲一体化走到了新的关节点，各项政策面临调整，而对外发展援助必然受到影响。

本章将主要讨论如下几个问题：首先对欧盟对外发展援助政策与实践进行历史考察，分析欧盟对外发展援助政策实施的机制；其次讨论欧盟发展援助政策演变的特点和发展趋势；最后将讨论英国脱欧公投成功通过对欧盟对外发展援助政策可能产生的影响。

---

① European Commission: "EU remains the world's leading donor of development assistance: 75.7 billion in 2017", https://ec.europa.eu/europeaid/news-and-events/eu-remains-worlds-leading-donor-development-assistance-eu757-billion-2017_en.

第一节 欧盟发展援助政策的历史发展

欧盟的发展援助政策可以追溯到欧共体成立时确定的与海外国家和领地之间的联系制度，经历了20世纪70年代到冷战结束前以经济发展为主导的合作协定期，然后到冷战结束后发展援助的政治条件性日益增强、发展援助政策措施日益朝向综合性方面发展以及当前正在经历的务实调整期等几个阶段。

第一个阶段是联系制度阶段。这个阶段从欧共体成立到1975年《洛美协定》签订为止。1957年成立欧洲经济共同体的《罗马条约》第131条规定，"各成员国同意使那些与比利时、法国、意大利、荷兰、联合王国和丹麦保持有特殊关系的非欧洲国家及领地与共同体建立联系"。[①] 当时，由于法国在海外占有大量殖民地，从维持与殖民地的联系考虑，法国提出应该与殖民地建立特殊的联系制度。而建立联系制度的目的是"促进国家和领地的经济和社会发展，并建立国家和领地与整个共同体之间的紧密的经济关系"。[②] 于是，开启了欧盟对外发展援助政策的历程。为实施《罗马条约》的确立联系制度，条约附加了《关于海外国家和领地与共同体联系的公约》，对联系国的待遇做出了明确规定。欧共体还专门设立了总额约为5.81亿美元的基金，并提出了一些援助项目，为期5年。

对于欧共体当时为什么建立联系制度，学术界进行了较为充分的讨论。综合来看，主要有以下一些原因。首先是维持传统的殖民关系的需要。最早被欧共体确认为联系国的主要是非洲原欧洲国家的殖民地。欧洲和非洲在历史长河中形成了不平等的关系，到第一次世界大战之前，除了埃塞俄比亚和利比亚外，非洲大陆都沦为欧洲列强的殖民地，欧洲

[①] 欧共体官方出版局编：《欧洲联盟法典》（第一卷），苏明忠译，国际文化出版公司2005年版，第177页。1957年该条约签署的时候没有联合王国和丹麦，它们在1973年加入欧共体后被添加到该条款。

[②] 欧共体官方出版局编：《欧洲联盟法典》（第一卷），苏明忠译，国际文化出版公司2005年版，第177—178页。

人长期以一种文化上的优越感来看待欧洲与非洲的关系，把非洲看成自己的后院，认为自己对非洲负有一种特殊的责任，联系制度正是欧共体维持"宗主国"对传统殖民地关系或控制的需要。其次是为了经济发展的需要。非洲国家资源丰富，能够为欧洲国家提供大量工业生产所需要的原材料，通过发展援助，欧洲国家可以根据自己国家的发展情况决定支持援助的重点，形成发展中国家对欧洲的依赖关系，实现自己的经济目标。最后，是出于同苏联等东方国家进行战略争夺的需要。第二次世界大战之后不久，欧洲就陷入了冷战，欧共体成立的主要原因之一就是为了防范所谓苏联共产主义的入侵。在战后殖民体系摇摇欲坠的背景下，亚非地区欧洲国家的殖民地成为双方争夺的前沿阵地。利用联系制度，西方国家向其殖民地提供经济方面的支持，成为一种战略上的需要。由于被纳入联系制度的国家基本上都是非洲撒哈拉以南地区未获得独立的国家，且条约内容具有不平等性，体现了欧洲国家的意志，非洲国家没有发言权，联系制度因而是一种单向强加的援助体系。因此，很多人对联系制度下的援助是不是属于后来所指的发展援助提出质疑。[1] 总体而言，联系制度维护了欧洲国家对非洲殖民地的传统联系，该制度体现了殖民地宗主国对殖民地的控制。

进入60年代，在世界殖民体系日益崩溃的大背景下，非洲国家希望改变充满殖民色彩的联系制度。1963年7月20日，欧共体与非洲新独立的18个主权国家签订了《雅温得协定》，对联系制度进行了调整。《雅温得协定》延续了《罗马条约》规定的对等互惠等原则，作为发展援助的对象国，非洲国家获得了主权平等、权利对等以及一定程度的自主权，是欧共体与非洲国家签订的第一个独立的发展援助协定。协定期限同样是5年。1969年7月29日，第二个《雅温得协定》签订。1968年7月26日，也就是在第一个《雅温得协定》执行期间，欧共体同东非的肯尼亚、乌干达和坦桑尼亚签订了《阿鲁沙协定》，协定内容参照《雅温得协定》，规定三国与欧共体建立联系国关系，开始了国家间贸易合作往来，

---

[1] 贾文华：《欧盟官方发展援助变革的实证考察》，《欧洲研究》2009年第1期；Roger C. Riddell, *Foreign Aid Reconsidered*, London: John Hopkins University Press, 1987, p. 133.

并在 1969 年 9 月续订。①

除了在下撒哈拉地区建立联系制度，欧共体还在地中海地区建立了发展联系国。1963 年欧共体与土耳其缔结联系协定，1971 年和 1973 年又分别和地中海北部的马耳他和塞浦路斯签订了联系协定。这些联系协定都含有援助的内容。但也有学者指出，这些联系协定实际上是根据《罗马条约》第 238 条签订的，与根据第 131 条签订的欧共体与海外国家和领地关系的协定是完全不同的。"这种'联系协定'的一个重要意图，是促进这些国家向欧共体靠拢，以便建立关税同盟，最后在条件成熟时将其纳入欧共体。"②

联系制度经过发展，到《雅温得协定》第一次确认了受援国独立主权国家的地位，是一种进步。但仍然保留了前宗主国的一些特权，要求联系国对外贸易政策的制定与改变需要与欧共体进行协商，仍然由欧共体决定开展贸易和进行援助的规则，受援国没有主动权和发言权。

第二个阶段是强调平等原则的合作协定期。进入 70 年代，欧洲一体化取得新的进展，英国、爱尔兰和丹麦加入欧共体。同时，1970 年 10 月 24 日，联合国大会通过了《第二个联合国发展十年国际发展战略》，对发展援助提出了新的要求和标准，为了推动这一战略，在 77 国集团的推动下，联合国大会还通过了《关于建立新国际经济秩序的宣言》和《行动纲领》两个文件，为国际发展援助增添了新的内涵。③ 这一时期欧共体不仅与非加太国家签订了《洛美协定》，还同地中海沿岸国家、拉丁美洲国家、亚洲国家等分别签订了合作协定。

《雅温得协定》到期后，1975 年 2 月 28 日，欧共体 9 国和非洲、加勒比和太平洋地区 46 个发展中国家在多哥首都洛美签订经济和贸易协定，简称《洛美协定》。《洛美协定》的援助政策工具主要有三个：贸易、发展基金和政治对话。《洛美协定》每 5 年为一期。到第三个《洛美协定》签署生效的时候（1984 年 12 月 8 日签署，1986 年 5 月 1 日生效），

---

① 《阿鲁沙协定》规定的双方权利和义务范围比《雅温得协定》要窄，贸易上相互之间给予的特惠关税待遇的商品项目也比较有限，该协定也不包括提供援助事项。1975 年 1 月到期后，三个联系国一并加入《洛美协定》。

② 周弘：《对外援助与国际关系》，中国社会科学出版社 2002 年版，第 524 页。

③ 王文：《联合国四个十年发展战略评析》，《国际论坛》2001 年第 3 期。

参加该协定的非加太国家增至 65 个。在很长时期，欧盟发展援助政策目标通常是模糊的，只是到《洛美协定》第三期的时候（1986 年），削减贫困才成为其中心目标。①

在地中海地区，欧共体是与单个国家签订合作协定的。1975 年与以色列签订了合作协议，1978 年分别与三个马格里布国家（阿尔及利亚、摩洛哥、突尼斯）和四个马什利克国家（埃及、叙利亚、约旦和黎巴嫩）签订了合作协议，1980 年与南斯拉夫签订了合作协议。1989 年以后，由于以色列发展水平已经高于一般发展中国家水平，欧共体不再给予其减让性贷款待遇。1990 年，欧共体针对地中海国家推出了"新地中海政策"，提出了涵盖整个地中海地区的整体战略，超越过去贸易合作和财政技术合作的范围，注重整个地区的经济与社会稳定，目的是加强与地中海国家的经济联系，缓解地中海国家向欧洲移民而给欧洲带来的社会压力。采取的措施是除对经济结构的调整给予更大的支持外，还设立专门基金对双方的非政府行为体之间的横向合作加以支持。在 1991—1996 年期间，支持了一系列 MED 计划，包括改善城市居民生活条件以及地方性当局之间的发展合作计划（MED—URB）、大学和高等教育机构之间以培训为基本内容的合作计划（MED—CAMPUS）、为发展大众传媒以及新闻事业中的网络而开展的合作计划（MED—MEDIA）、以促进地中海国家中小企业发展为目的的合作计划（MED—INVEST）、在技术应用与技能交流方面展开的合作（MED—TECHNO）以及有关移民的地方社区及相关组织之间的合作（MED—MIGRATION）。

欧共体对亚洲和拉丁美洲的援助是从 1976 年欧共体委员会提出的与这两个洲的一项财政与技术合作计划开始的。该计划重点援助贫困国家，涉及两洲的四十多个国家，目的是改善边缘化社会群体的生活水平，促进农村和农业发展，促进区域性的发展探索，针对自然灾害提供人道主义援助等。

由于殖民体系的瓦解和发展中国家的崛起，建设国际政治经济新秩

---

① Stephen Dearden, "The Future Role of the European Union in Europe's Development Assistance", *Cambridge Review of International Affairs*, Vol. 16, No. 1, 2003, p. 106.

序的呼声日益高涨,欧共体在与发展中国家建立关系的时候不能不考虑这些因素,所以这一时期欧共体对发展中国家的援助至少在形式上做到了平等。根据《洛美协定》第三期文本中第 2 条规定,欧共体与非加太国家合作的原则可以归结为三条:第一是平等,即双方是平等的合作伙伴,尊重对方主权,互利互存;第二是自主,即非加太国家有决定自己的政治、经济、社会、文化政策的选择权;第三是保障,即通过合作体制使双方的合作关系得到保障。

第三个时期是冷战结束之后援助的政治性和社会性条件加强的时期。80 年代后期,有三个因素促使欧共体对其发展援助政策进行反省。其一,援助的有效性问题。欧共体长期进行的对非加太和其他发展中国家的发展援助,并没有带来发展中国家的发展,引起了广泛的批评和反思。多数援助者尽管仍然坚持援助能够促进经济发展,但是认为良好的制度和市场环境也是必要的,援助需要通过附带性条件引导受援国向正确的预期发展。[1] 其二,欧共体的对外援助受到了来自世界银行等国际组织的压力和影响。世界银行发表《伯尔格》报告,对欧共体对非加太的援助进行了批评,而世界银行自身则在援助发展中国家的时候对援助提出附加条件,以援促改。欧共体给予非加太国家的特别的单方面优惠,也越来越被世界贸易组织所诟病,因为这种做法对非加太国家之外的其他低收入国家构成了歧视。因此,"欧盟之外的制度框架……将对欧盟发展政策的方向和实施产生影响"。[2] 其三,苏联东欧的剧变改变了国际援助的大环境,西方国家可以放开手脚通过援助对广大亚非拉国家施加影响,给援助增加附带条件是很方便的选择。

针对不同地区,欧盟在 20 世纪 90 年代启动了不同的援助计划,并在 2000 年 11 月发布了其有史以来第一份关于发展政策的指导性文件《发展政策战略文件》(the Development Policy Strategy, DPS),2005 年欧盟委员会对该战略文件进行了修订,推出了《欧盟发展共识》(the

---

[1] Niels Hermes and Robert Lensink, "Change the Conditions for Development Aid: A New Paradigm?" *Journal of Development Studies*, Vol. 37, Issue 6, 2001, pp. 1 – 16.

[2] Martin Holland, "20/20 Vision? The EU's Cotonou Partnership Agreement", *The Brown Journal of World Affairs*, Vol. 9, No. 2003, p. 163.

European Consensus on Development），就发展政策在欧盟和成员国之间达成共识，2007年欧盟又公布了《关于援助互补性和分工的行动准则》，以切实提高援助的有效性。这一时期欧盟援助政策的重点是推进促贸援助，服务于其对外贸易，同时增加援助的政治条件性，推动受援助方的社会变革，不仅要求在经济领域，还要求在政治领域、文化领域等实现全面变革，推行欧盟的价值观念和制度文化，以实现这些地区的稳定和发展。

针对非加太地区的援助，《洛美协定》第四期之后，欧共体对外援助政策发生了明显的变化。1990年《洛美协定》第四期开始的时候增加了性别平等议题，第四期后续项目经1995年的修订后增加了人权、善治和法治等政治条款。《洛美协定》到期之后，2000年6月23日，欧盟15个成员国和77个非加太国家在贝宁签订了《科托努协定》，计划执行期限为20年。[①]《科努托协定》延续了《洛美协定》的伙伴内涵，同时在其他一些方面也做出了显著的变革。[②]《科托努协定》最大的、最实质性的变化是提出民主、人权、法治和善治等方面的政治条件。这些条款及其所提出的条件都是为了促进向削减贫困的综合性路径的变革。《科托努协定》签署后在2005年、2010年进行了两次评估和修订，在第11条安全条款增加了新的内容，即将于2020年到期。

针对地中海地区，1995年欧盟与地中海地区12个国家和地区启动"巴塞罗那进程"，提出了双方建立和发展"欧洲—地中海伙伴关系"的战略构想，双方的合作是全方位的，涉及政治、经济、社会、文化等各个方面，其合作重点包括建立政治与安全伙伴关系、经济与财政伙伴关系、社会与文化伙伴关系，提出了人权、民主、良治等问题。欧盟对地中海国家的援助从1997年开始不再采取议定书的方式，而是在欧盟预算中单独开辟出一种专门针对地中海沿岸国家的"MEDA"援助基金，到2004年，该援助基金总预算为88亿元。同时，欧洲投资银行还有专门面

[①] Olufemi Babarinde and Gerrit Faber, "From Lomé to Cotonou: Business as Usual?" *European Foreign Affairs Review*, Vol. 9, No. 1, 2004, pp. 27–47.

[②] Simon Maxwell and Karin Christiansen, "Negotiation as Simultaneous Equation: Building a New Partnership with Africa", *International Affairs*, Vol. 72, No. 3, 2002, p. 478.

向该地区中小企业的贷款，1995—2007年总计投入了112亿欧元。2003年，欧洲投资银行还推出了"欧盟地中海投资伙伴工具"，主要是支持经济结构的调整、社会凝聚力建设、环境保护和交通设施改善，每年向这一地区提供贷款为20亿欧元。2004年欧盟推出"周边政策"，更加重视地中海地区邻国，例如2007—2013年间，欧盟"周边政策"支出120亿欧元，其中近2/3流向南部欧盟地中海伙伴关系国。在法国的提议下，2008年7月欧盟27个国家与16个地中海沿岸非欧盟成员国举行首脑会议，成立"地中海联盟"，被认为是巴塞罗那进程的升级版。欧盟利用地中海伙伴关系计划，力图从经济上增强欧盟与地中海沿岸国家的经济贸易往来，在政治上配合美国的中东改造计划，支持中东北非国家的政治转型。从2006年起，欧盟每年拿出5000万欧元支持该地区国家的民主化。

　　欧盟对亚洲和拉丁美洲国家的发展援助，在20世纪90年代中期以后其政治条件性也明显加强。到1997年的时候，在亚洲已经有12个国家与欧盟签署了合作协定，拉丁美洲除古巴以外的所有国家都同欧盟签署了合作协定。但在冷战结束之后，合作协定的条款进行了增加或者修改。1992年，欧盟针对亚洲和拉丁美洲财政技术援助和经济合作政策通过了专门的条例，对1981年的条例进行了修改，以超越过去的财政技术援助与经济合作，并增加了包括人权、民主、良好治理、环境保护、文化交流等方面的内容。1994年7月，欧盟委员会推出《对亚洲新战略》，其基本目标是提升欧盟在亚洲和世界的影响力，促进亚洲地区的和平稳定，推动贫困国家的社会经济发展，继续提出关注人权、法治和民主等内容。对以后欧盟对亚洲国家发展援助政策具有重大指导作用。欧盟对拉丁美洲的援助是在多个层次展开的，除了与单个国家签订双边合作协定外，欧盟还对拉丁美洲区域一体化进程表示支持，认为应该成为对拉美国家发展援助的重要构成部分。欧盟对安第斯条约组织、中美洲共同市场、南方共同市场等一体化组织提供了支持。从1990年开始，欧共体与包括南美洲国家及墨西哥的"里约集团"展开了广泛的政治对话。对亚洲和拉丁美洲的援助虽然总体上上升，但这两个地区并不是欧共体以及后来欧盟对外援助的重点。[1] 但从 90 年代中期开始，和欧盟对外援助的总基调相一致，对亚洲和拉丁美洲的援助也增加了在"良好治理"和"公民社会"领域支持力度。

欧盟对中东欧和独联体地区的援助最具有政治含义，和其对非加太地区的援助一样具有典型意义。对中东欧国家和独联体国家实施的法尔计划和塔西斯计划，具有明显的支持国家社会转型的含义。法尔计划（Poland and Hungary Assistance for Economic Reconstruction，缩写为 Phare）于 1990 年 1 月正式启动，支持波兰和匈牙利由计划经济向市场经济转轨，但随着中东欧局势的迅速变化，迅速扩展到其他中东欧国家。在 1993 年之前，法尔计划援助的主要目标是支持中东欧国家的经济转轨和民主化进程，但 1993 年 6 月之后，重心转向支持那些申请加入欧盟的中东欧国家的国内改革和制度建设，使这些国家达到入盟的标准和要求。塔西斯计划是欧共体针对苏联地区独立国家的一项大型援助计划，受援国家包括俄罗斯等独联体 12 国，蒙古国也得到了该计划的援助。塔西斯计划起源于 1990 年欧共体罗马理事会对苏联当局的经济和社会改革给予支持的决定，1991 年 7 月 15 日欧共体部长理事会正式确认了塔西斯计划。"随着法尔计划、塔西斯计划的全面推行，欧盟逐步放弃了中立不介入的传统外援政策，关注的重点进一步向民主、人权、法治、安全等直接触及受援国主权的领域拓展。"[2] 1994 年，欧盟委员会推出了"民主与人权指导计划"，关注第三国的人权保护、民主化改革、政府治理与法制、少数民族保护、冲突预防等，欧盟对外援助的附带条件从经济领域扩展到了政治领域。随着欧盟东扩进程的发展，中东欧国家加入了欧盟，欧盟的东方邻国出现了变化，欧盟便提出"更大的欧洲"这个概念，并于 2004 年把东方邻国纳入新出台的"周边政策"框架之下发展关系，2009 年进一步提出为"东方伙伴关系"，来处理与乌克兰、白俄罗斯、格鲁吉亚、亚美尼亚、摩尔多瓦、阿塞拜疆六国的关系。在"东方伙伴关系"框架

---

[1] 1996—1998 年间，欧盟对亚洲与拉丁美洲的援助承诺约占其对外援助承诺的 14.6%。1991—2004 年欧盟对非洲、美洲、亚洲和欧洲的援助总额折合成美元年均分别约为 21.68 亿、4.70 亿、8.67 亿和 6.69 亿美元。其中，亚洲的份额主要投放到西亚地中海地区。

[2] 贾文华：《欧盟官方发展援助变革的实证研究》，《欧洲研究》2009 年第 1 期。

下，2007—2013 年欧盟对东欧地区进行的投资总额为 25.378 亿欧元，其中对亚美尼亚的投资为 2.815 亿欧元，对阿塞拜疆的投资为 1.435 亿欧元，对白俄罗斯的投资为 0.942 亿欧元，对格鲁吉亚的投资为 4.521 亿欧元，对摩尔多瓦的投资为 5.609 亿欧元，对乌克兰的投资为 10.056 亿欧元。① 这个投资总额中，包括援助资金约 6 亿欧元，用于支持这些国家的制度变革，其中综合制度建设 1.75 亿欧元，区域发展试点项目 0.75 亿欧元，多边层面的项目 3.5 亿欧元。所谓综合制度建设主要是帮助对象国提高行政管理能力，向欧盟的制度规范看齐；区域发展试点项目主要是援助对象国的公共管理部门、地方政府和公民社会组织；多边层面的项目包括综合边界管理项目、区域能源项目、灾难预防和应对项目以及环境治理项目等。

第四个阶段是中东动乱之后，欧盟发展援助政策出现务实转变。欧盟对外政策的基本原则是在全球扩展其价值理念，这也深刻体现在其冷战结束之后的对外发展援助政策当中，但这种理想主义政策在现实中效果并不理想。2011 年西亚北非地区发生动荡之后，欧盟把其视为改造中东地区的良机，加大了在民主改造方面的援助力度。欧盟甚至通过了《变革议程》（Agenda for Change），寻求更加有针对性和更加协调的援助资金分配和政策措施，提出"改得越多，给得越多"，对中东地区的动荡烈火加薪添油。2011 年 5 月，欧盟宣布加大对周边政策财政支持力度，其中 2011—2013 年达 57 亿欧元。2011 年 9 月，欧盟专设了"支持伙伴关系、改革和包容性增长"（SPRING）基金项目，专门促进民主化改造，2011—2013 年的预算为 5.4 亿欧元。同时，欧盟还设立了支持社会组织发展的项目，并于 2011—2013 年间向地中海南岸国家拨款 1200 万欧元。② 但欧盟的这些援助项目并没有能够帮助当地完成民主化改造，埃及经过动乱重新回到威权政府，叙利亚、也门则陷入长期战争。通过"东方伙伴关系计划"对东部邻国的援助由于以挤压俄罗斯的战略空间为目

---

① European Neighbourhood and Partnership Instrument 2007 – 2013, http://ec.europa.eu/enlargement/neighbourhood/pdf/20141217 – enpi – results – 2007 – 2013. pdf, p. 74.

② 数据转引自田德文《解析欧盟中东北非战略》，《当代世界与社会主义》2016 年第 1 期。

的，受到了俄罗斯的坚决反对，并引起欧盟东方伙伴关系对象国的政局不稳，乌克兰甚至发生严重内战。

地中海沿岸国家和欧盟东部邻国是欧盟对外援助的重点，目的是使欧盟有一个安全稳定的周边环境。但事实上欧盟试图通过推行自己的价值观和行为规范的做法并没有为欧盟带来一个安全的周边环境，反而在周边形成了不稳定地带。而在其他地域，欧盟对外援助政策则面临中国等新兴大国的挑战。2015 年，欧盟发布关于周边政策的磋商文件，对过去的周边政策进行反思，认为目前欧盟的邻国比 10 年前更加不稳定，承认为伙伴国未来改革提供激励方面并不总是成功。"这等于承认了'阿拉伯之春'后欧盟中东北非战略调整的错误。"[①] 文件号召欧盟更加尊重伙伴国的主权选择，与伙伴国建立一种更加平等的关系。

为迎接 2015 年联合国发展峰会的召开，欧盟把 2015 年定为欧洲发展年，举办系列活动。2015 年联合国大会通过了 "2030 议程" 之后，欧盟于 2016 年 6 月通过《欧盟全球战略》，提出了 "有原则的务实主义" 这一概念。2017 年 6 月 8 日提出了欧盟发展政策的新共识——《新欧洲发展共识——我们的世界、我们的尊严、我们的未来》(the New European Consensus on Development: "Our World, Our Dignity, Our Future")，[②] 在反思过去发展援助政策，尤其是 2011 年《变革议程》的基础上，对欧盟的对外援助政策做出了新的发展，更加重视综合性政策手段的采用，更加注重周边国家尤其是南方和东部邻国复原能力的建设。

第二节　欧盟发展援助政策演变的特点

从欧共体为维持与海外国家和领土旧有联系建立联系制度开始，欧盟对发展中国家的发展援助政策执行了 60 余年，其政策经历了较大的发展变化，尤其是在冷战结束之后，欧盟对外发展援助政策变化更加突出。

[①] 田德文：《解析欧盟中东北非战略》，《当代世界与社会主义》2016 年第 1 期。

[②] European Commission, "New European Consensus on Development", https://ec.europa.eu/europeaid/sites/devco/files/european-consensus-on-development-final-20170626_en.pdf.

在金融危机爆发之后，欧盟面临难民危机、恐怖主义袭击、英国脱欧、周边安全危机等等多重危机的冲击，欧盟发展援助政策被迫做出了调整。和冷战时期相比，欧盟对外援助政策发生了显著变化，这些变化可以从援助的地域、标准、目标等方面来阐述。

一　援助的地域发生了显著的变化

《罗马条约》签订时，欧共体主要是应法国等国的要求而建立了联系制度，援助的对象是法国、荷兰和比利时等国在非洲的殖民地。这些地区包括西非的法属马里、塞内加尔、象牙海岸、达荷美、毛里塔尼亚、尼日尔和上沃尔特，赤道非洲的法属中央刚果、乌班吉—沙立、乍得、加蓬，法属圣皮埃尔和密克隆岛、科罗群岛、马达加斯加，法属索马里、新喀里多尼亚、南大西洋和南极洲领地，法托管地喀麦隆，多哥自治共和国，比属刚果、卢旺达和布隆迪，荷属新几内亚，意大利托管地索马里等地。20 世纪 60 年代，虽然经历殖民体系的崩溃和发展中国家的兴起，欧共体的对外援助经历了两个《雅温得协定》的调整，欧盟的对外援助地域有所扩大，例如 1969 年通过的《阿鲁沙协定》属于英联邦成员国的肯尼亚、坦桑尼亚和乌干达三国与欧共体确立贸易互惠和关税减免（但不包括财政与技术援助），但总体而言援助地域一直限制在法语非洲地区。虽然对其他洲也有所援助，例如在 1960—1973 年间，欧共体对欧洲、亚洲、美洲及大洋洲的援助合计只有 3.68 亿美元，而对非洲的援助则高达 13.73 亿美元。

欧共体的扩大带来了受援国地域上的变化。1973 年英国、爱尔兰和丹麦加入欧共体使接受欧共体援助的国家和地区有了较大增加。当第一个《洛美协定》签订的时候，受援国就包括了法国、荷兰等国在加勒比海地区的前殖民地、非加太地区的英联邦成员国等 46 个发展中国家。"到 20 世纪 70 年代中后期，欧共体的援助对象不仅扩展到英国在整个非加太地区的英国前殖民地，并且进一步扩展到了英国在亚洲的传统势力范围。"[①] 而 80 年代希腊（1981 年）、西班牙和葡萄牙（1986 年）加入

---

① 贾文华：《欧盟官方发展援助变革的实证研究》，《欧洲研究》2009 年第 1 期。

欧共体，则增加了欧共体对地中海地区和拉丁美洲地区的援助力度。

政治版图的变化导致了欧共体/欧盟援助版图的变化。苏东剧变和冷战结束，直接导致了欧共体对东欧地区援助的增加。法尔计划和塔西斯计划都是源于西欧国家针对苏东国家国内政治和经济转型而推出的计划，并得到了欧共体的重点投入。这些计划的实施，使接受欧共体援助的国家扩展到原苏联东欧国家，甚至在一定程度上包括蒙古国。1996—1997年，欧盟对中东欧国家和新独立国家的援助额占欧盟对外援助总额的将近20%，而传统上欧共体援助的重点地区北非和撒哈拉以南非洲仅得到6%的援助额。[①]

欧盟发展援助接受国的增加主要是由于两个因素导致的。一个因素是在对外援助问题上地区主义与全球主义力量的博弈过程中全球主义力量的不断增加。在对外援助问题上，欧共体内部法国和比利时主张将援助集中于殖民地和海外领地，这是所谓的地区主义；而西德和荷兰则主张不应仅局限殖民地和海外领地，这是所谓的全球主义。昔日被称为日不落帝国的英国在全球曾有着分布广泛的殖民地，殖民地独立之后仍然组成了联系密切的英联邦。英国的加入使欧共体必须面对处理与英国前殖民地的关系问题，这就使在对外援助问题上导致援助地区的增加，从而增加了全球主义的力量。另一个因素是全球化的发展。冷战的结束掀起了全球化的浪潮，阻碍欧共体向外扩展援助的政治因素被消除，中东欧地区和苏联地区的一些国家成为欧共体援助的对象。

二　援助的政策措施向着综合化方向发展

欧共体早期的对外发展援助措施仅仅是与原殖民地与海外领地在贸易上的一些安排，包括开展贸易、欧共体取消从联系地区进口产品的所有关税、共同体对联系地区提供发展所需的投资等，其目的主要是维持在前殖民地的影响以及获得原材料和商品市场，对受援助国的发展关注不多。在20世纪五六十年代，发展援助的主导理念是援助就能形成经济增长，欧共体与非加太国家签订的两个《雅温得协定》就体现了这样的

[①] 刘丽云：《欧盟对外发展援助政策的变化及其原因》，《当代世界》2003年第5期。

理念：要求受援国扩大出口，充分引进欧共体的资本和财政援助。但两期《雅温得协定》的援助并没有导致非洲国家的经济增长，反而出现了严重的问题：很多国家国际收支严重不平衡，负债累累，失业和贫困人口增加。① 另外由于欧共体国家为保证自己的初级产品供应，鼓励非洲受援国大量种植经济作物，造成农产品结构失衡。

  20世纪70年代，社会发展观得到认可。1970年联合国大会通过了《第二个十年国际发展战略》，提出发展的目的就是对收入和财富进行更平等的分配，促进社会公正和提供生产效率，提高实际就业水平，更大程度地保证收入并扩大和改善教育、卫生、营养、住房及社会福利设施，保护环境。② 在这种情况下，欧共体开始思考援助的有效性问题，开始对发展援助问题进行调整。援助国希望能够提高资金的使用效率，能够监督受援国的资金使用，同时希望受援国进一步开放市场，贸易自由化。到了20世纪80年代，人权成为国际政治中的重要概念，以人为核心的发展观得到更多的关注。欧盟逐渐提出了保护人权、建立民主制度、推崇良好治理的发展援助政策，发展援助不再仅仅局限于经济和贸易领域，发展援助的目标也不再仅仅是追求经济的增长，例如性别平等议题在《洛美协定》第三期被列为发展援助的政策目标，并且在序言中写入了有关人权问题的表述。③ 1989年年底签订的第四个《洛美协定》第一部分一般性条款第五条特别强调了发展的核心应该是人，重申了对人类尊严和人权的重视，包括不受歧视、基本生存权、政治权利、经济权利、社会和文化权利等。④ 到1995年对《洛美协定》进行修订的时候，欧共体又在该协定中增加了政治性条件，主要是对第五条的内容进行了增加，强调人权、民主、法治原则是双方发展合作的基石，提出发展合作应该以尊重和保护人权、承认和实施民主原则以及巩固法治与良好治理为基

---

  ① 王新影：《"发展援助危害论"及其评析》，《国际论坛》2016年第6期。
  ② 仲鑫：《对二战后发展理论及官方发展援助关系的思考》，《南京财经大学学报》2008年第2期。
  ③ ACP – EEC Council of Ministers, "The Third ACP – EEC Convetion", Lusembourg: Office for Official Publications of the European Communities, 1985, p. 17.
  ④ ACP – EEC Council of Ministers, "The Fourth ACP – EEC Convetion", Lusembourg: Office for Official Publications of the European Communities, 1992, pp. 17 – 18.

础。修订案第244条规定欧盟将拿出专门的资金对受援国开展民主化和法治化的机构予以支持，总金额高达8000万欧洲货币单位。修订案的第366a条则明确把条约履行情况与援助联系起来。2000年签署的为期20年的《科托努协定》更是一个全面的综合性发展援助协定，把发展合作、政治对话、冲突预防等方面的内容都放入发展合作框架之内。

1990年欧共体推出的"新地中海政策"也是一个综合性的战略，除了贸易合作和财政技术合作外，"新地中海政策"更加注重经济结构的调整和对非政府行为主体的支持。1995年欧盟与地中海国家发表了《巴塞罗那宣言》，提出了双方之间建立和发展"欧洲—地中海伙伴关系"战略构想，使双方的合作扩展到政治、经济、社会、文化等广泛领域，致力于建设政治与安全伙伴关系、经济与财政伙伴关系、社会与文化伙伴关系等，双方还在减轻移民压力问题上进行合作。1991—2006年欧盟对地中海地区实施的麦达计划就是一个综合性的援助计划，其中在1995—1998年间，麦达计划"援助资金中的9%用于支持结构调整，38%用于支持经济转型和私人企业发展，用于传统发展项目的资金比例为42%"。[1]

而在90年代，欧盟对其他国家尤其是苏联和东欧地区的援助，从一开始就超出了单纯的经济援助，更侧重于经济制度和政治制度的转型，最终消除欧盟国家对来自中东欧以及苏联地区政治制度差异和经济不稳定以及社会动荡的担心。欧盟通过法尔计划和塔西斯计划，推动受援国经济向开放化、市场化、私有化转变，同时，把民主、人权、善治、法治、冲突预防等纳入重点援助领域。1994年12月，欧盟埃森（Essen）首脑峰会提出了"埃森战略"，对援助重心进行了调整，明确对申请加入欧盟的中东欧联系国的两个援助重点，一是进行制度建设，二是改进相关国家的产业和基础设施方面的标准，以便符合欧盟标准，为加入欧盟做准备。"埃森战略"还包括其他一些要素，涉及保障民主、人权、法治和保护少数社群的制度，包括泛欧铁路网在内的基础设施建设，中东欧之间的区域合作、环境保护以及在外交与安全政策、司

---

[1] 周弘：《对外援助与国际关系》，中国社会科学出版社2002年版，第527页。

法、文化、教育和培训等领域的合作等等。"塔西斯计划"起源于1990年欧盟的罗马理事会支持苏联经济与社会改革的决定，所提供的援助基本上是技术性援助。1997年之后欧盟与独联体国家陆续签订了"伙伴与合作协定"，该类协定的核心是为欧盟与其伙伴国之间的政治经济关系提供一个全面的参考框架，涉及政治对话、贸易、投资以及在经济和社会层面的广泛合作。

进入21世纪，欧盟对外发展援助更显综合化趋势。2005年欧盟通过《欧洲发展共识》，确立了与发展合作政策相关的12个领域：贸易、环境、气候变化、安全、农业、渔业、社会福利和就业、移民、研究和创新、信息安全、交通、能源领域。2017年欧盟通过了关于发展援助的新的纲领性文件——《新欧洲发展共识》。文件指出："消除贫困、解决歧视和不平等问题以及共同发展是欧盟发展合作政策的核心。贫困问题具有多维性，与经济、社会、环境、文化和政治都息息相关。"[1] 文件对欧盟的发展政策分别从人类的发展和尊严、保护环境、管理自然资源、应对气候变化、包容性和可持续增长与就业、人人享有和平和普惠的社会、民主、有效可靠的机制、法治和普遍人权等方面阐述了欧盟发展政策的基本目标。文件还第一次要求适用于欧盟所有机构和欧盟所有成员国，认为保证欧盟内外政策的一致性是实现欧盟发展战略目标的核心要素。

经过60余年的发展，"欧盟的发展政策已经从最初的由于一些成员国与殖民地的传统联系而导致的较为单一的经贸援助政策，发展成为今天具有全球视野和战略导向的、系统而全面的综合性政策框架，其中包括了从组织结构到制度安排、从法律条文到标准与原则、从欧盟内部关系的处理和政策的协定到与国际机构和国际其他援助方的政策协调与合作，从针对受援方一系列政策安排到与一系列国家与地区建立覆盖全球的伙伴关系"[2]。欧盟发展援助政策呈现综合治理趋势存在多方的原

---

[1] European Commission, "New European Consensus on Development", https://ec.europa.eu/europeaid/sites/devco/files/european-consensus-on-development-final-20170626_en.pdf.

[2] 刘丽云：《试析欧盟发展政策的新特点、新取向和新功能》，《欧洲研究》2009年第1期。

因。首先是对援助有效性的追求。如前所述，20 世纪 80 年代之后，人们就对单纯的经济援助并未有效促进受援国的充分发展展开深入思考，在援助理念上超越了经济增长论而出现了社会发展理论，这必然导致其援助政策向综合性的政策转变。其次，全球性问题越来越严重。现代工业化大生产推动着全球化浪潮的发展，也导致了全球性问题的出现，这些全球性问题，例如环境问题、气候变化问题和发展中国家的发展密切联系在一起，是发展问题。而这些问题的解决，不仅需要世界各国人民的合作，而且需要各国采取综合性手段，统筹各个领域，才能解决好这个问题。最后，不能排除欧洲中心主义在其中发挥作用。欧洲对发展中国家的援助，最初是为了保持与殖民地的关系，初衷是维持自己在殖民地国家和地区的利益。70 年代，在殖民体系瓦解、发展中国家崛起的背景下，在受援国的抗争下，欧共体在第一、二、三期《洛美协定》的时候，开始思考给予受援国平等的地位。第三个《洛美协定》的第 2 条所表述的内容可以归纳为三点：平等原则、自主原则、保障原则，使双方的合作关系得到健康的发展。但是，冷战结束之后，西方越来越认为，西方对发展中国家的援助之所以没有达到预期的效果，主要在于这些国家的政治经济文化制度比较落后。于是，欧盟对发展中国家的援助理念和政策开始发生改变，在对外政策中强调传播欧洲的价值观，在对外援助政策中加入了强调人权、善治等主张。

三 发展援助的政治化与安全化趋势

欧盟发展援助政策的政治化与安全化是随着欧洲一体化进程中对欧洲身份认识的深化而逐步发展的。发展援助政策方面的政治化开始于 20 世纪 80 年代中期，到《洛美协定》第四期得到强化，并在 2000 年签署的《科托努协定》得以固定；而安全化则在《科托努协定》2005 年修订中引入并不断深化。

1973 年欧共体 9 国签署了《关于欧洲身份的宣言》，明确提出了关于欧洲身份认同的基本要素，包括捍卫代议制民主、法治、社会正义和尊重人权等各项原则，在此后一再得到确认。1986 年欧共体通过的《单一欧洲法案》进一步强化欧洲认同，并要求欧共体成员国在对外政策方面用一个声音说话。同年7月欧共体成员国外交部部长会议通过了一份"关于人权的声明"，文件把人权规定为欧洲政治合作的核心基石，是与第三方国家发展关系的重要因素，在发展援助政策中开始加入两性平等方面的表述。

1992年签订的《欧洲联盟条约》把欧盟的发展援助政策和欧洲共同外交与安全政策的政治目标联系起来，指出欧盟的发展政策必须有助于共同外交与安全政策核心目标的实现，支持"发展和巩固民主与法治、尊重人权和基本自由等基本目标"。[①] 由于《欧联盟条约》共同条款第 C 条强调"联盟应特别保证其在对外关系、安全、经济与发展等政策范围的对外行动一致性"，[②] 共同外交与安全政策的内容就成为欧盟对外政策的总指针。从1992年起欧盟的发展援助政策就进行了修订，以符合共同外交与安全政策的目标要求。欧盟对外政策一致性的要求，正式把欧盟广义上的对外关系中的政治、安全、经济和发展等方面联系在了一起，为欧盟的发展政策目标采纳共同外交与安全政策的核心规范提供了依据。[③] 欧盟在1995年修订《洛美协定》时加入了人权干预等政治性条款，首次将民主和人权问题与欧盟对外援助挂钩，并规定非加太国家获得援助数额的多寡取决于其经济运行状况，欧盟还由以往单纯负责发放贷款改为直接参与制定援助项目。2000年的《科托努协定》是欧盟发展援助政策政治化发展的一个分水岭，政治性干预的色彩更加浓郁，民主、人权、法制和善治成为执行该协定的基本原则，欧盟有权中止向违反上述原则的国家提供援助。

"有关善治和民主的争论……标志着欧盟严肃地致力于非洲（软）安全问题的开始"，而安全问题被认为是发展中世界严重贫困的不可分割的

---

① 欧共体官方出版局编：《欧洲联盟法典》（第二卷），苏明忠译，国际文化出版公司2005年版，第61页。
② 同上书，第11页。
③ Karin Arts, "Changing interests in EU deveopment cooperation: the impact of EU membership and advancing integration", in Karin Arts and Anna K. Dickson, *EU Development Cooperation: From Model to Symbol*, Manchester: Manchester University Press, 2004, p.107.

根源。① 2000 年的《科托努协定》加入了开始展示欧盟对发展与安全的新的理解。在该协定中，削减贫困的目标被解释为"有利于和平与安全"，是可持续发展的要求，是使非加太国家融入全球经济的需要。②《科托努协定》的第 11 条的标题是"构建和平政策，冲突预防与解决"，代表了欧盟新发现的处理非加太国家安全议题的视角。

2005 年对《科托努协定》的修改标志着欧盟发展援助政策的安全化。虽然 2000 年签订的《科托努协定》加入了构建和平和预防冲突的条款，但并没有就预防冲突和发展之间的关系做出清晰的说明。因此，"这只是意味着路径的拓宽而不是对发展政策采取一种全新的态度，其所建议的在处理军备、反对杀伤性地雷和儿童士兵等方面的安全改革，意味着在发展援助的工具箱内增加了新的工具，而不是采用了一种全新的话语体系。当然这暗示着到 2000 年年中的时候，欧盟的设计师们已经意识到，发展政策有益于国家社会安全可以在更广的范围内适用"。③ 2005 年对《科托努协定》的修改则往前更进了一步，并包含了一些安全条款，其依据是欧盟在有关欧共体和欧盟的对外事务中采纳的多方位路径增强了其在安全领域的角色。

奥尔森和其他一些人强调，欧盟对非洲感兴趣就是因为其试图建立共同外交与安全政策，从而在世界政治中赋予欧盟一定的角色。④ 也就是说，安全因素的加入明显有助于一种强化的、一体化的有效且可以使欧盟发挥全球角色的对外政策。欧盟在发展援助方面的抱负对 2005 年在《科托努协定》中加入安全化的条款起了作用。然而，这样的观点并不能

---

① Gorm Rye Olsen, "Changing European Concerns: Security and Somplex Political Emergencies Instead of Development", in K. Arts and A. Dickson (eds), *EU Development Cooperation: From Model to Symbol*, Manchester: Manchester University Press, 2004, p. 92.

② *ACP – EC Partnership Agreement (Cotonou Agreement)*, 2000, Article 1. http://www.acp.int/sites/acpsec.waw.be/files/Cotonou2000.pdf.

③ Amelia Hadfield, "Janus Advances? An Analysis of EC Development Policy and the 2005 Amended Cotonou Partnership Agreement", *European Foreign Affairs Review*, Vol. 12, No. 1, 2007, pp. 39 – 66.

④ Gorm Rye Olsen, "Changing European Concerns: Security and Somplex Political Emergencies Instead of Development", in K. Arts and A. Dickson (eds), *EU Development Cooperation: From Model to Symbol*, Manchester: Manchester University Press, 2004, p. 95.

完全解释发展目标和安全目标高度重合的更广泛的话语背景。2005年《科托努协定》中加入的反对大规模杀伤性武器扩散和反对恐怖主义的安全条款被人们认为是欧盟抱负的扩张,但这也是安全话语和发展话语在冷战结束之后被很多国际行为体接受并得到有力发展的结果。

"广泛存在的贫困增加了一个社会走向冲突的可能性,而冲突本身又制造着贫困。"[①] 由于欧盟认为安全既是贫困的根源又是贫困的结果,发展政策的目标因而进行了调整。发展战略因此也有了新的工具,为了处理滋生贫困的根源以及贫困的结果带来的安全挑战,于是,发展战略就出现了一种安全化倾向。

发展援助政策的安全化是指有意识地把安全概念植入发展政策里,使其成为发展援助政策的一部分,处理伴随贫困而产生的安全风险。发展援助政策的这一转变是基于两个因素:一是发展援助话语的变化。发展援助话语由以前的"对经济增长最大化的关切发展为增强个人和群体的自由"。二是安全建设的变化,"从对国家安全的传统关切转变为对个人和群体安全的关切"[②]。由于这种转变,发展援助政策的目标"不再是促进经济增长以达到发展,而是试图通过合作性的伙伴安排,改变整个社会以及生活在该社会中的人的行为和态度"[③]。根据这样的观点,发展,在目标上成为规范性的,在范围上成为地域性的,在方法上则被安全化了。这种观点的支持者认为,安全化的发展"将不仅带来贫困的削减、更多的政治自由、对人权的更大的支持,同时也为更持久的和平与安全打下了基础"[④]。受到这种认识的推动,20世纪90年代后期在联合国、国

---

① John Page, "Three Issues in Security and Development", *Conflict, Security and development*, Vol. 4, No. 3, 2004, p. 299.

② Robert Picciotto, "Aid and Conflict: The Policy Coherence Challenge", *Conflict, Security and Development*, Vol. 4, No. 3, 2004, p. 543.

③ Mark Duffield, *Global Governance and the New Wars: the Merging of Development and Security*, London: Zed Books, 2001, p. 42.

④ Roy Cupeper, "Human Security, Equitable and Sustainable Development: Foundations for Canada's International Policy", *NSI paper on International Policy Review*, the North – South Institute, Ottawa, 2005, p. 25. http://www.nsi – ins. ca/wp – content/uploads/2012/10/2005 – Human – Security – Sustainable – and – Equitable – Development – Foundations – for – Canadas – International – Policy. pdf.

际货币基金组织、世界银行、经济合作组织、八国集团以及欧盟内部绝大多数人对发展援助的态度就已经发生了改变。① "9·11"事件后，美国深深陷入对恐怖主义袭击的焦虑当中，美国的观点对有关发展的新话语及其在国际上的应用起到了尤为重要的作用。欧盟委员会和很多欧盟成员国也赞同美国的这种观点。②

由于受到美国的强烈影响，关于发展援助的话语就建立在这样一种理论认知的基础上：发展的目标与安全是相辅相成的。曾在世界银行工作的罗伯特·皮西奥托（Robert Piccioto）描述了这一过程："首先，分崩离析的或失败的国家引起了地域性的不安全，为外部的干涉制造了压力。……其次，尽管恐怖分子在一些相当强大的国家也展开活动，但他们把这些脆弱的或失败的国家当作安全的隐蔽所，运输设备和招募人员的基地。最后，脆弱的或失败的国家是产生极端主义意识形态的肥沃土壤。"③ 在这里，发展援助从削减贫困的手段变成了意识形态斗争的战场。在这个战场上，"情报和警务必须和对发展中国家积极的政策交织在一起"。④ 最不发达国家资源的匮乏以及由此而产生的脆弱状况，不再是关注的中心，发展援助反而成为安全化的国际行动加以利用的工具。

在欧盟与非加太国家的关系当中，政治目标和原来削减贫困的目标相比占有更加重要的地位。⑤ 2005 年对《科托努协定》的修订说明，欧盟的发展政策确实是两面的：一方面是初始的致力于非加太国家削减贫困的努力，另一方面是加入当前安全化路径的需要，以扩展发展政策的

---

① See Sadako Ogata and Amartya Sen, *Report of the Commission on Human Security*, New York: United Nations, 2003; *Organization for Economic Cooperation on the Threshold of the 21st Century*, Paris: Development Assistance Committee, 1988; Risto E. J. Pentilla, "The Role of the G8 in International Peace and Security", Adelphi Paper, No. 335, International Intstitute for Strategic Studies, London, 2003.

② European Commission, DG Development, "Constitution on the Future of EU Development Policy", Issues Paper, Brussels, 7 January 2005, p. 4.

③ Robert Picciotto, "Why The World Needs Millennium Security Goals", *Conflict, Security and Development*, Vol. 6, No. 1, 2006, p. 115.

④ Ibid., p. 116.

⑤ Peter Hipold, "EU Deveolpment Cooperation at a Crossroads: The Cotonou Agreement of 23 June 2000 and the Principle of Good Governance", *European Foreign Affairs Review*, Vol. 7, No. 1, 2002, pp. 53 – 72.

范围。这反过来增强了欧盟在"塑造受援国政府政治面孔和政策偏好以及整个外交政策范围的影响"。

这种新的发展最突出地表现在《科托努协定》第二编政治向度。第11条增加了4个新的条款（构建和平政策、冲突的预防和解决）来支持欧盟发展援助政策的目标：践行欧盟最近在国际上承担的某些安全义务。第11条的第一处修订增加了如下一段话："各方还承诺在防止佣兵活动方面进行合作，遵守它们在国际条约和协定以及它们各自的法律和法规中规定的义务。"① 这一条款的实质内容扩展了初始的第11条第三段，在这里欧共体对童子军、军费开支、军火交易和地雷进行了限制，可以被认为是新发展话语在安全领域引发的变革。第二点修正是在第11条加上了最后一段，内容是要求缔约各方"共享为批准和实施国际刑事法院罗马章程所需要的法律修订的经验"。② 这一条款提出的背景是卢旺达种族大屠杀、刚果民主共和国发生的种族屠杀以及发生在苏丹的骚乱造成的人道主义灾难，代表了反对使制造这种灾难的人免于处罚的一种跨国努力。③ 欧盟鼓励78个主权国家支持成立国际刑事法院，而在美国还没有承认国际刑事法院的情况下，其对外政策含义是十分清楚的：尽管有关佣兵活动的条款源自对发展援助政策安全化的认识，而有关国际刑事法院的条款则显示出欧盟行为体角色的加强，欧盟的这种行为体角色来自于改变第三方国家的规范和行为的能力。的确，如果说欧盟发挥全球性影响的前提条件是动员战略性和政治性的力量，那么，欧盟利用软法律鼓励非加太国家赞同设立国际刑事法院意味着欧盟在很大程度上能够实现这样的目标。

第三点修正包括第11条下添加的两个小的条款。其中之一是反对恐怖主义。在这里，协定的签字各方"重申它们坚定谴责所有恐怖主义的

---

① *ACP – EC Partnership Agreement* (*Cotonou Agreement*), 2005 Art. 11, para. (3) (a), p. 35. http://www.acp.int/sites/acpsec.waw.be/files/cotonou_2006_en.pdf.

② *ACP – EC Partnership Agreement* (*Cotonou Agreement*), 2005, p. 35. http://www.acp.int/sites/acpsec.waw.be/files/cotonou_2006_en.pdf.

③ Stephen Kingah, "The Revised Cotonou Agreement Between the European Community and the African, Caribbean and Pacific States: Innovations on Security, Political Dialogue, Transparency, Money and Social Responsibility", *Journal of African Law*, Vol. 50, No. 1, 2006, p. 63.

行为，并根据联合国宪章和国际法，通过国际合作与恐怖主义做斗争……并同意交换：有关恐怖主义团伙及其支持机构的信息；反对恐怖行为的措施和方法，包括技术领域、培训以及与预防恐怖主义有关的经验"。① 第11条a款不仅显示在欧洲和非洲安全的敏感度增强了，还显示在撒哈拉非洲地区尤其被认为是滋生恐怖主义的土壤。这一条款有可能鼓励非加太国家"在反对恐怖主义的借口下（为反对敌对政治势力）而加强其安全力量"，并在这一过程中牺牲公民的自由甚至民主原则，可能损害欧共体和非加太国家总协定中核心的"关键因素"。② 给予非加太国家额外的反对恐怖主义的基金也面临同样的问题。第11条a款在很多方面是不适合非加太国家的。该条实际上把发展政策防御性地使用，其目标是"防止恐怖主义在肥沃的土壤中得到滋生"，该条款只适合78个非加太国家中少数国家，而不是为解决所有国家长期面对的发展问题，③ 体现了当代安全—发展话语中弥漫着的一种西方中心主义的气味。第11条b款是关于"反对大规模杀伤性武器方面的合作"。该条第一自然段指出了主要的义务："（条约）签字方同意，完全遵守并实践根据国际裁军和不扩散条约所规定的义务以及其他相关的义务，为反对大规模杀伤性武器以及运载工具的扩散做出贡献。签字各方同意，本条款构成本协定的一个基本元素。"④ 该条款希望相关国家"签署、批准或者加入"有关的国际条约，更重要的是，建立一个"有效的国家出口控制制度"，以控制"与大规模杀伤性武器有关物质的运输"。这里，科托努伙伴关系是要通过严格的出口控制，既解决大规模杀伤性武器的扩散问题，也解决其运载手段扩散问题，希望以此来反对或制止某些签字国扩散大规模杀伤性

---

① *ACP – EC Partnership Agreement（Cotonou Agreement）*, 2005, Article 11 (a), p. 36, http：//www. acp. int/sites/acpsec. waw. be/files/cotonou_2006_en. pdf.
② Stephen Kingah, "The Revised Cotonou Agreement Between the European Community and the African, Caribbean and Pacific States: Innovations on Security, Political Dialogue, Transparency, Money and Social Responsibility", *Journal of African Law*, Vol. 50, No. 1, 2006, pp. 59–71.
③ Carlos Santiso, "Improving the Governance of European Foreign Aid: Development Cooperation as an Element of Foreign Policy", *CEPS Working Document*, No. 189, Brussels, October 2002, p. 5.
④ *ACP – EC Partnership Agreement（Cotonou Agreement）*, 2005, p. 37, http：//www. acp. int/sites/acpsec. waw. be/files/cotonou_2006_en. pdf.

武器。①

多边发展条约的使命应该是致力于削减贫困，但发展援助政策的安全化则不可避免地使这一使命模糊化。大规模杀伤性武器以及相关物质既不是导致非加太国家贫困和社会不安全的一个原因，也不是那些国家长期不发展和政治动荡的一个可能结果。因此条约第 11 条 b 款是不适合作为条约的目的的。同样，第 11 条 a 款则显得那样无力，不能够胜任其宣称的反对恐怖主义目标。值得注意的是，尽管这两条对追求自己所宣称的目标并没有实际价值，但却被很多人说成是对美国"反恐战争的贡献"，并且欧盟也支持这种对发展与安全话语的激进解释。②

《科托努协定》的修订，既坚持了欧盟对外援助的目标，也体现了一定程度的变化。它使欧盟对外政策过程中的两面性得到了进一步的体现。欧盟对外援助的目标，从通过发展援助、更紧密的贸易合作和政治对话实现削减贫困的目标，发展到认为发展是一个多层面的任务，需要政治和安全政策相结合才能应对。2005 年对《科托努协定》第 9 条 a、b 款的修订表明了欧盟在发展话语上向安全化目标发展变化的程度。

第三节 英国脱欧与欧盟对外发展援助的未来

2008 年金融危机之后，自冷战结束以来快速发展的欧洲一体化进程进入了停滞和调整期。尽管欧盟各方经过努力在 2007 年达成了《里斯本条约》并使该条约在 2009 年生效，但金融危机、欧债危机、难民危机、乌克兰危机、恐怖主义袭击、民粹主义崛起等影响欧洲一体化进程的事态接连发生，并影响深远。而英国脱欧应该是当前欧盟面对的较大危机，必将对欧盟的对外援助产生巨大的影响。关于英国脱欧对欧盟发展援助

---

① Stephen Kingah, "The Revised Cotonou Agreement Between the European Community and the African, Caribbean and Pacific States: Innovations on Security, Political Dialogue, Transparency, Money and Social Responsibility", *Journal of African Law*, Vol. 50, No. 1, 2006, p. 61.

② Michael Clarke, "A Good Diplomatic and Development Opportunity for the UK: The G8, the EU and a New Start for Africa", *Conflict, Security and Development*, Vol. 5, No. 1, 2005, p. 121.

政策可能产生什么样的影响，最终要取决于欧盟和英国在脱欧问题上能够达成什么样的协议，因此具有一定的不确定性。也有学者从英国政府未来可能出现的几种情况，例如民族主义主导、现实主义主导和世界主义主导等三种情况，分析了不同情况下英国脱欧对欧盟发展援助可能产生的不同影响。[①] 尽管影响的程度会有不同，但从不同方面的影响总是有的。

英国的退出将会引起欧盟和英国对其外交政策其中包括发展援助政策的评估，这意味着欧盟和英国对外政策和外援政策都可能转向。欧盟将因为英国的退出而形成一个巨大政治和金融真空，欧盟内部运作的机制将会因此而改变。英国的退出将会削弱英国和欧盟的影响力，欧盟被认为是世界上最大的发展援助资金的提供者，最为直接的影响是英国的退出将会导致110亿欧元的预算缺口，这将影响欧盟对外援助的资金安全，还将会影响到英国对欧洲发展基金（针对非洲、加勒比和太平洋国家）、欧盟信托基金和土耳其难民基金等有关发展援助的资金安排。

从英国与欧盟发展援助的关系来看，从英国退出欧盟引发的欧盟对外援助的困境来看，英国的退出可能引发欧盟对外援助政策、机制等发生一些较大的变化。

一 对外发展援助重点区域的变化

英国加入欧共体曾经引起欧共体对外援助在地域上的重大改变，使欧共体和欧盟的对外援助在地域上得以拓展。英国加入欧共体后，英国已经深深融入欧共体或者欧盟的对外发展援助政策。在英国加入欧共体之前，欧共体对外援助政策长期采取的是一种地区主义政策，主要是为加强法国、比利时等殖民地大国与殖民地和前殖民地国家之间的联系，在地域上主要局限于撒哈拉以南非洲以及加勒比和南太平洋地区法国的海外领地，对外援助机构也长期由法国人来把持。英国的加入改变了这

[①] The European Parliament's Committee on Development, "Possible Impacts of Brexit on EU Development and Dumanitarian Policies", Policy Department, Directorate – General for External Policies, April 2017.

种情况，使欧盟对外发展援助中全球主义占了上风，实现了援助地域上的扩展，同时也改变了欧共体对外援助的决策机制，欧盟对外援助机构中英国人占据着重要的地位。

英国退出欧盟可能会引起对外援助地域和机制上的变化。援助地域上的变化可能不是指覆盖地域上的缩小，而是指关注的重点地域的变化。英国的退出，还可能导致欧盟和英国在对外援助方面更加内视，更加关注援助会给自身带来什么。因此，由于多年的对外援助实践，欧盟援助一直形成了一种全球性品格，但对援助重点地域的关注，英国退出后欧盟可能更加倾向于欧洲的周边，例如地中海沿岸国家和非洲地区。

另外，英国退出欧盟可能导致欧盟对其与非加太国家关系的重新思考。非加太国家主要由欧盟成员国以前的殖民地构成，是欧盟对外发展援助的重点区域。在过去的历史中，双方已经形成了正式的政治、经济、发展等方面的制度化安排，现在是在《科托努协定》框架之下发展它们之间的关系的。另外，双边的发展关系还受到第 11 期欧洲发展基金的规范。第 11 期欧洲发展基金执行时间是 2014—2020 年。这样，2019 年英国退出欧盟之后，还需要履行相关的条约义务，向欧盟提供发展援助资金而没有发言权。非加太 78 个国家中有 41 个国家属于英国的原殖民地即英联邦的成员国，由于英国退出欧盟，这些国家可能会重新评估它们与欧盟其他 27 国的历史、经济和政治方面联系的价值。2018 年起新一轮的《科托努协定》的谈判已经开始，欧盟和非加太国家的关系将因为英国脱欧而发生重大的改变，脱欧将使英国和欧盟都更加关注自身的经济和地缘政治利益。[1]

二 欧盟发展援助预算的短缺

欧盟机构和成员国一起是世界上最大的捐助方，占全球官方发展援助总额的一半以上。欧盟成员国中有五个成员国目前将国民总收入的 0.7% 用于官方发展援助，英国是最早实现这一目标的国家（英国在 2013

---

[1] Simon Lightfoot, Emma Mawdsley and Balázs Szent-iványi, "Brexit and UK International Development Policy", *The Political Quarterly*, Vol. 88, No. 3, 2016, p. 517.

年实现这一目标,其余实现这一目标的四个国家分别为丹麦、德国、卢森堡和瑞典)。英国国际发展部(DFID)的多边发展评估将欧盟和英国发展政策目标的匹配度评为"非常好"。2015 年,欧盟领导人再次承诺"在 2030 年议程的框架内"实现官方发展援助占国民总收入的 0.7% 这一目标,这可能意味着提供额外的 250 亿欧元的海外援助,这要求欧盟成员国在未来欧盟预算(称为多年度金融框架,即 MFF,从 2017 年到 2021 年)中做出更大的贡献。特雷萨·梅也表示英国会保持达到发展援助占国民总收入的 0.7% 的目标不变,但英国脱欧之后,英国发展援助的资金流向将发生变化。英国每年通过欧盟机构提供了约 13 亿英镑(欧盟官方发展援助总额约为 121 亿英镑)。欧盟则类似第 29 个成员国那样提供捐助,每年花在发展援助上的资金占欧盟与成员国对外援助总和的约 20%。在发展援助资金方面,英国脱欧可能产生的影响有如下几种:

一是欧盟预算中的资金。英国退出欧盟,将使欧盟发展援助面临资金方面的缺口。欧盟成员国向欧盟预算提供的资金中,有一部分预算被纳入"全球欧洲"(Global Europe)这一预算项目下,向欧盟之外的国家包括未来有可能成为欧盟成员的国家提供发展援助和人道主义援助。2014 年,欧盟机构和各成员国官方发展援助为 590 亿欧元,其中欧盟机构官方发展援助的支出为 69 亿欧元,为欧盟总预算的 5%。英国是欧盟预算的第三大出资国(仅次于德国和法国),2015 年的总出资额的占比约为欧盟总出资额的 15%。如果英国硬脱欧,英国没有作法律上承诺,也没有明确的义务在脱欧之后继续向欧盟预算付款。由英国脱欧而造成的这一预算缺口估计每年在 10 亿—11 亿欧元,并且没有明确的办法来补足。欧盟 27 国将需要决定是一致增加净捐款、削减支出,还是同时采取两种做法。

二是欧洲发展基金。根据《科托努协定》,在欧盟预算之外,英国还向欧洲发展基金(EDF)提供了 3.92 亿英镑,用以支持非洲、加勒比和太平洋(ACP)国家。由于这部分资金是在欧洲预算之外,这实际上是自愿的。英国是欧洲发展基金的主要资金来源国,提供了全部资金的约八分之一的份额。因此英国脱欧对其也将有重要的影响。欧洲发展基金中超过 95% 的资金用于非加太国家。欧洲发展基金重要的筹资渠道之一是通过欧洲投资银行，而英国在欧洲投资银行的股本是六分之一。当前，只有欧盟成员国才有资格持有欧洲投资银行的股份。在 2013 年和 2014 年，英国通过欧洲投资银行提供的发展援助资金分别为 2800 万欧元和 2500 万欧元。需要指出的是，英国在欧洲复兴开发银行和在欧洲委员会中的作用和角色并不会因为欧盟成员国身份的改变而改变。

三是欧盟为应对各种特殊事项而设定的信托基金。例如为应对叙利亚危机而设立的信托基金，主要是为应对移民危机和在土耳其兴建接纳难民的设施。英国是欧盟向公民社会组织提供援助的第二大受援国，最大的受援国是法国。在 2012—2016 年，欧盟发展与人道主义援助资金流向英国公民社会组织达到平均每年大约 3 亿英镑。2016 年欧盟向英国公民社会组织提供的支持是 35690 万英镑。①

在多重危机尤其是金融危机的打击之下，欧盟预算中用于发展和人道主义援助的资金可能会大幅削减，这是一个非常现实的风险。另外，英国脱欧可能促使欧盟加快通过官方发展援助以外的方式为发展援助项目融资，包括通过与私营部门的伙伴关系，以符合《亚的斯亚贝巴行动议程》②。

表 2—1　欧盟成员国向欧盟发展援助预算出资份额（2011—2015）　（亿美元）

	2011	2012	2013	2014	2015
德国	27.2179	26.0646	26.6585	28.7713	28.9175
法国	23.7032	21.9383	22.8355	23.4938	22.9839
英国	20.5494	19.9565	20.4119	19.2233	21.5953
意大利	19.0132	15.9804	16.1810	16.6158	16.9562
西班牙	11.0530	9.9067	10.2847	10.2467	10.7718
荷兰	6.7774	6.3788	6.4982	6.4732	6.4769

---

① Bond, *The Impact of Brexit on UK and EU International Development Policy*, July 2017 Published by Bond, Society Building, 8 All Saints Street, London N1 9RL, UK.

② 2015 年 7 月 15 日在埃塞俄比亚首都亚的斯亚贝巴举行的联合国第三次发展筹资问题国际会议上达成的成果文件。该文件包括一系列旨在彻底改革全球金融实践并为解决经济、社会和环境挑战而创造投资的大胆措施，涵盖了在技术、科学、创新、贸易和能力建设等一系列问题上进一步加强国际合作的政策建议。同时，发达国家重申了将其国民生产总值的 0.7% 用于官方发展援助的承诺。

续表

	2011	2012	2013	2014	2015
比利时	5.2126	4.7428	4.9879	5.1126	5.5113
……	……	……	……	……	……

资料来源：https：//stats.oecd.org（DAC1）。

欧洲发展基金（EDF）不属于欧盟预算。根据《科托努协定》而达成的第 11 期欧洲发展基金的内部协议（2014—2020），英国有义务向欧洲发展基金提供资金。英国是否需要支付全部的 44 亿欧元（根据它向第 11 期欧洲发展基金的承诺），还是仅支付其中的一部分，是英国与欧盟在脱欧谈判中应该讨论的问题。[①] 这可能意味着，英国捐赠的资金将在没有英国话语权的情况下使用，除非英国与欧盟继续成为《科托努协定》的缔约国达成协议。英国过去一直是欧洲发展基金的最大的贡献者之一，并在欧盟与非加太国家的关系上投入了大量资金。英国对第 11 期欧洲发展基金的捐助可能会对英国和非洲加勒比国家（ACP）的关系产生重要的政治影响。英国很可能继续参与《科托努协定》，也需要在 2020 年之后继续向欧洲发展基金捐助资金。

由于欧盟发展援助资金在英国退出的情况下可能存在缺口，欧盟对外援助资金获得的渠道可能发生改变。在谈判欧盟 2021—2027 年预算的时候，欧盟可能不再把发展援助资金和欧盟的预算绑在一起。经合组织发展援助委员（OECD/DAC）对欧盟发展合作数据的分析显示，2014 年欧盟官方发展援助中有 65.5% 被认为是捆绑项目（低于 2013 年的 67%）。尽管欧盟在放开预算与援助项目的绑定上已经取得了不小进步，欧盟的发展合作工具和欧洲发展基金项目根据经合组织发展援助委员会的定义仍然属于绑定援助项目，而这类项目占到欧盟对外援助项目的 50% 以上。这是因为在这些项目下，若获得援助资金，需要受到国籍和资金来源地等具体的限制。在这种情况下，一旦英国退出欧盟，英国的

[①] Tina Van Den Sanden, "Preliminary assessment of the impact of Brexit on EU development and humanitarian aid policies", Directorate – General for External Policies, Policy Department, February 2017.

公民社会组织则不能作为欧盟发展援助的合作伙伴申请资金；同样道理，由于这些具体规则的限制，英国一旦变成了第三方国家也就不能向欧盟发展援助预算提供资金。这就需要放开这方面的限制，以扩大融资渠道。

改变欧盟发展援助的金融合作规则，以便让非欧盟成员国或者行为体也能够参与欧盟发展援助项目，是英国脱欧之后欧盟对外发展援助面临的严峻形势所要求的，况且这方面也有先例。瑞士和挪威都不是欧盟成员国，但它们都向"欧盟非洲紧急信托基金"（the EU Emergency Trust Fund for Africa）提供资金支持。欧盟设立该基金的目的是减少来自非洲大陆的移民，非欧盟国家也认识到这符合整个欧洲的利益，所以选择加入。如果"第三国"捐助方在未来能够获得共同融资机会，将吸引非欧盟捐助方对欧盟发展计划的投资，而不是依靠特设的紧急信托基金，同时这也可以很现实地扩大到伙伴国家的一些联合项目上。其他一些国际发展合作倡议例如《关于援助有效性的巴黎宣言》和《实施可持续发展目标倡议》都号召展开合作性的协调行动。从现在欧盟的做法来看，英国脱欧能够促使欧盟和第三方捐助者形成一种新型的合作模式。这样，欧盟可以获得资金上的支持，而英国则可能在脱欧之后仍能够在没有双边合作项目的情况下与一些具有战略重要性的国家保持密切的联系。

三 贸易和投资上的变化

在发展援助政策方面，贸易和投资是一项重要的内容。在贸易领域，欧盟是享有专属权能的。这就是说，欧盟而不是各成员国能够就有关贸易的事项立法并缔结国际协议。欧盟在这一领域的权能不仅涵盖货物贸易，还包括服务贸易、知识产权贸易和对外直接投资等。欧盟与发展中国家的贸易是基于其非互惠的普遍优惠制（GSP）以及其超普惠制（GSP+）和"除武器外的一切免税"（EBA）倡议。这些措施提供了不同程度的优惠市场准入，从部分取消关税到为所有最不发达国家提供完全免税和无配额的欧洲市场准入等优惠措施。此外，欧盟还与许多发展中国家进行了自由贸易协定谈判，这些协定给予发展中国家例如越南、南非和加勒比群岛等国的互惠优惠。欧盟为最贫穷的发展中国家提供了优惠的市场准入，推动了欧盟与发展中国家的贸易，为世界上最贫穷的一些人提供了谋生、获得技能和发展企业的机会,成为欧盟对发展中国家发展合作政策的重要构成部分。英国目前每年从发展中国家进口价值340亿英镑的商品,但自1973年加入欧盟以来,英国对其与非欧盟贸易伙伴(包括发展中国家)的贸易安排几乎没有直接控制权。因此,目前英国国际发展部(DFID)和国际贸易部(DIT)几乎没有贸易能力,在两个部门只有相对较少的工作人员涉及贸易和发展。因为英国作为欧盟(EU)的成员国,并不直接参与贸易协议谈判,倒是英国在欧洲议会的议员在欧盟贸易政策的审查中发挥了重要作用。

英国脱欧公投首先造成了英镑的贬值,对英国和欧盟的对外直接投资和贸易都产生了影响。短期来看,英镑贬值不仅使英国从发展中国家的进口产品变得昂贵,也使英国对发展中国家的援助、投资、汇款等贬值。这对一些非加太国家如加纳、圭亚那、斐济等国来说尤其如此,英国是它们的主要贸易伙伴,而对其他严重依赖同英国贸易的国家例如肯尼亚来说,也是如此。

因此,在贸易和投资领域,英国脱欧对欧盟与发展中国家的贸易和直接投资造成了某种不确定性,但英国受到影响会更大一些。如果英国离开欧盟的关税联盟,且没有立即用同等条款取代现有的对发展中国家的优惠或自由贸易协定,发展中国家也可能会受到损失。英国退出欧盟,尤其是在英国不能参与欧盟单一市场的情况下,可能会干扰发展中国家与英国的贸易,增加发展中国家的贸易成本,减少对它们产品的需求,同时增加非关税壁垒。

四 欧盟的协调能力会受到影响

欧盟并不仅仅是发展援助的提供者,它还是一个协调者。自从1992年《马斯特里赫特条约》签订之后,欧盟就努力扮演一个发展援助的协调者角色。在发展援助方面缺少协调一直被认为是欧盟对外援助缺乏效率的主要影响因素之一。但是,欧盟委员会的一些协调努力,尤其是在政策层面的一些尝试,却受到成员国普遍的不情愿和欧盟缺少有效的法律约束工具的制约。但是,尽管有这样的困难,欧盟还是在执行层面上加强了协调,并取得了一定的进展,例如欧盟驻第三国的代表处成为特定国家与欧盟机构之间在发展援助落实层面的主要协调者，定期举行欧盟委员会和成员国之间负责发展援助事务的外交官之间的协调会。① 这增加了援助方与受援方的交流，对提高援助的有效性很有帮助。在2017年欧盟委员会通过的《新的欧洲发展共识——我们的世界，我们的尊严，我们的未来》文件中，欧盟强调制定该文件的目的"在于为欧盟机构及其成员国将会采用的发展政策联合方针提供框架，同时充分尊重各机构和国家的不同职责与能力。它将在欧盟机构及其成员国与所有发展中国家展开合作的过程中，为欧盟机构及其成员国采取的行动提供指导。欧盟及其成员国将相互促进、相互协调其行动，从而确保它们实现互补，并发挥影响力"。② 文件还一再强调"欧盟及其成员国将采取发展政策一致性的原则"，指出"发展政策一致性是欧盟为实现可持续发展目标所做的努力中的一个基本组成部分"。③

尽管英国也强调欧盟成员国的协调与合作，但它对欧盟试图协调成员国发展援助政策的种种努力则一直持抵制态度，但在实施层面投入了较大的热情。英国脱欧将把英国从欧盟发展援助政策协调方面剥离出来，从而有助于欧盟在政策和落实层面的协调。

五 英国脱欧与欧洲公民社会组织的关系

欧盟对外援助的执行，尤其是人道主义援助的执行，主要靠合作伙伴，而这些合作伙伴主要是各类公民社会组织。英国脱欧之前，英国公民社会组织能够申请并得到援助资金的支持。而欧盟在决定发展援助项目合作伙伴的时候，主要是考虑欧盟成员国的公民社会组织。英国脱欧后，英国的公民社会组织怎样获得欧洲发展援助的资金，仍然是一个问题。

---

① Maurizio Carbone, "Between EU Actorness and Aid Effectiveness: The Logics of EU Aid to Sub‐Saharan Africa", *International Relations*, Vol. 27, No. 3, 2013, pp. 341-355.

② 欧盟委员会:《新的欧洲发展共识——我们的世界，我们的尊严，我们的未来》，第2页。https://ec.europa.eu/europeaid/sites/devco/files/devco-2017-00004-01-01-zh-tra-00_0.pdf.

③ 同上书，第4页。

英国脱欧在多大程度上能够对欧盟的发展援助产生影响，在很大程度上取决于英国，同时更取决于欧盟经过战略反思之后对欧盟未来的规划，取决于欧盟是继续努力成为一个强有力的全球行为体，还是成为一个更加关注周边安全稳定和自身发展的地区角色。

首先，如果欧盟力图做一个强有力的全球行为体，它就会把当前面临的一些挑战，例如英国脱欧、难民危机、民粹主义的兴起等，看成调整欧盟政策的机会，壮大欧盟并扮演全球角色。不管英国采取何种脱欧政策，欧盟将不可避免地要增加预算，尤其在英国采取民族主义立场即硬脱欧政策的情况下。另外，欧盟对外发展援助政策在战略上的调整也是不可避免的，欧盟将采取措施，例如采取在预算上放弃与成员国资格的关联，欢迎非欧盟成员国资金的注入，以弥补因英国脱欧而造成的缺口，同时在合作伙伴的选择上也将持更加开放的态度。如果英国也采取一种世界主义的开放态度，那么与英国在发展援助问题上紧密合作将符合欧盟的利益，这样将有利于欧盟最大限度地利用英国的资金。在这种情况下，欧盟需要就如何吸纳英国资金并与英国官方展开密切合作方面制定具体的规则。

其次，如果欧盟采取作为地区力量的态度，欧盟在发展援助的具体做法上将不会作太大的调整。这些年来中东地区战乱不断，难民危机不断深化，加上欧盟向东扩展和乌克兰危机，欧盟发展援助已经大规模转向了欧盟周边，英国脱欧只能继续增强这一趋势，尽管欧盟在发展援助的资金上会减少，但对于把注意力放在周边边界和安全挑战的欧盟来说并不成问题。在与英国的合作方面将相对简单，不用作全面的考虑，可以根据不同情况分个案进行。

小　结

欧盟对外发展援助政策源自早期成立欧共体的《罗马条约》中规定与殖民地和外海领土关系的条款。在殖民体系崩溃和发展中国家崛起的大背景下，早期欧共体开始强调尊重受援国的主权和自主性。但自冷战结束欧盟成立之后，欧盟的发展援助政策发生了巨大的改变，主要体现在欧盟发展援助合作的对象日益扩大,越来越具有全球性;欧盟开始思考援助的效率,发展援助的手段综合性越来越强;欧盟把政治条件性引入了对外援助领域,强调对外援助要与民主、人权、良治等结合起来,并且把贫困与安全联系起来,形成对外援助的安全化趋势。

  金融危机之后,欧洲一体化发展面临多重危机。欧盟的对外援助政策也受到了一定的冲击,但对欧盟对外援助冲击最大的,当属英国脱欧。英国脱欧将使欧盟这个最大的发展援助捐助国离开欧盟,从而切实地影响欧盟对外援助的规模,影响欧盟对外发展援助的政治影响,影响欧盟和英国的软实力。尽管英国脱欧仍然存在多种可能性,但英国脱欧对英国发展援助政策可能产生深远的影响,从而影响欧盟发展援助政策方面的变化。欧盟对外发展援助政策可能更加内视,优先关注地中海沿岸和中东欧洲邻国的发展合作问题;为填补英国脱欧遗留下的预算缺口,为了更灵活地筹集发展援助的资金,欧盟可能采取更加灵活开放的政策,以使英国以及其他非欧盟成员国有机会参加。另外,在对外贸易政策等领域,欧盟的政策也有可能发生变化。

第 三 章

欧盟对外环境政策

自20世纪70年代以来,环境因素对国际政治的影响越来越大。特别是近年来,环境问题逐渐成为欧盟峰会、八国集团会议、亚太经合组织等会议的中心议题之一。环境政治走到了国际政治的前台,成为各国参与国际政治的重要领域。欧盟自其前身欧洲共同体诞生以来,就积极参与国际经济、政治活动,其国际政治行为体的身份已经得到广泛认可。70年代后,欧盟在国际环境保护方面,更是取得了突出的成就,成为国际环境保护的积极推动者和领导者。2008年以来,欧洲一体化面临较大的困难,在金融危机、恐怖主义袭击、乌克兰危机、极右力量的崛起以及英国脱欧等危机的冲击下,欧盟的对外环境政策也受到较大影响。在特朗普担任美国总统之后,美国在环境政治领域的立场发生了急剧的转变,欧盟的政策立场在全球气候政治中就变得尤为关键。

第一节 欧盟对外环境政策的基本目标

欧盟成员国大都是当今世界上最发达的国家,最早实现了工业化和现代化。经济的发展也意味着对环境的责任。欧洲发达国家自工业革命以来对自然资源的掠夺式开发在使自己国家的人民过上富足的生活的同时,也意味着自己对全球环境问题负有更大的责任。

在欧洲一体化开始之初,欧共体并未意识到环境问题的严重性。在1957年的《罗马条约》中并没有明确涉及环境保护的条款。在20世纪70年代以前,欧盟也采取了一些与环境保护有关的措施,制定了一些环境法规，但其着眼点并不是为了保护环境，而是为了消除欧共体内部"因各成员国执行不同的环境政策而给自由贸易造成的壁垒，促进共同市场的形成和运行"。① 进入20世纪70年代，随着人们的环保意识增强，特别是1972年6月联合国人类环境大会在瑞典首都斯德哥尔摩的召开，欧洲各国政府受到的环境保护压力越来越大。1972年10月，欧共体各国在巴黎召开首脑会议，明确提出要在地区开发、环境保护、能源政策等方面开辟新的活动领域，同时开始关注环境政策的国际层面。1973年，欧共体发布了第一个环境行动计划，其中就有国际环境合作方面的内容。但从总体上来说，此时欧共体在国际环境保护方面的态度并不十分积极。②

进入20世纪80年代，随着绿色政治浪潮在欧洲的兴起以及环保理念的变化，欧共体在国际环境保护问题上的态度才逐渐积极起来。80年代初，绝大多数西欧国家都成立了绿党（或生态政党），这些政党很快进入一些国家的议会，芬兰、意大利、法国、德国和比利时5国的绿党在20世纪90年代后半期相继加入联合政府，从而改变了西欧政党政治的基本格局。在欧洲层次上，绿党积极推进欧盟的统一环境立法，促进欧盟在国际环境政治舞台上采取更加积极的立场。在绿色政治的巨大压力下，欧盟各国加大了环境治理的力度，但同时也使经济发展背上了生态负担。因此，欧盟需要在国际上加大推动环境保护的力度，使自己的环保标准在国际上得到推广，让其他竞争对手也失去生态竞争优势。

与此同时，欧盟成员国比其他国家更早接受了人类环境保护理念的变化。联合国环境与发展世界委员会1987年提出了一个报告——《我们共同的未来》，其中提出了"可持续发展"的概念，并着重围绕经济增长和环境保护组织讨论。③ 欧盟的第四和第五个环境行动计划（分别为

---

① 肖主安、冯建中：《走向绿色的欧洲——欧盟环境保护制度》，江西高校出版社2006年版，第1页。
② See Michael Skou Andersen and Duncan Liefferink (eds.), *European Environmental Policy*: *the Pioneers*, Manchester, New York: Manchester University Press, 1997.
③ 世界环境与发展委员会：《我们共同的未来》，王之佳、柯金良译，吉林人民出版社1997年版，第二章。

1987—1992 年和 1992—2000 年）反映了这些进展。特别是第五个环境行动计划，更是体现了欧盟把环境保护看作是共同市场的辅助性手段发展到把改善环境质量作为欧盟本身的基本目标这样一个转变过程。同时，该计划还认为，通过鼓励提高资源利用效率的政策，能够鼓励有利于环境的清洁技术的创新。这些新的技术反过来可以产生新的行业，创造新的就业机会，从而增强欧盟的全球竞争力。① 2002 年 7 月 22 日，欧盟第六个环境行动计划（2002—2012）获得通过。这一计划把上述欧盟在环境保护理念上的变化固定下来，要求欧盟通过国际多边合作、会议和制度"为加强国际环境治理而努力"，并且作为"保护全球环境和支持可持续发展的领导力量"而行动。② 2007 年 4 月 30 日，欧盟委员会发表了针对第六个环境行动计划的中期评估报告，在说明欧盟未来对外环境政策的重点时更是突出了欧盟把环境与提升欧盟竞争力联系起来的目的，指出"环境政策设计得好也能够对增强竞争力、刺激经济发展和创造就业机会等目标做出贡献"，③ 并提出了欧盟在未来几年的对外环境政策的重点，例如促进全球范围的可持续发展，在欧盟所有对外政策中融入环境方面的考虑；实行有效的环境外交，把环境目标与其他国际谈判联系起来；在与亚洲和拉丁美洲国家的自由贸易谈判中促进可持续发展相关的产品和服务，促进多边环境协议的有效实施；促进欧盟环保政策、要求以及环保标准的扩散。④ 欧盟未来的对外环境政策将更加倾向于把环境与贸易联系起来，致力于把欧盟的环境标准向世界推广。

---

① Commission of the European Communities XI Directorate – General Environment, Nuclear Safety and Civil Protection (XI), "Towards sustainability a European Community programme of policy and action in relation to the environment and sustainable development," Luxembourg: Office for Official Publications of the European Communities, 1993, p. 28.

② "Decision No. 1600/2002/EC of the European Parliament and of the Council Laying the Sixth Community Environment Action Programme," *Official Journal of the European Communities L* 242, 10 August 2002, pp. 14, 4.

③ Commission of the European Community, *Mid – term review of the Sixth Community Environment Action Programme*, Brussels, 30. 4. 2007, COM (2007) 225 *final*, p. 4. http://ec.europa.eu/governance/impact/docs/ia_2007/sec_2007_0547_en.pdf.

④ Commission of the European Community, *Mid – term review of the Sixth Community Environment Action Programme*, Brussels, 30. 4. 2007, COM (2007) 225 *final*, pp. 11 – 12.

2013年，欧盟通过了第七个环境行动计划《在我们星球的限度内生活得更美好》。该计划重申了污染者付费、防备、预防、源头控制四个原则；并提出了欧盟环境政策在2020年前的九个具体目标，[①] 这九个具体目标包括三个关键性目标：（1）保护、保持和强化联盟的自然资本，（2）使欧盟转变为资源高效、绿色且具备竞争力的低碳经济，（3）保护欧盟公民的健康和幸福免于与环境有关的压力和风险；还包括四个实现上述三个关键性目标的措施目标：（1）使欧盟环境立法得到更好的实施，（2）通过改善知识基础获得更好的信息，（3）保障环境和气候政策的更智慧更多的投资，（4）环境政策与其他领域政策的全面融合；另外还包括两个完成该行动计划的优先目标：（1）使欧盟城市更加具有可持续性，（2）提升欧盟在应对地区和全球环境挑战方面的效率。[②] 该行动计划指导着2020年前欧洲环境政策，但也对2050年的欧盟环境政策进行了展望。

环境保护是一项符合人类生存和发展根本利益的事业，欧盟对外环境政策的发展演变顺应了时代发展的潮流。从欧盟环境政策的发展历程来看，欧盟的环境政策从最初的解决内部贸易纠纷消除贸易壁垒出发，经历了从简单的环境保护到可持续发展理念的转变，把环境保护同提高欧盟国际竞争力紧密联系在一起。欧盟及时地发现了在国家层次上促进环境保护的实践对贸易、投资和其他资源的跨国界流动的巨大影响。因此，欧盟对外环境政策的提出既是为了应对跨国环境污染尤其是全球范围内环境污染的压力，同时更是由于看到了环境对贸易的影响。透过欧盟对外环境政策的演变，我们可以清晰地看出欧盟对外环境政策的目标：确立欧盟在国际环境保护领域的领导地位和道德权威，取得在国际环境政治领域的话语主导权，制定有利于欧盟的国际环境政治游戏规则，提升欧盟的综合竞争力。

[①] 卢晨阳：《欧盟环境政策的发展演变及其特点》，《国际研究参考》2014年第2期。
[②] DECISION No 1386/2013/EU OF THE EUROPEAN PARLIAMENT AND OF THE COUNCIL of 20 November 2013, *On a General Union Environment Action Programme to* 2020，*Living Well*，*Within the Limits of Our Planet*，Brussels：*Official Journal of the European Union*，28，12，2013. https：//eur－lex. europa. eu/legal－content/EN/TXT/？uri＝CELEX：32013D1386.

第二节　欧盟对外环境政策的实践

在国际环境政治实践中，欧盟自20世纪70年代以来就开始推行国际环境合作政策，成功地利用了其掌握的外交、经济、法律等各种资源，推动了其对外环境政策的实施，成为国际环境政治舞台上的主要角色。

一　充分利用外交权能，促进全球环境保护制度建设

《罗马条约》赋予了欧洲经济共同体以法律人格，从而使其获得了在某些领域订立国际协议的权能，其中包括环境领域。[①] 1971年，欧洲法院在《欧洲道路运输协议的裁决》中认为，只要欧盟在内部实施共同规则的领域，那么，为同样的目的，它也就获得了在相同领域进行国际行为的权威。欧盟不久就和成员国一起参与了一些协议的谈判，包括1974年的《巴黎水污染公约》和1979年的《长程跨界大气污染公约》。1987年生效的《单一欧洲法案》正式把环境问题纳入共同体条约，并直接确立了欧盟在其职权范围内与第三方和国际组织合作的权能。该法案的第130R条第5款规定："共同体和成员国在各自的权能范围内与第三国和国际组织进行合作。共同体的合作安排可以成为共同体与相关第三方签订协议的主体。"1992年签署的《欧洲联盟条约》第174条也规定，促进国际合作、采取有效措施应对区域性和全球性环境问题，是欧盟环境政策的主要目标之一。

需要说明的是，尽管欧盟获得了开展国际环境合作的权能，但毕竟和主权国家有一定的差别。欧盟和成员国在不同环境问题上的权能是有所不同的。在一些领域，例如捕鱼业，欧盟独享该领域的权能。但在大多数环境问题领域，欧盟是与成员国分享权力的。欧盟与成员国政府一

[①] 关于欧盟/共同体权能的详细探讨，可以参阅曾令良《欧洲联盟法总论——以欧洲宪法条约为新视角》，武汉大学出版社2007年版，第46—77页。

起就"混合协定"① 与第三方进行谈判，这样的混合协定需要得到联盟和成员国政府的批准。在国际上，欧盟为争取其在国际环境合作的权能而尽了很大努力。现在，欧盟仍然是在区域一体化组织名义下参加国际谈判和缔结国际协议唯一的组织。② 但在很多针对环境问题的谈判舞台上，欧盟并不具备成员资格，例如联合国环境纲要、国际海事组织等，在联合国大会上它也只具有观察员身份。因此，欧盟只能在个案的基础上争取参与相关条约会议的权利。③

欧盟推行其对外环境政策的权能相对于主权国家而言是有限的，但欧盟却利用这有限的权能，积极实行其对外环境政策，参与全球环境保护的制度建设，努力掌握国际环境政治领域的话语主导权和规则的制定权。这主要体现在三个方面：

1. 参与多边国际条约

相关的条约体系是国际环境保护制度的基础。自 20 世纪 70 年代以来，欧盟及其前身欧共体所参与的国际条约涉及大气、水污染、动植物保护、气候变化、臭氧层保护、生物多样性、沙漠化、越境污染、森林和酸雨等各个方面。目前全球性和地区性的环境条约 50 多个，而欧盟参加的有 40 多个（美国签署的只有 7 个）。欧盟参加的国际公约主要有：涉及大气和气候变化的公约包括《长程跨界大气污染日内瓦公约》（1979）、《重金属议定书》（1998）、《联合国气候变化框架公约》（1992）、《巴黎路线：评估对抗气候变化的巴黎协议的影响》（2016）、《气候变化—巴黎协议》（2015）、《处理化学品带来的威胁的斯德哥尔摩公约》（2001）等；涉及对抗水污染的公约有《燃油污染损害民事责任国际公约》（2001）、《莱茵河保护国际公约》（1998）、《保护波罗的海赫尔

---

① 混合协定是指欧共体与其一个或多个成员国共同作为缔约方，部分条款属于共同体权能范围，部分条款属于成员国权能范围的一种条约类型。参见张华《刍议欧共体对外关系中的混合协定问题》，《国际论坛》2007 年第 3 期；李琳婧：《欧盟混合协定实施的问题及影响》，《哈尔滨师范大学社会科学学报》2017 年第 6 期。

② Charlotte Bretherton and John Vogler, *The European Union as a Global Actor*, Routledge, 1999, p. 90.

③ European Commission, *Relations Between the European Community and International Organizations*, Luxembourg: Office for Official Publications of the European Community, 1989.

辛基国际公约》(1974)、《防止国际水道和湖泊污染的赫尔辛基国际公约》(1992)、《保护地中海的巴塞罗那国际公约》(1976)等；涉及自然和生物多样性的国际公约有《生物多样性国际公约》(1992)、《利用遗传资源和分享利用遗传资源带来的利益的名古屋议定书》(2014)、《迁徙物种的保护——波恩公约》(1982)、《保护欧洲野生物和自然生境伯尔尼公约》(1981)、《保护阿尔卑斯山的国际公约》(1996)、《确保野生动植物的贸易不会威胁到它们的生存的规则》(1997)、《保护北冰洋水生物资源的国际公约》(1981)等；涉及土壤保护的有《联合国关于在受干旱严重影响国家防治荒漠化的公约》(1994)；有关危险品的公约有《危险化学品进出口规则》(2012)、《关于某些危险化学品和杀虫剂国际贸易的鹿特丹公约》(2004)、《工业事故跨境影响国际公约》(1992)、《控制危险废物越境转移及其处置巴塞尔公约》(1993)等。

  欧盟并不是这些条约的简单的参与者，而是积极的推动者，对《21世纪议程》《里约宣言》《联合国气候变化框架公约》《联合国生物多样性公约》《关于森林问题的原则声明》《巴黎气候协定》等重要条约和文件的出台都做出了积极的贡献。这些条约里融入了欧盟的价值理念和原则，使欧盟把握住国际环境保护机制的主导权。欧盟还着眼于未来，推动国际社会就《京都议定书》之后气候变化制度的建立而进行的谈判。2007年欧盟春季首脑会议上首次专门讨论了"气候变化问题"并通过了《欧盟关于2012年后国际气候制度目标》政策性文件，并在随后召开的八国峰会上积极推动就气候变化问题展开讨论。

  2. 支持并参加国际环境保护机构和组织的活动

  国际环境保护机构和组织是国际环境保护制度的另一个重要组成部分。欧盟积极参与或支持这些机构和组织的活动。这些机构和组织包括联合国环境规划署、联合国发展规划署、联合国教科文组织、联合国人口基金、联合国粮食及农业组织、全球环境基金、联合国—欧洲经济委员会、联合国政府间气候变化委员会等。例如在联合国政府间气候变化委员会中的2500名科学家中有很大一部分拿着欧盟资助的研究经费，发布的报告在很大程度上反映了欧盟的政治立场和观点，连美国学者都说这个组织已经沦为欧盟的工具。① 近年来，由于环境问题在世界政治中的地位越来越突出，环境与贸易的联系越来越密切，欧盟也越来越重视联合国大会、联合国安全理事会、世界贸易组织等国际组织中与环境有关的活动，并积极推动建立联合国环境组织来加强联合国环境规划。在欧盟的推动下，2002年3月22日，世界贸易组织举行了有关贸易与环境问题的第一次谈判；在欧盟成员国英国的推动下，2007年4月联合国安全理事会第一次专门谈论了气候变化问题。

3. 推动环境保护问题上的国际协调与合作

环境问题是一个全球性的问题，世界各国也都认识到环境问题的重要性。但是，由于各国在环境与发展问题上的考虑不同，也由于各国的发展状况不同，对全球环境问题的责任有所区别，国际社会在环境保护问题上的步调并不一致。欧盟根据自己的环境保护理念，积极推动了环境保护问题上的国际协调与合作。在欧洲范围内，欧盟主要是同欧洲经济区（EEA）和欧洲自由贸易联盟国家进行环境政策协调。1991年后欧盟对东方邻国的环境政策在有关欧洲环境状况的"杜博伊斯评价"背景下发展起来。此后，欧盟与东方邻国在环境问题上进行磋商并每两年召开一次部长级会议。就全球来看，自20世纪90年代开始，欧盟与美国、加拿大、日本、澳大利亚等发达工业化国家每年都进行定期的双边或多边对话，增进相互之间的理解，协调各方的立场。欧盟还积极推动与发展中国家的环境合作，特别是在里约热内卢会议之后，由于美国在涉及自身利益的时候逃避责任，在国际环境保护尤其是全球气候变化问题上的立场变得消极，欧盟逐渐成为沟通南北环境合作的桥梁。特别是在有关全球气候变化的《京都议定书》的谈判和签订问题上，欧盟在促进南北环境合作方面的积极作用更是得到了突出体现。

在国际协调与合作中，"欧盟一方面在多边环境协定的谈判和签订过程中发挥主导作用来体现欧盟环境意志，另一方面在自由贸易协定中嵌入环境条款，"即"在环境条款中关联多边环境协定的内容，来'出口'

---

① 吴金勇、刘婷:《气候政治》,《商务周刊》2007年5月20日。

欧盟标准"。① 欧盟签署的第一个包含环境保护条款的自由贸易协定是1995年生效的《欧盟—土耳其自由贸易协定》，此后，欧盟与非洲、亚洲、北美洲、南美洲的国家和地区签署了约40个自由贸易协定，在自由贸易协定中加入了体现欧盟意志的多边环境协定的内容，都要求缔约方必须实施充分的环境保护。2006年，欧盟通过了《全球欧洲：在世界中竞争》的战略文件，对自由贸易协定中的环境保护条款提出了一般性的法律要求，超越了此前欧盟在缔结自由贸易协定时在包括环境标准、环境合作的优先事项等方面形式不一、差异多样的问题。《全球欧洲》战略文件明确提出自由贸易协定必须包括针对环境保护的合作条款，在贸易和可持续发展条款中要更加注意环境问题与多边环境协定的关联，将多边环境协定的环境标准作为评估相关国家国内环境保护的标尺，而多边环境协定所包含的环境标准则主要来自《生物多样性公约》《卡塔纳赫议定书》《巴塞尔公约》《斯德哥尔摩公约》《鹿特丹公约》《濒危野生动植物物种国际贸易公约》《联合国气候变化框架公约》《京都议定书》等。"全球欧洲"战略实施以来，欧盟在新签订的自由贸易协定中推行新一代环境条款，例如2010年与韩国签署的自由贸易协定就包含了一整章有关可持续发展的内容，涵盖了环境和劳工标准，且具有法律约束力。

成立欧洲联盟的《马斯特里赫特条约》明确提出对外政策一致性要求，要求在所有对外政策领域推行欧盟环境保护理念，可持续发展已经成为引领欧盟对外政策的一个重要目标。经《里斯本条约》修订的《欧洲联盟条约》第3条把可持续发展的条款纳入，规定欧洲联盟"将努力实现建立在经济平衡发展、价格稳定、具有高度竞争性的社会市场经济基础之上的欧洲的可持续发展，以实现充分就业、社会进步以及高度保护环境并改善环境质量"，"在与更广泛的世界的关系中，……联盟将致力于和平、安全、全球可持续发展"。②《欧洲联盟运行条约》要求欧盟在对外政策中帮助建立改进环境质量和促进全球资源可持续管理的国际

---

① 周亚敏：《欧盟在全球治理中的环境战略》，《国际论坛》2016年第6期。
② 《欧洲联盟基础条约——经〈里斯本条约〉修订》，程卫东、李靖堃译，社会科学文献出版社2010年版，第33页。

措施，以实现可持续发展。《欧洲联盟条约》第11条要求"环境保护要求必须纳入欧盟政策及行动的确定和实施中，特别是要考虑促进可持续发展"。① 欧盟通过在自由贸易协定中嵌入体现欧盟环境意志的多边环境协定条款，尽可能地向世界输出其环境保护标准，嵌入有利于扩大自身竞争优势的环境保护内容，来实现自己在国际环境保护领域的领导地位，确保自己利益的最大化。

二 利用经济手段，推动国际环境合作

欧盟拥有巨大的独立的法律制度、技术和经济资源，这是任何一个区域性国际组织所不能相比的。1957年的《罗马条约》规定，成员国上缴的费用构成共同体财政预算的主体，但同时也预期欧共体会有自己的预算来源，这样的财源可以被理解为独立于欧盟成员国的、可以用做预算支出的且不再需要成员国政府决定的那部分收入。通过近40年的发展，欧盟现在控制了规模巨大的财源，每年的财政预算超过1000亿欧元，就经济能力而言，它完全可以称得上是世界上最有财力的国际组织。② 尽管欧盟在对外政策领域的预算只是1000多亿欧元的一部分，但已经能够使欧盟实施自己的对外关系项目，利用这些资源实施自己的对外环境政策。欧盟对外环境合作的重点是周边国家和地区，主要是苏联东欧地区和地中海沿岸国家，其次才是其他地区的发展中国家和地区。

1. 对苏联和东欧地区的援助

当1986年切尔诺贝利发生核泄漏事故之后，放射性尘埃随风降落到

---

① 《欧洲联盟基础条约——经〈里斯本条约〉修订》，程卫东、李靖堃译，社会科学文献出版社2010年版，第61页。

② 2007年12月13日，欧洲议会通过的2008年度财政预算为1203亿欧元，其中用于增强欧洲经济竞争力、促进经济增长和区域共同发展的支出首次超过农业补贴等共同农业政策开支。共同农业政策支出方面也开始向环境保护等领域倾斜。尚军：《增强经济竞争力成为欧盟下年度预算的第一重点》，新华网，2007年12月14日。而欧盟在2006年通过的2007—2013年的中期预算则高达8644亿欧元。李永群：《欧盟预算之争画句号》，《人民日报》2006年5月19日第3版。和联合国进行一下对比就可以看出欧盟的经济实力：联合国的预算大约是每年25亿美元，另外还有大约20亿美元的维持和平费用。联合国的资金主要来源于各国认缴的联合国会费和捐助。联合国没有自有财源。

欧共体最西部的地区，苏联和东欧国家对欧共体的环境影响问题突然变得非常突出。所以，冷战结束之后，欧共体在环境保护领域对外援助的重点就放在了对苏联和东欧国家的援助，最重要的是确保其核设施的安全，其中就包括关闭切尔诺贝利核电站本身。[①] 1991 年到 1995 年间欧盟制定了《波兰—匈牙利经济重建援助计划》和《独联体技术援助计划》，提出了援助中东欧国家和苏联各共和国的一系列项目和活动。在实际操作中，在欧盟承诺的对苏联和东欧地区的援助中，环境和核安全项目占承诺资金总数 54.17 亿埃居的 9%，其中，就独联体国家而言，到 1995 年欧盟承诺的援助资金是 22.68 亿埃居，其中环境及核安全项目约占 19%。[②] 1994 年之后欧盟东扩被提上议事日程，对中东欧国家的经济重建援助资金越来越多地投向与欧盟东扩有关的项目，而且越来越关注对新能源和其他与环境相关设施的投资。根据欧盟委员会的估计，对全部 10 个准备加入欧盟的中东欧国家的投入将高达 1200 万埃居。这些花费中的很大部分将用于消除空气污染（40%），水处理（40%）以及固体垃圾和有害废弃物的处理。[③] 欧盟还启动了"环境财政工具"（LIFE）计划。[④]从 1992 年到 2006 年，该计划共执行了 3 期，包括环境、自然、第三方国家等项目。欧盟成员国及与欧盟签有协议的中东欧国家适用前两项，其余国家则适用第三方国家合作项目。这里的第三方国家在东欧仅指与欧盟接壤的波罗的海沿岸国家爱沙尼亚、拉脱维亚、立陶宛、波兰和俄罗斯，尽管俄罗斯与欧盟国家接壤，但其有资格接受"环境财政工具"援

[①] 1991—1995 年，欧盟援助俄罗斯和东欧国家在环境及核安全方面的资金共 9.124 亿埃居，其中 5.15 亿埃居的资金用于核安全，其中关闭切尔诺贝利核电站用去了 6250 万埃居。埃居为欧洲货币单位，1999 年 1 月 1 日欧元诞生后自动以 1∶1 的汇率生成欧元。参见 The European Commission: *Agenda 21, the First Five years: European Community Progress on the Implementation of Agenda 21*: 1992 – 1997, Brussels, 1997, pp. 109, 149 – 50.

[②] The European Commission: *Agenda 21, the First Five Years: European Community Progress on the Implementation of Agenda 21*: 1992 – 1997, Brussels, 1997, pp. 147 – 51.

[③] Charlotte Bretherton and John Vogler, *The European Union as a Global Actor*, Routledge, 1999, p. 98.

[④] 从 2007 年起，"环境财政工具"取代此前的其他环境保护项目，包括正在进行中的"环境财政工具"项目、森林与都市项目以及欧盟环境总署支持非政府的环境保护组织基金项目等，2007—2013 年的预算将近 19 亿欧元，其中 15% 用于跨国环境合作项目。

助的项目仅限加里宁格勒和圣彼得堡地区。

除了上述途径外，中东欧国家还通过其他一些项目获得援助。例如伊斯帕计划（ISPA）、法尔计划（PHARE）等。伊斯帕计划是欧盟委员会为准备加入欧盟的那些国家在环境和交通领域提供援助计划，由欧共体委员会地区政策总署管辖。法尔计划是向中东欧国家提供援助的项目，该项目是向申请加入欧盟的中东欧国家进行财政援助的主要工具，该项目在2000—2006年的重点是帮助受援国的制度和能力建设，该项目现在也向西巴尔干地区申请加入欧盟的国家开放。2004年欧盟启动了欧洲周边政策（ENP），受援范围包括欧盟在东欧和巴尔干地区的邻国、地中海南岸国家以及亚美尼亚、格鲁吉亚和阿塞拜疆。

2. 对地中海沿岸国家的援助

欧盟对发展中国家的环境保护援助以有效保护欧洲本土的环境安全为目的，依据地域关系而重点关注地中海沿岸国家。欧盟在环境保护方面对地中海国家的援助与合作计划主要通过两个途径进行，一是"环境财政工具"计划（LIFE），二是"中短期优先环境行动计划"（SMAP）。从1996年起，"环境财政工具"计划中的第三方国家在地中海地区包括阿尔巴尼亚、阿尔及利亚、波斯尼亚—黑塞哥维那、克罗地亚、塞浦路斯、埃及、以色列、约旦、黎巴嫩、马耳他、摩洛哥、叙利亚、突尼斯、约旦河西岸和加沙地带、土耳其等国家和地区。1992—1996年，欧洲投资银行把约1.2亿埃居资金指定用于地中海沿岸国家的环保项目。1995年11月，欧盟和地中海东部和南部的12个国家在西班牙的巴塞罗那召开欧盟—地中海大会，发表了《巴塞罗那宣言》，宣布建立"欧盟—地中海国家伙伴关系"。从1992年到2006年，地中海沿岸国家获得"环境财政工具"计划支持的项目总计186个，占该计划支持总项目数227个的86%。[①] 1997年11月28日，欧盟—地中海国家环境部长会议在赫尔辛基召开，通过了"中短期优先环境行动计划"，帮助扭转地中海地区环境恶

---

① European Commission：*LIFE – Third Countries 1992 – 2006：Supporting Europe's Neighbours in Nuilding Capacity for Environmental Policy and Action*，Luxembourg：Office for Official Publications of the European Communities，2007，p. 19.

化的趋势。从 1998 年到 2004 年,该行动计划已经召开了 6 次联席会议,1998 年联席会议通过了 6 个项目,欧盟对这些项目的投入达 550 万欧元。2000 年联席会议提出了一个新的区域"中短期环境优先行动计划",预算为 2000 万欧元,2001 年联席会议提出了一个全球性的计划,预算为 3000 万欧元,该项目的预算已达 5000 万欧元。①

此外,欧盟在 1995—2006 年间还实行了两期麦达计划(MEDA)。麦达计划是在欧洲和地中海沿岸国家伙伴关系框架下进行合作的多国多边经济和财政援助计划,主要受援国为地中海南部沿岸国家,但不限于国家,还包括地方当局、区域组织、社区和非政府组织等,援助活动包括技术援助、培训、制度建设、信息、学术交流与研究,目的是帮助地中海沿岸国家改革经济和社会结构,减轻经济发展对社会和环境不良影响。麦达计划第一期(1995—1999 年)预算为 3435 万欧元,第二期(2000—2006 年)为 5350 万欧元。② 2004 年后麦达计划被并入新设立欧洲周边政策。

3. 对其他发展中国家和地区的援助

对非周边发展中国家的环境保护援助不是欧盟对外环境政策的重点,但近年来援助力度在不断加大。自 1975 年起,欧盟对非加太地区国家通过《洛美协定》所提供的项目进行援助,其中 1986—1989 年欧盟给非洲 230 个治理沙漠的项目提供了资助,总金额达 1.7 亿埃居;1991—1995 年用于非加太国家环境计划的资金每年约 4 亿埃居。③ 2000 年《科托努协定》取代《洛美协定》后,环境方面的援助项目得以继续。最近一些年,欧盟加大了对热带森林的保护,根据最新数据,2006 年,欧盟通过"环境与热带森林项目"向发展中国家投入资金达 8000 万欧元。④ 现在,欧盟特别重视与新兴经济体例如中国、印度、巴西、乌克兰和南非的环境

---

① 相关数据参见 http://ec.europa.eu/europeaid/tender/data/d111206.htm。
② 麦达(MEDA)一词来自法语"MEsures D'Accompagnement",意为附加措施或配套措施,参见"MEDA programme",http://europa.eu/scadplus/leg/en/lvb/r15006.htm。
③ 肖主安、冯建中:《走向绿色的欧洲——欧盟环境保护制度》,江西高校出版社 2006 年版,第 1 页。
④ "Financing for environment in third countries", http://ec.europa.eu/environment/international_issues/agreement_en.htm。

合作，2007年4月出台的欧盟委员会第六个环境行动计划中期评估报告指出，与上述国家的合作要超越对话阶段，而要在气候变化、废弃物管理和非法采伐等领域推动并实施联合项目。欧盟及其部分成员国在2012年多哈气候变化会议上宣布向发展中国家提供的气候资金增至55亿欧元。2013年部分欧盟成员国还承诺通过最不发达国家基金、特殊气候变化基金以及气候变化适应基金来提供共计约1.7亿美元的资金支持。[1] 欧盟2014—2020年的预算已经融入了应对气候变化的一系列措施和具体目标，其中要求欧盟预算中至少20%用于开展与应对气候变化相关的活动。[2]

三 完善环境立法，形成坚固的环境壁垒

冷战结束后，随着经济全球化的不断发展，贸易自由化成为席卷全球的浪潮，特别是随着世界贸易组织的建立，国际贸易中传统的关税壁垒和非关税贸易壁垒受到了很大程度的削弱，各国于是开始寻求其他措施保护本国和本地区的市场，环境措施因其所具有的名义上的正当性、形式上的合法性、保护内容的广泛性、保护方式的隐蔽性以及实践运用中的灵活性而受到欧盟的青睐。欧盟作为发达国家，在环境技术和资金等方面占据优势，通过对产品提出更高的环境要求可以有效保护其内部市场，同时维持和扩大欧盟产品在国际市场上的竞争力。在实践中，欧盟通过建立完善的法规体系、标准体系与合格评定体系，建立了以环境保护理念为基础的技术性贸易壁垒，提高了欧盟在国际上的综合竞争能力。建立环境壁垒，已成为欧盟推行对外环境政策的一种有效手段。

1. 建立完善的法规体系

1972年联合国人类环境大会召开之前，欧共体出于安全和贸易自由化的需要，已经制定了一些环境保护方面的法规。此后，特别是在1987年《单一欧洲法案》之后，环境立法才开始大量出现。《单一欧洲法案》

---

[1] 贺之杲、巩潇泫：《规范性外交与欧盟气候外交政策》，《教学与研究》2015年第6期。
[2] European Commission，*European Union Climate Funding for Developmenting Countries in* 2013，http：//ec.europa.eu.climate-events/docs/0086/funding-en.pdf.

增加了环境保护方面的内容，其中第100A条授权共同体为完善共同市场发布环境法规，第七编（第130R—130T条）则规定了共同体的环境使命。从此，欧共体能够更加方便地进行环境方面的立法活动，使共同体实施共同的环境政策和环境标准更具有合法性，欧盟的环境保护法律体系建设走上了快车道，各种有关环境保护的条约、条例、指令和决定等从分散走向统一，"从而使欧洲环境法逐步成为欧洲法体系中一个引人注目的独立领域"。[①] 到目前为止，欧盟先后颁布了300多项有关环境的法律文件，欧盟同时还签署了众多环境保护方面的国际条约，然后又以内部法令的形式颁布，使这些国际条约都包含在环境法的形式和内容中。

欧盟环境法的体系严密，囊括了环境保护的方方面面，包括废弃物法、水法、空气法、噪音法、化学物品法、自然保护法以及公众保护和环境事故、土地资源利用和保护等方面的法律。欧盟的这些环境立法，有助于欧盟内部的环境保护，同时，由于这些法规中有很大一部分都规定了与第三方的关系，更重要的是，由于这些法规规定的严格的环保标准，对欧盟与外部世界的政治经济关系起到了很大的影响，从而更好地维护了欧盟成员国的利益，增强了欧盟的竞争力。

2. 确立自己的标准体系和合格评定体系

为了使欧盟的环境法规得到有效执行，欧盟又确立了其标准体系和合格评定体系。欧盟各国的生产商和拟向欧盟出口产品的其他国家的生产商若要达到欧盟相关指令的要求，采用欧盟的协调标准是首要选择。目前，根据新方法指令的基本要求制定的协调标准达2000余项。为了使其技术法规得到有效的实施，欧共体理事会于1989年通过了《关于合格评定全球方法的决议》，该决议提出了合格评定的总体政策和基本框架，规定了在技术协调指令中采用的合格评定程序，保证并提高投放市场的产品质量。1993年欧共体理事会又通过了《关于合格评定程序各阶段的模式和欧共体合格标志的贴附及其使用规则的决定》，该决定对合格评定全球方法决议进行了补充，规定了新方法指令将要使用的合格评定的指导原则和具体程序，同时还对加贴和使用合格标志的规则做出规定。

[①] 高家伟：《欧洲环境法》，工商出版社2003年版，第6页。

第三节　欧盟对外环境政策的实践效果

　　欧盟作为世界上工业化最早的地区和当今最大的发达国家集团，对国际环境问题负有历史责任；同时，作为当今世界消耗地球资源、排放各种废弃物和温室气体的大户，欧盟成员国对当今世界环境的进一步恶化又负有不可推卸的现实责任。欧盟成员国由于已经完成了现代化阶段，产业结构调整进入了一个新的阶段，特别是由于核能和清洁能源的使用，资源的消耗已经趋于稳定并有进一步下降的空间，再加上先进的技术和雄厚的资金支持，欧盟有能力承担环境治理的成本。另一方面，欧盟不仅看到环境保护带来的巨大压力，同时也看到环境保护在产业发展上带来的机遇，看到了环保产业这一巨大的市场，看到了环境壁垒对提高欧盟产业的竞争力的现实意义。因此，欧盟在国际环境政治舞台上推行积极进取的战略，既是迫于道义和舆论压力，顺应时代潮流，承担自己应该承担历史与现实责任的一种表现，也是对战略机遇的把握。

　　欧盟依据其对外环境政策目标，充分利用自身的资源和优势，推行自己的环境战略，取得了积极的效果。首先，欧盟在国际环境政治领域取得了道义制高点，取得了国际环境政治领域的规则主导权，增强了欧盟的国际影响力。尽管欧盟在环境政治领域有自己的小算盘，但必须承认，欧盟在致力于治理自己内部的环境问题的同时，积极推动了世界环境保护事业的发展。欧盟的前身欧共体最先提出了工业化国家降低有害气体的排放，同意世界各国在环境问题上负有共同但有差别的责任，承诺并呼吁向发展中国家增加环境与发展援助，积极推动《京都议定书》的签署，等等，欧盟的这些活动都是值得肯定的，受到世界舆论的好评，在环境保护问题上取得了"道义"制高点。

　　其次，欧盟通过推动国际环境合作，有效地抢占了国际环保市场，维护了自己的切身利益。随着绿色产业迅速发展，全球出现了一个由环保产品、环保技术和环保服务构成的庞大"绿色市场"。据世界银行统计数据表明，1992 年全球绿色市场价值为 2100 亿美元，1997 年扩大为

4500 亿美元,到 2010 年将突破 10000 亿美元。① 欧盟拥有占全世界 60%以上的环境保护专利技术,② 可以利用自己的技术和资金优势,抢占世界环境保护市场,在推动世界环境保护的名义下实现自身利益的最大化。欧盟在环境保护领域开展的经济和技术援助,促进了国际环保事业的发展,有效地提高了欧盟在全球环境保护领域的地位和影响,同时也最大限度地增进了欧盟成员国的利益。

最后,通过建立完善的法律法规体系,形成了坚固的环境壁垒,提高欧盟的综合竞争能力。作为发达国家集团的欧盟成员国,由于受绿党崛起带来的生态政治的影响,在环境治理上取得了很大进步。通过推动并主导国际环境政治领域的制度建设,欧盟希望把自己的环境标准扩散到全世界,从而获得自己的生态环境优势,增强自己的竞争力。欧盟通过颁布各种环境标准,建立起针对外部世界的基于环境标准的技术性贸易壁垒。欧盟作为世界上第二大经济体,其环境方面的法律政策,给包括美国在内的许多发达国家也带来不少环境压力,更不用说科技和经济不发达的发展中国家了。比如说欧盟 2004 年 3 月发布了《关于修订指导法令 92/42/EEC 和制定耗能产品环保设计要求的框架法令》,2003 年 5 月公布的《关于化学品的注册、评估、许可办法》草案等一系列重要的技术性贸易措施,涉及的范围不仅限于设备产品本身,还涉及零部件、原材料行业等上下游产品。美国对此反应最强烈,因为这些提案对美国向欧盟出口化学品贸易影响巨大。又如欧盟于 2005 年 8 月 13 日正式实施的《废弃电子电气设备指令》和 2006 年 7 月 1 日正式实施的《关于在电子电气设备中限制使用某些有害物质指令》对我国影响很大,我国相关产品的生产商将为此增加回收处理、有害物质检测、替代材料等成本费用。根据中国机电进出口商会的统计数据,受上述两个指令的影响,我国电子电气产品生产企业的整体成本将至少提高 10% 左右,出口价格上

---

① 卢新德:《论全球绿色浪潮与我国绿色产品的出口》,《世界经济与政治论坛》2000 年第 2 期。

② 肖主安、冯建中:《走向绿色的欧洲——欧盟环境保护制度》,江西高校出版社 2006 年版,第 219 页。

涨约 15%。① 在环境保护的名义下,"欧盟的贸易保护主义以更文明、更隐晦的方法来表达。其中最重要的手段之一是技术性贸易壁垒,而且几乎全部表现在环境保护问题上"。② 欧盟通过环境壁垒,其在环境保护立法理念上的合理性、先进性,对于进口国、出口国的生态环境保护的发达意识,又令其他国家难以置喙。因此,利用环境立法,构建技术性贸易壁垒,这正是其推行对外环境政策的成功之处。

第四节 多重危机对欧盟环境政策的影响

冷战结束之后,欧盟一直在努力扮演全球环境保护的领导者,占领了道德上的高地,为自己赢得了竞争优势。欧盟在环境保护领域的优势也让欧盟对自己推动全球保护的信心大增。就在美国退出《京都议定书》而全球气候谈判陷入困境的时候,欧盟分别在 2005 年推出了世界上首个超国家碳排放交易体系,于 2007 年提出了"能源气候一揽子计划"(也被称为 2020 计划),于 2009 年提出了针对哥本哈根大会的若干政策目标。就在欧盟雄心勃勃推进其全球环境战略的时候,金融危机爆发,后来演变为欧洲债务危机,然后出现了中东地区的动荡,难民潮随即出现。欧洲各国的民粹主义势力不断增长,疑欧情绪在欧洲各国蔓延,并导致英国脱欧公投在 2016 年 6 月被通过。欧洲事态的最新发展对欧洲一体化形成了重大冲击,也导致欧盟环境政策的重大转变。这种转变首先从哥本哈根大会开始。

2009 年哥本哈根气候大会对欧盟的环境保护雄心是一次重大打击。在会议召开之前,欧盟为会议作了精心的准备,提出了具体战略目标。会议初期,欧盟联合美国向中国等发展中国家施压,要求发展中国家做出让步。但形势很快发生了变化,美国与被称为"基础四国"的巴西、南非、印度和中国私下达成协议,促成了《哥本哈根协议》,欧盟甚至没

---

① 高永富:《试论欧盟环保新指令对我国出口贸易的影响》,《国际商务研究》2006 年第 6 期。
② 赵绘宇:《欧洲环境法中的循环经济趋势》,《上海交通大学学报》(哲学社会科学版) 2006 年第 1 期。

有参加协议的谈判，由气候谈判的领导者变为受人质疑的边缘角色。[1] 但欧盟在国际环境保护政策领域的理想主义并没有受到太大的影响，2011年又单边强势推出早就酝酿的国际航空碳税政策，结果遭到全球大部分国家的联合反对，尤其是遭到在国际碳排放和交易领域具有重大影响的美国、中国、印度和俄罗斯的强烈反对。欧盟被迫在 2012 年年底暂停实施该政策，标志着欧盟在环境保护领域再受挫折。

欧盟在环境治理领域所遭受的挫折，与 2008 年以来的经济危机有一定的联系。经济危机及随后发生的欧洲债务危机，使欧盟一些成员国的经济形势恶化，欧盟成员国和一些企业出于经济利益考虑，不再遵守此前欧盟设定的节能减排、碳交易等环境治理标准，有些企业甚至提出大量减排可能导致失业，要求欧盟修改既定的规则。同时，由于欧盟成员国众多，各国国情差异较大，经济发展在各国也有很大不同，在经济危机面前的表现也不一致，从而导致了欧盟成员国在气候治理上出现了目标的差异，导致了欧盟成员国及企业界在环境治理上的凝聚力下降，削弱了欧盟气候外交的内部基础。欧盟制定的"能源气候一揽子计划"在注重对气候治理及低碳经济的同时，却又忽视了能源及经济发展，因此经济危机引发能源问题就容易引起欧洲企业的不满。在欧洲范围内具有重要影响力的工业集团"商业欧洲"（Business Europe）批评欧盟的"能源气候一揽子计划"，认为该计划提出的碳交易系统、可再生能源计划及电力市场结构拖累了欧洲经济。[2] 欧债危机在欧盟引发的一系列问题导致了欧盟政治议程的变化，如何应对经济危机问题成为首要关切，而包括气候政策等环境治理问题在政治议程中的地位和比重下降。对经济的重视，不可避免地会与应对气候变化问题时涉及的发展可再生能源、机构调整等措施产生冲突，尤其是后来加入欧盟的一些以煤炭为主要能源的成员国，在发展经济的压力下，对欧盟的气候政策表达了强烈不满，例

---

[1] Rosa Matia, Fernande Martin, "The European and International Negotiations on Climate Change, A Limited Role to Play," *Journal of Contemporary European Research*, Vol. 8, Issue 2, 2012, p. 200.

[2] 金玲：《欧盟能源—气候战略：转型新挑战和新思路》，《国际问题研究》2014 年第 4 期，第 40 页。

如波兰。① 欧盟机构中人们的主要精力用于讨论债务危机问题，给外交领域留下的时间和空间都很少。2014年容克成为欧盟委员会主席之后，则进一步加速了这种政策上的调整。人们注意到，他上台之后就对欧盟委员会中的环境保护的日程进行了重大调整，能源安全的地位上升，而气候变化的重要性则下降。② 2014年12月，欧盟委员会提出了一个推迟循环经济一揽子方案并削弱拟议中的大气污染规则的计划。③ 因此，"2009年爆发的债务危机在很大程度上对欧盟气候外交政策转型产生了决定性的影响，使其在总体基调、目标设计与政策选择上都受到重大制约"。④

欧盟在环境治理领域的政策变化突出表现在气候变化政策上。欧盟在2010年3月发布《后哥本哈根国际气候政策——重振全球气候变化行动刻不容缓》，欧盟改变了对哥本哈根会议的负面评价，开始了其气候政策的调整。2011年3月，欧盟发布《欧盟2050低碳经济路线图》，提出欧盟的总目标是在充分满足经济社会可持续发展、大众生活能源需求的同时，利用低碳技术在1990年的基础上到2050年降低温室气体排放80%—90%。2011年举行的欧洲气候论坛发布的《欧盟新增长路径》报告，在明确低碳发展的同时，强调了应对欧债危机影响的必要性。2011年德班气候大会上欧盟倡导设立了"德班特设平台"，并在欧盟的推动下，从2013年起就开始了务实谈判，经过华沙大会的努力，最终于2015年在巴黎气候大会上达成了《巴黎协定》。在此期间，欧盟气候变化政策做出了务实调整，例如提倡由"承诺"向"国家自主贡献"减排过渡，更加重视发展中国家呼吁较为强烈的气候金融和技术援助问题。⑤ 2014年，欧盟推出了"2030气候和能源战略"，与"2050战略"相结合，展

---

① 巩潇泫、贺之杲：《欧盟行为体角色的比较分析——以哥本哈根与巴黎气候会议为例》，《德国研究》2016年第6期。

② Aleksandra Čavoški, "A Post-Austerity European Commission: No Role for Environmental Policy?" *Enviromental Politics*, Vol. 3, No. 3, 2015, pp. 501–505.

③ European Commission, "Commssion Confirms Withdral of 73 of Pending Proposals Announced in 2015 Work Programme," http://europa.eu/rapid/press-release_IP-15-4567_en.html.

④ 冯存万、朱慧：《欧盟气候外交的战略困境及政策转型》，《欧洲研究》2015年第4期。

⑤ 关孔文、房乐宪：《从华沙到巴黎：欧盟气候外交政策的新趋势》，《和平与发展》2016年第4期。

示了后哥本哈根时代欧盟内部气候治理政策转型的基本构架，充分体现出注重内部气候治理基础、强化应对经济危机的双重目标理念。尽管环保主义者认为"2030战略"减排40%的目标是对已经过时的"2020计划"目标的简单套用，但已经是欧盟在欧债危机情况下所能做出的最大限度的承诺。在经济危机的影响下，欧盟在未来一段时间内将坚持相对保守的中期目标，从重视环境治理的全球规范转向重视能源安全的现实利益，从强调主导地位的强硬风格转向维护伙伴关系的温和风格，从基于政府间主义的单边示范转向具有法律效力的顶层设计。欧盟对外环境政策整体上变得越来越现实，在参加国际气候谈判中目标趋向务实并调整了国际气候谈判的策略，在国际气候谈判中积极扮演政策协调者角色。[1]

就在欧盟即将走出经济危机的时候，又迎来了一场危机——英国脱欧。英国脱欧对欧洲一体化事业是一场巨大冲击，甚至使人们对欧洲一体化的信心产生了怀疑，欧盟外交与安全政策高级代表莫盖里尼在为《欧盟外交与安全政策全球战略》实施一周年的报告所写的序言中描述了脱欧公投后人们的迷茫。[2] 对于欧盟的环境政策而言，英国脱欧对环境政策的影响当然也是存在的。

在环境保护方面人们对英国脱欧的担心，首先在于担心英国的环境保护标准会不会因此下降，导致英国环境治理的恶化。英国与欧共体/欧盟关系的四十年也正是人类环境保护意识兴起的四十年，欧盟许多环境治理方面的法律法规也正是在这四十年当中发展起来的，英国85%的环境法规来自欧盟。因此，人们担心英国脱欧会导致其环境立法的缺位，对英国产生负面的影响。早在英国脱欧公投5个月前，欧盟就搁置了一项禁止销售高耗能厨房用具的禁令，避免英国公众在公投中支持脱离欧盟。欧盟为了减排，在2014年就颁布了一项禁止高耗能吸尘器禁令而引起英国民众的抢购，这次因担心涉及的厨房用品中的电热水壶等与民众

---

[1] 巩潇泫：《欧盟气候政策的演变及对中国的启示》，《江西社会科学》2016年第7期。
[2] EEAS, "From Shared Vision to Common Action: Implementing the EU Global Strategy (year 1)" https://europa.eu/globalstrategy/en/vision-action.

生活息息相关的产品而引起民众的不满，而推迟实施禁令。① 有很多人认为，英国在加入欧共体之前执行的环境保护标准要低于现在欧盟的标准，英国脱欧可能会导致英国环境治理标准的降低。②

但一般来讲，作为世界工业革命发源地，英国最早受到环境污染的危害，因此在环境治理问题上态度非常坚决，一般不会导致环境治理方面的倒退。英国脱欧在环境保护领域最终可能影响的是英国和欧盟其他成员国的贸易。英国脱欧之后，有3个类型的环境保护法规与欧盟法规有关，分别涉及化学物质监管法规的遵守，例如《化学品注册、评估、授权和限制法规》（REACH）、《化学物质和混合物分类、标签及包装法规》（CLP）；废料管理，例如《电器及电子设备废料指令》（WEEE）；以及关于气候变化的法规。假如英国脱欧之后继续留在欧洲经济区或者单一欧洲市场，英国则可以保留相关注册资料，能够在欧盟内进行贸易，基本不受影响。如果英国离开单一市场，则直接适用于欧盟成员国的上述法规对英国则不再适用，英国公司和其他非欧盟制造商一样，须委托其位于欧盟市场或欧洲经济区的进口商，为他们的化学物质办理注册。因此，英国制造商或需重整其供应链以便符合规定，并需提供注册所需的各种相关资料和文件。因此，在涉及环境治理方面的影响来说，最主要的影响应该主要体现在贸易上。

但如果说英国脱欧对欧盟的环境治理完全没有影响也是不现实的，根据未来英国与欧盟关系的不同，其有限的影响可能主要体现在如下几个方面。

首先，欧盟内部可能在温室气体排放方面做出重新安排和调整。人们对英国脱欧在气候变化领域的影响有持乐观看法的，也有认为存在消极影响的。③ 英国承诺的减排目标一直高于欧盟的平均水平，而在巴黎气

---

① 徐超：《欧盟搁置一项环保禁令，为英国脱欧公投让路》，新华社，http://www.xinhuanet.com/world/2016-02/29/c_128759623.htm。

② 联合国新闻：《人权专家：英国脱欧需要加强人权保护，避免环保管制倒退》，https://news.un.org/zh/story/2017/01/270022。

③ 王瑜贺、张海滨：《国外学术界对"巴黎协定"履约前景分析的评述》，《国际论坛》2017年第5期。

候峰会上，英国提出到 2030 年要在 1990 年的基础上减少 50%，比欧盟的整体承诺高出 10%。英国脱离欧盟后，如果调整其气候政策，可能导致欧盟重新调整其自主减排配额，引起欧盟内部本来就在减排问题上不太积极的国家的不满，从而影响欧盟内部的凝聚力，降低欧盟在国际气候治理上的谈判能力。[1]

其次，欧盟的能源政策可能偏离市场机制，增加协调难度。在能源方面，由于欧盟正在建立单一能源市场，英国退出欧盟将导致英国退出欧盟的能源市场，这对欧洲大陆国家影响不大，但由于爱尔兰主要从英国进口能源，英国脱欧导致爱尔兰进口能源效率的下降。欧盟一直努力推动在环境治理领域的市场机制建设，在《京都议定书》签订之后，欧盟碳排放交易机制就建立了起来。但英国脱欧可能影响各国能源政策的平衡，从而对碳排放机制产生影响。曾于 2010 年到 2015 年期间在联合政府中担任能源与气候变化大臣的埃德·戴维警告称，英国脱欧后，那些传统上执意对抗气候措施的国家或将得以增强他们在欧盟政策制定中的影响力。

最后，英国脱欧对欧盟环境治理政策的影响关键在于未来英欧关系的安排，安排不当可能对欧盟环境治理产生较大影响。"若仅分析'脱欧'的直接影响，会发现它对国际气候政策的影响可能是有限的，但假如'脱欧'引起其他连锁反应，如欧盟内部政治不稳定或殃及欧盟自身的一体化，那么欧盟在全球气候治理中的领导力也将难以为继。"[2] 英国脱欧可能增加欧盟政策碎片化的可能，从而增加欧盟层面上的协调困难。

总体而言，在对外环境政策领域，英国脱欧对欧盟和对英国的影响都是比较有限的。它可能引起欧盟国家在相关目标上的调整，可能在短期内降低欧盟在气候谈判、能源贸易等方面的效率，短期内给欧盟带来政策制定和协调上的困难，对欧盟的碳排放交易体系产生一定的冲击，

---

[1] Andrew Scott, "Brexit: Implications for Climate Change Commitments," Overseas Development Institute Briefing, 2016-09, https://www.odi.org/sites/odi.org.uk/files/resource-documents/10890.pdf; The International Institute for Strategic Studies, "The International Politics of Climate Change after Brexit," *Strategic Comments*, Vol. 22, No. 6, 2016, pp. viii-ix.

[2] 董亮：《逆全球化事件对巴黎气候进程的影响》，《阅江学刊》2018 年第 1 期。

这种冲击所带来的风险是可控的。总体而言，英国脱欧并不会带来欧盟在环境保护问题上基本政策的根本改变，不会改变欧盟在国际环境治理上争当领导者的雄心。

小　结

欧盟在国际环境政治中实施的对外政策总体上而言是成功的，它树立了欧盟在国际环境政治中的领导地位，使欧盟占领了环境政治的道义制高点，也为欧盟赢得了在环境经济方面的竞争力。但是，欧盟对外环境政策所体现的欧洲中心主义和利己主义考虑也损害了欧盟对外环境政策的声誉。

首先是欧洲中心主义。欧盟的国际环境战略在实施过程中坚持以欧洲为中心的周边环境保护，根据地域范围的远近考虑对外环境援助的优先和重点。在域内通过环境法规和经济等各种措施，迫使污染企业转移至发展中国家，掠夺发展中国家的资源，损害发展中国家环境，同时在对发展中国家进行环境技术支持时却始终抱住知识产权不放，抢占环境保护市场，涉嫌环境殖民主义，[①] 损害了其声誉。

其次，与欧洲中心主义密切相关的利己主义。欧盟把环境保护作为限制他人发展维护自己利益的工具，使环境问题政治化。欧盟在对外环境合作中看到了环境保护事业带来的巨大市场机遇，看到了自己先进的技术和资金优势，并把这种优势转化为提升自己竞争力的武器。因此，欧盟在国际环境合作中积极利用环境保护的借口，设置绿色贸易壁垒，把环境保护当成提升自己的工业竞争力的有效工具。

最后，环境政策中包含政治目的。和西方国家对发展中国家的所有援助一样，环境领域的援助与合作也同样附加一些政治条件。欧盟国家与发展中国家的环境合作政策是从属于欧盟的发展合作政策的，而根据

[①] 有关环境殖民主义种种表现，参见李克国《环境殖民主义应引起重视》，《生态经济》1999 年第 6 期；胡志高《环境殖民主义：当前南北双方在环境问题上矛盾加剧深刻根源》，《桂海论丛》2000 年第 5 期。

《欧洲联盟条约》第 130u 条，这样的合作必须有助于推广西方价值理念和政治文化。2000 年，欧盟与非加太国家在贝宁的科托努签订了包括对外援助、贸易、投资、人权和治理等内容的《科托努协定》，取代了此前的并不包括人权和治理等内容的《洛美协定》，从而把一个绿色的领域染上了政治色彩。①

在经济危机、英国脱欧等危机背景下，欧盟的环境治理政策做出了一定的调整，变得更加务实，从奉行全球环境治理单边主义角色转向维护伙伴关系的温和风格，从致力于确立的全球环境保护规范转向重视能源安全的现实利益。近期来看，英国脱欧可能会对欧盟的对外环境治理政策产生一定的冲击，但长远来看，这种冲击将是有限的。

---

① European Union, "Contonou Agreement," http：//europa. eu. int/comm/development/body/conton ou/pdf/agr01_en. pdf#zoom = 100.

第 四 章

反恐合作与对外政策

　　恐怖主义是指通过制造暴力恐怖活动在社会中传播恐怖情绪从而达到其政治和社会目的的主张和行为，有些恐怖主义活动因涉及国际因素，例如对其他国家的目标进行恐怖袭击或者使用了国际性的手段和渠道，又被称为国际恐怖主义。正是因为国际因素，才使反对恐怖主义成为欧盟对外政策所必须考虑的重要内涵。尽管不能简单地说欧洲是恐怖主义的发源地，但欧洲的确是"恐怖主义"一词的发源地，[①] 在现代，恐怖主义在欧洲也非常活跃，进入 21 世纪欧洲则面临严峻的恐怖主义威胁。"9·11"恐怖袭击事件发生后，2003 年欧盟在共同外交与安全政策高级代表索拉纳的主持下制定的《欧洲安全战略》把恐怖主义列为欧盟面对的五个严峻安全挑战之首。[②] 作为对过时的《欧洲安全战略》的替代，2016 年欧盟外交与安全政策高级代表莫盖里尼领导下制定的《欧盟全球战略》是一个更加宏观的战略，恐怖主义在此文件中仍然被列为欧盟在当前面临的综合挑战之首。[③] 可见欧盟一直将恐怖主义作为对外关系中的

[①] 18 世纪 90 年代法国大革命时期罗伯斯庇尔为了稳固其政权而实施恐怖统治，恐怖主义一词由此而诞生。参见布鲁斯·霍夫曼《恐怖主义动向和前景》，载［美］伊恩·莱塞主编《反新恐怖主义》，新华出版社 2002 年版，第 22 页。

[②] 其他四个安全挑战依次为：大规模杀伤性武器扩散、地区冲突、国家失败和有组织犯罪。"European Security Strategy: A Secure Europe in a Better World," Brussels: 12 December, 2003. https://europa.eu/globalstrategy/en/european-security-strategy-secure-europe-better-world.

[③] 其他四个挑战分别是杂合性威胁、气候变化、经济脆弱和能源安全。《欧盟全球战略》被认为是对过时的《欧洲安全战略》的替代。European Union, "Shared vision, common action: A stronger Europe. A global strategy for the European Union's Foreign and Security Policy," Brussels, June 2016, pp. 18 – 19. http://europa.eu/globalstrategy/sites/globalstrategy/files/eugs_review_web.pdf.

重大事项来看待。但是，由于反恐问题涉及国家主权，欧盟成员国向来对主权问题十分敏感，欧盟能在其中发挥多大的作用一直是人们关注的话题；同时，反恐在很大程度上被欧盟列为司法内务合作事项，欧盟在对外关系领域能够起到什么样的作用也同样值得人们关注。

第一节　21世纪欧洲恐怖袭击的特点

恐怖活动由来已久。欧洲早期的恐怖活动往往和反抗暴君的统治有一定关联，19世纪中叶以后，欧洲的恐怖活动则又和无政府主义相结合，出现了著名的俄国"革命"恐怖主义。① 现代恐怖主义真正兴起则是在第二次世界大战之后。第二次世界大战之后活跃在欧洲政治舞台的恐怖主义主要有两种类型，一是民族分裂型恐怖主义，二是极左翼恐怖主义。民族分裂型的恐怖组织有"爱尔兰共和军"、西班牙的"埃塔"、法国的"科西嘉民族解放阵线"等。极左翼恐怖组织有意大利的"红色旅"、德国的"红军派"、法国的"直接行动"等。这些恐怖组织都制造了一些骇人听闻的恐怖袭击事件。例如"爱尔兰共和军"自1969年以来针对驻北爱尔兰的英国军队、警察、英国政府官员制造了大量的爆炸和暗杀事件，1984年制造了针对英国首相撒切尔夫人的布莱顿格兰德旅馆爆炸事件，撒切尔夫人幸免于难，但共造成4人死亡，30多人受伤；意大利的极左翼恐怖组织"红色旅"制造了枪杀意大利总理阿尔多·莫罗的恐怖事件。

随着冷战的结束，两极格局的瓦解，西欧经济的繁荣，以上两种极端思潮在欧洲逐渐失去了影响。德国的"红军派"在1998年宣布解散时，声称其解散并不是因为政府的打击，而是因为感到日益遭到社会的疏远和孤立。② 欧盟内部的民族分裂的热点地区如英国的北爱尔兰问题在布莱尔执政时期顺利解决；西班牙的巴斯克地区在西班牙实施民主改革后获得较大程度的自治，"埃塔"原先的支持者和同情者纷纷转变立场，

---

① 朱素梅：《恐怖主义：历史与现实》，世界知识出版社2006年版，第20—46页。
② ［美］伊恩·莱塞主编：《反新恐怖主义》，新华出版社2002年版，第34页注释3。

"埃塔"被迫在 1996 年宣布"单方面停火"。① 欧盟内部民族分离热点不再，民族分裂型恐怖主义走向消亡。

但只要世界发展不平衡，只要有贫穷和不公正，就会有极端思潮的产生。"9·11"事件标志着新型恐怖主义的出现，标志着欧洲反恐进入了新的时代。2001 年 9 月 11 日，发生了"基地组织"恐怖分子驾驶民航客机撞击美国世贸中心大楼、美国国防部五角大楼等恐怖事件，被认为是自"二战"中珍珠港遭受日本袭击以来美国本土遭受的最大规模的恐怖袭击事件，给整个世界造成巨大震撼。由于基地组织发源于中东地区，且主要活跃于中东地区，而中东地区每年都有大量移民进入欧洲，不能排除基地组织恐怖分子混入其中，到 2003 年的时候，在英国、意大利、德国、西班牙和比利时等国都发现了基地组织的分支，② 欧洲面临恐怖主义袭击的威胁日益增加。

2004 年 3 月 11 日，西班牙首都马德里发生了旅客列车袭击案，在早高峰时有 10 枚炸弹在四列火车上先后被引爆，造成了 192 人死亡，2050 人受伤。此后，欧洲遭受恐怖袭击的事件不断发生。其中影响比较大的有：2005 年 7 月 7 日，英国伦敦发生了公交系统系列爆炸案，共造成 56 人死亡，784 人受伤；2011 年 7 月 22 日，挪威发生了极右翼分子布列维克发动的恐怖袭击事件，造成 77 人死亡，319 人受伤；2015 年 1 月 7—9 日，法国巴黎发生联合爆炸案，造成 20 人死亡，22 人受伤；2015 年 1 月 13 日，乌克兰发生恐怖爆炸，造成 12 人死亡，18 人受伤；2015 年 5 月 13 日，马其顿共和国发生恐怖袭击，造成 22 人死亡，37 人受伤；2015 年 11 月 13 日，法国巴黎发生恐怖袭击，造成 137 人死亡，368 人受伤；2016 年比利时布鲁塞尔发生炸弹爆炸案，造成 35 人死亡，340 人受伤；2016 年 7 月 14 日，法国尼斯发生卡车撞人事件，造成 87 人死亡，434

---

① 2018 年 5 月 3 日，西班牙首相拉霍伊举行新闻发布会表示，西班牙民族分裂组织"埃塔"通过媒体发表公开信，宣布彻底解散。姜波：《西班牙民族分离组织"埃塔"宣布解散》，《人民日报》2018 年 5 月 4 日第 21 版。

② European Union, "The European Security Strategy: A Secure Europe in a Better World," Brussels: 12 December, 2003. https://europa.eu/globalstrategy/en/european-security-strategy-secure-europe-better-world, p. 3.

人受伤；2016年12月19日，德国柏林基督教市场发生暴力袭击，造成12人死亡，56人受伤；2017年5月22日，英国曼彻斯特剧场爆炸案，造成23人死亡，250受伤；2017年6月3日，英国伦敦桥袭击事件，造成11人死亡，48人受伤；2017年8月17—18日，西班牙巴塞罗那恐怖袭击事件，造成24人死亡，152人受伤。以上都是死亡人数在10人以上的重大恐怖袭击事件，还有众多死亡人数在10人以下的恐怖袭击事件，以及一些被及时阻止未能实施的恐怖袭击计划没有被统计在内。

"9·11"事件之后发生的恐怖袭击事件与此前的恐怖袭击相比，有一些比较突出的特点，其最突出的特点是跨国性。[1] 尽管历史上很多恐怖活动都有跨国因素，例如引发第一次世界大战的波斯尼亚塞尔维亚族青年普林西普刺杀奥匈帝国皇储费迪南大公的事件。但在欧洲恐怖主义历史上，尤其是冷战期间，活动在欧洲政治舞台上的恐怖主义主要是受民族自决运动影响的民族分裂类型恐怖主义和受左翼思潮影响的极左翼恐怖主义。恐怖袭击针对的对象主要是本国的统治集团，例如"爱尔兰共和军"的活动区域在英国，"埃塔"的活动区域在西班牙，"意大利红色旅"的活动区域在意大利，等等，具有明显的国别和地区特点。而就2001年以来欧洲恐怖袭击活动来看，跨国因素的增强是一个显著特色。

跨国因素的增强，主要表现在如下几个方面：

第一，恐怖主义与极端宗教思想具有紧密联系。"9·11"事件之后的恐怖袭击越来越多地与宗教极端主义相结合，其实施者以遭到"文化侵略"和"宗教迫害"为借口，利用人们的虔诚信仰，吸收招募信徒，进行恐怖袭击，而宗教具有极强的跨国性，尤其是基督教和伊斯兰教，从而增强了恐怖袭击的跨国性。恐怖主义与宗教相联系在冷战期间并不多见，在1980年的时候，只有两个恐怖组织被确认为"宗教恐怖集团"。[2] 在欧洲，在20世纪80年代末开始有一批有经验的圣战武装分子在欧洲活动，为的是建立秘密活动基地，到阿富汗参加抗苏活动。苏联

---

[1] 王明进：《后冷战时期恐怖主义的特点与国际反恐合作》，《国际论坛》2004年第1期。
[2] [美] 伊恩·莱塞主编：《反新恐怖主义》，新华出版社2002年版，第22页。

1989年从阿富汗撤军后,这些武装分子把攻击的目标对准了西方。但宗教极端恐怖主义组织靠宗教信仰来维持,没有严格的组织形态,从者甚众,且超越国界,使恐怖活动呈现国际化趋势,为打击恐怖分子增加了难度。

第二,恐怖袭击的组织策划和实施具有全球性。冷战结束后宗教极端主义恐怖组织兴起,它们利用现代网络技术,打破了国界限制,恐怖活动的组织策划和实施可能跨越国界展开。"9·11"事件就是一个突出的跨国袭击的案例,而此后,欧洲遭受的多次恐怖袭击也多是跨国组织和实施的,例如基地组织"阿布·哈夫斯·马斯里旅"宣布对2004年的马德里火车爆炸案和2007年伦敦公交系统爆炸案负责。即便是拥有本国国籍的宗教恐怖分子在本国实施恐怖袭击,也可能受到了外部恐怖组织的号召或者影响。例如,2015—2016年以来,极端组织"伊斯兰国"受到打击,为了报复而号召信徒对欧洲国家实施恐怖袭击。

第三,外来移民激发了欧洲的排外情绪,是引发极右翼恐怖袭击事件的重要因素。第二次世界大战后,各国都对极右翼势力保持高压打击态势,极右翼恐怖主义很少发生。但随着欧洲一体化的发展和全球化的快速推进,人口流动越来越方便,同时由于中东持续的地区冲突,很多中东难民流向欧洲,使欧洲外来人口增加。外来人口的增加为欧洲带来了多元文化相处的难题,特别是难民的到来,给社会带来较大压力,欧洲排外情绪增加,极右翼势力崛起。受极右翼思潮影响的极右翼恐怖分子因为仇视外来移民而发动恐怖袭击的事件不断发生。例如2011年7月22日发生在挪威首都的恐怖袭击事件,极右翼恐怖分子布列维克就是由于仇视外来移民,试图通过恐怖袭击改变政府对外来移民的宽容政策,恐怖袭击共造成了77人死亡,300余人受伤。

第四,"恐怖分子本土化"对欧洲安全带来更大的潜在威胁。这里面有两种情况:一是所谓的"外籍战士",他们是相对于叙利亚或伊拉克当地人而言的、拥有其他国籍到伊拉克和叙利亚参加"伊斯兰国"的圣战士。这些人离开他们的母国或者居住国,前往叙利亚参加反对叙利亚现政权的斗争,很多人参加了极端主义组织。2016年国际反恐中心海牙国际中心曾对欧盟的"外籍战士"现象做过调查,得出的结论是:来自欧盟的"外籍战士"约3922—4294名,其中2838名来自比利时、法国、德国和英国。① 这些圣战士进入叙利亚或伊拉克加入极端武装力量之后,往往变得更加激进,有的多次往返欧洲和叙利亚。这些人很有可能发动对欧盟各国的恐怖袭击,从而增加了欧洲的潜在安全威胁。二是欧盟成员国的公民受到影响而加入恐怖组织,实施恐怖袭击。拥有欧盟成员国国籍的人可能受到外部因素的影响而成为恐怖分子并实施恐怖袭击,这就是所谓的"恐怖分子本土化"。这些"本土化恐怖分子"既有外来移民,也有当地的土著白人。外来移民中最容易被极端宗教恐怖组织招募的是穆斯林移民的第二代和第三代,他们由于难以融入欧洲主流社会,被社会所疏远,而走上激进化道路。② 也有一些欧洲白人因为皈依极端宗教而成为恐怖分子。这些人往往生活不如意,不被主流社会所接纳,皈依极端宗教寻找到了归属感。2008年1月,英国M15"高级情报来源"透露,基地组织至少已经招募了1500名白人成员。2013年9月参与袭击肯尼亚首都西门购物中心的"白寡妇"英国女性萨曼莎·卢思韦特(Samantha Lewthwaite)就是其中的代表。

恐怖主义的跨国层面导致欧盟与第三国、国际组织合作的需求增加。当前欧盟遭受的恐怖主义威胁与"9·11"事件之前有较大差异,尤其是恐怖主义与宗教极端主义的结合使恐怖主义组织更加松散和难以防范,也更有可能超出国界,恐怖主义行为不再像极左翼或民族分裂型的恐怖组织那样局限于个别国家和地区。恐怖主义跨国因素的增强使其成为需要通过国际努力加以解决的问题。随着欧洲一体化和全球化的发展,人员流动更加便捷,国际联系更加密切,网络通信技术的发展也使人与人之间的联系更加方便,恐怖袭击的组织策划和实施已经实现了国际化,恐怖袭击的影响也更加具有国际性。所有这些,都需要欧盟在反恐问题上积极展开国际合作,与世界其他国家一道反对恐怖主义,实现世界和平。

---

① International Centre for Counter-Terrorism, "The Foreign Fighters Phenonmenon in the European Union: Profiles, Treats and Policies," ICCT Research Paper, April 2016.
② 冯永利、王明进:《多元文化主义与欧洲移民治理》,《国际论坛》2013年第3期。

第二节　欧盟国际反恐合作的制度安排

　　欧盟是从经济一体化组织发展而来的，在政治与安全领域的合作从一开始就困难重重，这也就意味着在反恐问题上展开国际合作的难度，更不用说与第三方的合作了。首先，欧盟各国对恐怖主义威胁感知是不一样的，2001 年之前欧盟 15 个成员国中，只有英国、法国、德国、意大利、葡萄牙和西班牙六国认为恐怖主义是一种威胁，其他国家则很少经历恐怖袭击，对恐怖主义的威胁缺少认识。即便在这六个国家中，其面临的恐怖袭击的威胁主要来自各自国内的民族分离势力或者极左翼力量，展开国际合作的需求并不强烈。其次，由于各国对恐怖主义威胁的感知不一样，导致各国反恐立法或制度机制建设也有很大差别，有些国家甚至没有反恐立法，展开合作也很困难。1972 年德国慕尼黑恐怖袭击事件四年之后，欧共体才成立了一个特别工作小组——"特莱维小组"，主要是交流反恐信息，后来扩大到打击有组织犯罪和警务合作。尽管提出了起草欧洲逮捕令、组建欧洲刑警组织等想法，但由于各国在这一涉及主权的问题上比较敏感而没有推行。此外，欧共体国家还推动签订了一些区域性的反恐公约，例如《惩治恐怖主义的欧洲公约》（1976）等，但欧洲共同体内部的合作并没有真正展开，更没有以欧共体整体的身份参加反恐国际合作，各国倾向于将恐怖主义视为一国的国内事务。

　　"9·11"事件极大地冲击了欧洲人对恐怖主义的认知。"9·11"事件的主要策划工作是在德国汉堡完成的，袭击的目标是在万里之外的美国纽约等地，19 名恐怖分子来自中东沙特等国。这说明现在已经没有任何一个国家可以免除恐怖袭击的威胁。"欧盟成员国的反恐观念发生了很大的变化，不仅认识到恐怖主义已经成为欧洲安全的主要威胁，还认识到先前单打独斗的方式无法有效应对新的恐怖主义威胁，依靠欧盟共同应对是更好的选择。"[1] "9·11"事件之后第三天，欧盟就发布一份官方

---

[1] 郭秀玲：《9·11 后欧盟反恐：政策、实施与评估》，博士研究生学位论文，外交学院，2018 年，第 41 页。

声明，强调了欧盟团结应对恐怖主义的决心和意义。欧盟又紧急召开一系列高峰会议，讨论应对措施。2001年9月20日，欧盟各国司法和内政部部长特别理事会就反恐措施达成共识，9月21日欧洲理事会通过了《打击恐怖主义欧洲政策》的文件，呼吁在警务与司法、国际法律工具、切断对恐怖主义组织的资助、加强空中安全以及协调欧盟的国际行动等领域采取反恐措施。该文件在欧洲议会获得通过，标志着欧盟向联合反恐的转变。9月26日，司法与内政事务委员会通过了一份包含60多项反恐措施的"反恐路线图"，10月4日，欧洲议会又通过了《反恐行动计划》。12月27日，欧洲理事会通过了《打击恐怖主义共同立场》。2002年6月13日，欧洲理事会通过了《欧盟打击恐怖主义框架决定》，在恐怖主义定义上形成了最低共识。在美国发动反恐战争的背景下，欧盟一方面配合美国的反恐战争，同时也出于应对可能发生的针对自己的恐怖袭击和统一成员国在反恐问题上的认识需要，于2003年出台了《欧洲安全战略》，把恐怖主义作为欧盟面临的五个最紧迫的安全威胁之首，并明确提出了欧盟在反恐问题上与国际社会合作的问题，这是欧盟在反恐问题上与第三方展开国际合作的重要一步。

2004年3月11日西班牙马德里发生系列爆炸案之后，3月25日欧盟委员会发表《打击恐怖主义宣言》，并同意建立信息情报中心，设立欧盟反恐协调员。2005年7月7日伦敦公交系统爆炸案之后，为进一步落实《反恐行动计划》等安排，欧盟于11月30日通过了欧盟反对恐怖主义的核心文件《欧盟反恐战略》。2005年欧洲理事会还通过了《司法与内务外向战略：全球自由、安全与公正》，强调了欧盟司法内务在反恐方面的对外合作。① 2008年，欧盟对《欧盟打击恐怖主义框架决定》进行了修订，扩大了恐怖主义概念的范围，把公开宣称实施恐怖主义犯罪、恐怖分子招募和恐怖主义分子培训纳入犯罪行为。2010—2014年的《斯德哥尔摩纲领》确定了欧盟内部与第三方在司法和内务领域主要合作内容。近些年来，在恐怖袭击不断出现的背景下，欧盟又加快了反恐方面的战

---

① Council of the European Union, *A Strategy for the External Dimension of JHA: Global Freedom, Security and Justice*, 14366/3/05. Brussels, 2005.

略调整和政策制定，例如 2015 年 1 月巴黎《查理周刊》遭受恐怖袭击和 12 月巴黎系列恐怖袭击案之后，欧盟通过了《欧洲乘客姓名记录指令》，使得已经在欧盟主要成员国执行的情报共享方式在欧盟整体上推行，并与世界其他地区展开合作，被认为赋予了欧盟更强的人格。2016 年 6 月欧盟通过了具有重大影响的《欧盟全球战略》等。

可以看出，欧盟在"9·11"事件之后，特别是在欧洲经历了多次伤亡惨重的恐怖袭击之后，不断完善制度和机制建设，形成了具有欧盟特色的反恐制度机制和国际合作机制。从一般意义上讲，欧盟的重要机构，例如欧洲议会、欧洲理事会、理事会、欧盟委员会、欧洲联盟法院乃至欧洲中央银行、审计院都在欧盟反恐和对外合作中扮演一定的角色。欧洲议会与理事会共同行使有关反恐立法和预算职能，并可行使有关条约规定的政治监督和咨询职能。欧洲理事会由成员国国家首脑或政府首脑以及理事会主席和委员会主席组成，无疑处于欧盟反恐机制的最顶层，确定欧盟的总体政治方向和优先事项，根据有关条约行使政策制定和协调职能，与欧洲议会共同行使立法和预算职能，理事会主席以其级别和身份在与欧盟共同外交与安全政策有关的事项上对外代表欧盟，任命欧盟外交与安全政策高级代表。欧盟委员会是欧盟的常设执行机构，以促进欧盟的整体利益为己任，可以提出动议（联盟的立法性法令只能在委员会提议的基础上通过，其他法令也应在委员会提议的基础上通过），执行预算，对联盟的规划进行管理，除共同外交与安全政策及《欧洲联盟条约》和《欧洲联盟运行条约》规定的其他情形外，对外代表联盟。欧盟把恐怖主义袭击作为一种犯罪行为，欧洲联盟法院在其中扮演了非常重要的角色，而欧洲中央银行在金融反恐方面能够发挥重要作用，但它们的重要作用更多地体现在欧盟反恐实践的内部治理方面。[①]

除了上述基本制度安排外，"9·11"事件后，欧盟的一些具体机构由于反恐而得到了加强，承担了反恐和进行国际合作的重任。其中一些是通过反恐强化了其职能，例如欧洲刑警组织和欧洲法院；还有的是专

[①] 《欧洲联盟基础条约——经〈里斯本条约〉修订》，程卫东、李靖堃译，社会科学文献出版社 2010 年版，第 37—42 页。

门的反恐机构,例如欧洲反恐协调员;还有的其职能中就包含着反恐及进行国际合作的任务,例如欧盟负责共同外交与安全政策高级代表(《里斯本条约》2010年生效后为欧盟外交与安全政策高级代表)及其领导下的欧盟对外行动署(《里斯本条约》生效前为欧盟对外关系总司)。

欧洲刑警组织是欧盟反恐的最重要的机构。1991年12月9—10日的马斯特里赫特会议上,欧共体成员国同意设立欧洲刑警组织,取代20世纪70年代开始的欧共体警务协调合作性质的"特莱维小组",主要是为了预防国际犯罪。但由于安全警务属于国家主权中最为敏感内容,合作还是比较困难。1993年成立的欧洲刑警组织毒品部是最早成立的部门,1999年7月1日欧洲刑警组织才得以正式成立。和一国之内的警察组织不同,欧洲刑警组织并不是一个行政部门,它没有超国家主权的权力开展实际调查、侦查和逮捕活动,成立该组织的目的是在成员国之间展开警务合作,反恐只是其任务的一部分,而涉及这一部分业务时,也仅仅是发挥信息和情报的交换、联系和协调、反恐形势的分析与评估等作用。

欧盟司法组织的成立比欧洲刑警组织要更晚一些。随着欧盟警务合作的发展,欧盟开始担心欧洲刑警组织的发展超越司法监管,方提出展开欧洲司法合作。2002年2月28日欧盟才正式成立欧洲司法组织,其作用主要是促进和改善成员国司法协调与合作,在跨国犯罪案件中为不同成员国的检察官、逮捕官以及法官提供及时的法律建议和援助。[①] 它除了与欧盟内机构和部门进行合作外,还与其他非欧盟国家及国际组织发展合作关系,与美国、挪威等20余个国家建立了合作关系,以提高双方在打击跨国犯罪包括恐怖主义袭击等犯罪行为的效率。

欧盟外交与安全政策高级代表及欧盟对外行动署在对外反恐合作中发挥重要作用。2009年的《里斯本条约》决定设立外交与安全政策高级代表一职和欧盟对外行动署,被认为是《里斯本条约》所做的重大制度创新。高级代表职位整合了此前欧盟共同外交与安全政策高级代表、外交理事会主席(前身是总务与外交理事会主席,由成员国轮流担任)、欧

[①] 郭秀玲:《9·11后欧盟反恐:政策、实施与评估》,博士研究生学位论文,外交学院,2018年,第113页。

盟委员会对外政策专员等职位的职能，同时还兼任欧盟委员会副主席。1993年生效的《马约》确立了欧盟共同外交与安全政策，其秘书处合并在总秘书处，其作用无关轻重，于是1997年的《阿姆斯特丹条约》进行了制度创新，设立了欧盟负责共同外交与安全政策高级代表一职，高级代表同时兼任理事会秘书长。条约对该职位的职责规定有限，但首任高级代表索拉纳使其成为一个有影响的职位，并且由于后来欧盟共同安全与防务政策出台后索拉纳被任命为西欧联盟秘书长，而使这个职位在对外合作和安全政策领域尤其是在反恐领域具有举足轻重的影响，欧盟的首个安全战略即《欧洲安全战略》就是在高级代表索拉纳领导下制定的。欧盟委员会对外关系专员职位曾是一个重要职务，负责共同体支柱下主要是对外经济政策。欧盟委员会在1993年将隶属于总秘书处的欧洲政治合作处重组为第1A总司，负责共同外交与安全政策。此外欧盟负责对外关系的还有其他涉外总司，相互之间难免扯皮，于是1999年欧盟又把这些涉外机构重组为对外关系总司，并任命彭定康为欧盟委员会负责对外关系的专员。《里斯本条约》生效后，欧盟又进行了重大的制度创新，打破了原来的支柱划分，整合了欧盟对外关系事务，于2010年12月设立欧盟对外行动署，协助欧盟外交与安全政策高级代表履行其在共同外交与安全政策、共同安全和防务政策以及相关对外政策领域的协调工作，这样，欧盟外交与安全政策高级代表的职责范围大大增加，在反恐领域及其国际合作方面具有重要作用。

欧盟反恐协调员是"9·11"事件后欧盟新设立的反恐机构。2004年马德里恐怖袭击发生后，欧盟成员国迅速达成共识，在欧盟共同外交与安全政策高级代表哈维尔·索拉纳的职位下设立欧盟反恐协调员，负责与各成员国进行反恐协调方面的工作。反恐协调员的工作包括如下几个方面：协调司法及内政事务委员会的反恐工作，对欧盟在这方面的相关文件进行梳理，确保理事会决定的有效后续执行，监督欧盟反恐战略的执行，加强欧盟与第三国的沟通。第一任欧盟反恐协调员为戴弗利斯，2007年之后由德科尔乔夫接任至今。因此，反恐协调员的设立，有助于欧盟与世界其他国家和国际组织之间的联系与合作。

"9·11"事件之后，欧盟反恐战略思维发生重大调整，反恐由被视为成员国内部事务到被认为需要全体成员国合作的事业，欧盟对外反恐合作也由成员国与外界的双边合作发展到强调欧盟层次的对外反恐合作。但总的来看，反恐仍被欧盟认为是重要的内部安全事务，是欧盟警务与内务合作的重要事项，是政府间决策事项，欧盟机构只能起到协调作用，包括欧盟的对外反恐合作。"9·11"事件之后，欧盟加强了其内部的反恐合作，特别是几次严重的恐怖袭击，推动了欧盟反恐合作在欧洲层次的深化和发展，使欧盟的反恐机制得以深化，对内通过了《欧洲逮捕令》和《欧洲统一证据令》等①，对外则通过设立欧盟外交与安全政策高级代表、对外行动署以及反恐协调员等机制，强化了与第三方的合作。

第三节　欧盟国际反恐合作的理念和实践

由于欧盟是主权国家组成的地区一体化组织，而属于安全议题的反恐问题则是主权领域最为敏感的话题，反恐的国际合作历来是由成员国主导的，同时由于认知上的差异，欧盟对外反恐合作和主权国家的反恐合作相比有其自身特点。由于在反恐问题上存在司法合作等问题，价值理念和法律制度在其中影响比较大，与不同国家的合作也有很大差别。美国无疑与欧盟在价值理念和法律制度上是最相近的国家，欧盟的周边国家是欧盟反恐最为关注的地区，而由于东盟所在的东南亚地区也为恐怖主义活动比较严重的地区，同时东盟也是区域一体化中较有特色的组织，也是欧盟合作的重点地区，我们选择这三类国家和地区作为我们研究欧盟对外反恐合作的重点地区。从议题上看，反恐议题所涉及的政策领域涉及警务和执法合作、司法合作、金融合作、对外援助等，这是我们研究欧盟国际反恐合作的主要内容。

---

① 这是欧盟内部在反恐合作方面取得的最突出成就。《欧洲逮捕令》取消了此前成员国间的引渡程序，引入了相互承认原则，"移交"取代"引渡"，使对跨国犯罪的处理从外交、司法和内政等单位合作执行的程序变为仅仅由国家司法机关执行的程序，简化了程序，加快了进程。《欧洲统一证据令》的目的是推动成员国以相互承认为原则，在刑事司法过程中证据传递方面进行快速合作。这两项措施对欧盟加强成员国间的合作意义重大。

一 警务与执法

由于恐怖主义被欧盟认为是严重的刑事犯罪，反恐被认为主要属于警务与执法领域的重要事项，因此国际反恐合作也主要是通过欧洲刑警组织与第三方合作来实现的。欧洲刑警组织具有法人资格，它与第三方在反对有组织犯罪或反恐领域的合作需要签订协议来进行确认，这种协议有两种，一种是"战略"协议（strategic agreement），一种是"业务"协议（operational agreement）。这两种类型的协议在深度和范围上有很大不同。战略协议仅限于交换非个人数据，即战略和技术数据；业务协议则有可能包括交换个人数据，即与被识别或可识别的自然人有关的数据。[1] 也就是说，战略协议不包括个人资料的转移，而业务协议则包括。因此，欧洲刑警组织与签署业务协议的国家和组织的合作相对要比签署战略协议的国家和组织的合作密切一些。欧洲刑警组织已经与第三方签署了20项业务协议，合作对象包括阿尔巴尼亚、澳大利亚、波斯尼亚黑塞哥维那、加拿大、哥伦比亚、北马其顿、格鲁吉亚、冰岛、列支敦士登、摩尔多瓦、摩纳哥、蒙特内格罗、挪威、塞尔维亚、瑞士、乌克兰、美国、欧洲司法组织（Eurojust）、欧洲边境与海岸卫队机构（Frontex）、国际刑警组织（Interpol）；签署了15项战略协议，合作伙伴包括阿拉伯联合酋长国、土耳其、俄罗斯、以色列、中国、世界海关组织（WCO）、联合国毒品与犯罪办公室（UNODC）、欧盟知识产权办公室（EUIPO）、网络与信息安全欧盟机构（ENISA）、欧盟执法培训机构（CEPOL）、欧盟毒品与毒瘾监视中心（EMCDDA）、欧洲疾病预防与控制中心（ECDC）、欧盟委员会、欧洲央行（ECB）和欧洲反欺诈办公室（OLAF），和中国的战略协议是2017年4月19日签署的。[2] 这些协议都包含反恐协作方面的内容。下面我们举例讲述欧盟的对外警务和执法合作。

欧盟与美国在警务与执法合作方面最为密切，并且通过欧洲刑警组

---

[1] Felix Heiduk, "In it Together Yet Worlds Apart? EU – ASEAN Counter – Terrorism Cooperation After the Bali Bombings," *Journal of European Integration*, Vol. 36, No. 7, 2014, p. 705.

[2] 数据截至2018年7月。参见欧洲刑警组织网站："伙伴和协议"栏目，https://www.europol.europa.eu/partners-agreements。

织与美国签署国际合作协议。① 2001 年 12 月 6 日，即"9·11"事件之后不久，双方即签署了第一份合作协议——《个人数据信息交换协议》。该协议主要关注严重国际犯罪，包括可能对人身、自由或财产造成伤害的恐怖犯罪行为或其他可能的犯罪行为相关的战略和技术信息交换。鉴于这类信息对个人权益的重要性，2002 年 12 月 22 日，双方又签订了《个人数据相关信息交换的补充协议》，重点关注了数据保护方面的问题。2001 年 11 月起，美国加强了入境审查，要求各国航空公司运营的飞抵美国、从美国起飞或者途经美国的航班需要向美国当局提供旅客的航空信息电子数据，但欧盟 1995 年通过的《欧盟数据保护指令》第 25 条则规定欧盟禁止将数据提供给在数据保护方面被认为不具有高标准的国家，而美国则被认为是这样的国家。为避免航空公司陷入麻烦，从 2001 年 12 月起，欧盟和美国就旅客姓名登记（PNR）协议进行了谈判。2004 年 5 月 27 日双方签署协议。这个协议的签署特别不容易，欧洲议会数次以该协议违反数据保护指令为由进行干扰，欧洲法院于 2006 年 5 月废止了该协议。双方重开谈判并于 2007 年 7 月达成第二份旅客姓名登记信息协议，仍然没有获得欧洲议会的通过，认为不符合《欧盟数据保护指令》。美国布什政府 2007 年被迫通过一项临时协议来应对这一情况，并确保数据交换的进行以满足反恐需要。在与美国再次谈判之后，欧洲理事会通过了该协议，2012 年新的协议在欧洲议会获得通过。目前，欧盟仅仅与美国、加拿大和澳大利亚达成协议。而现实情况是，为了应对反恐需要，越来越多的国家要求欧盟航空企业提供 PNR 数据。②

欧盟与周边国家的合作对欧盟反恐具有重要意义。欧盟从 2003 年起就推出了"周边政策"，试图在欧盟扩大后通过建立新朋友圈来保障欧盟的繁荣稳定，反恐是其中一项重要考虑。但欧盟与邻国之间的警务和执法合作非常有限，欧洲刑警组织没有与这些国家签署任何协议。2005 年通过的欧盟针对摩洛哥政策的行动计划表示，考虑欧洲刑警组织与摩洛

---

① 根据 1995 年欧洲刑警组织公约第 26 条，该组织有法人资格，可以在国际法框架内与第三方签署协议。

② 叶磊：《提交乘客数据 or 违反欧盟法律？欧航企陷入两难》，民航资源网，2015 年 4 月 3 日，http://news.carnoc.com/list/310/310839.html。

哥展开有关反恐行动协议的谈判。2005年2月欧洲理事会授权欧洲刑警组织与以色列就双方合作的业务协议进行谈判。在与其他国家合作的政策文件中，很少涉及警务和执法合作的议题，原因是欧盟认为这些国家缺乏数据保护方面的立法、在人权方面存在缺陷例如存在死刑等问题，造成警务和执法方面合作的困难。

欧盟与东盟在"9·11"事件之后加强了警务和执法合作，原因是东南亚存在基地组织的分支。2002年10月12日印尼旅游胜地发生恐怖爆炸事件，造成204人死亡，200多人受伤，其中包括50多名欧盟公民，同时，恐怖袭击事件也表明，马六甲海峡也可能成为恐怖袭击的目标，欧盟和东盟加强警务和执法合作共同反恐被提到议事日程。2003年1月份召开第14届欧盟—东盟部长级会议，会上发布的《反恐合作联合声明》表示要加强欧洲刑警组织与东盟刑警组织之间信息沟通。[①] 但联合声明在涉及执法部门和情报机构之间的合作问题上只是表明了非约束性的、非常笼统的意向。警务和执法合作在欧盟和东盟所有战略文件中都有所提及，这种合作包括欧盟和东盟层面的机构，既是欧洲刑警组织和东盟刑警组织之间的合作，也是欧盟与东盟成员国执法机构之间的合作。尽管欧洲刑警组织在欧盟内部由于缺乏超国家的权力，不被欧盟成员国的执法和情报机构信任，但在欧盟和第三方反恐领域的合作方面，却越来越成为一个重要的合作机构。但是，欧洲刑警组织却至今未与东盟或其他成员国达成任何"战略"或"业务"协议。欧盟一直在和印尼进行合作，支持印尼警察和反恐领域的能力建设。

二　司法合作

欧盟与第三方在司法领域的合作主要是在引渡、司法互助等领域的合作。这方面的工作主要由欧洲司法组织（Eurojust）承担。欧洲司法组织是1999年才开始由理事会提议组建的，"9·11"事件导致其迅速建立

[①] 14th ASEAN – EU Ministerial Meeting, "Joint Declaration on Cooperation to Combat Terrorism," Brussels, January 27 – 28, 2003, p. 2. https：//cil. nus. edu. sg/2003/2003 – jiont – declaration – on – cooperation – to – combat – terrorism/.

起来，目的是促进欧盟成员国间的合作以及欧盟与第三方的合作，并把反恐作为其合作的重点领域。欧盟反恐协调员曾经呼吁通过欧洲司法组织加强与第三方的合作。[1] 欧洲司法组织也具有法人资格，能够与第三方或者国际组织签署合作协议，承担欧盟与第三方司法协助或引渡请求的法律后果。欧洲司法组织与美国、挪威、瑞士等国签署了多项合作协议。由于司法触及双方的法治理念和法律规定的差异，欧盟与第三方进行深入的合作往往有一定难度。

与美国的司法合作是欧盟对外反恐合作最为重要的一个方面。2001年9月20日，欧盟司法和内务理事会就决定同美国就恐怖犯罪的量刑合作协议展开谈判。2003年6月欧盟与美国签署了引渡及司法互助协定，这是欧盟与第三方在刑事司法合作方面签署的第一项协议。在引渡方面，双方将推动因犯罪行为被剥夺自由一年及以上人员的引渡合作；在司法领域，双方将在更广泛的领域进行合作，包括与刑事调查和起诉相关证据的分享、简化引渡的流程、建立司法部门间的联络中心以及保密数据的分享。即便是最为亲近的盟友，由于法律规定不同，双方的司法合作仍然存在不少矛盾和困难，例如欧盟对美国很多州保留死刑表示反对，而美国则常指责欧盟的刑罚过于宽松。

欧盟很重视与周边国家的司法合作，但合作非常有限且不对等。例如在与地中海国家的司法合作中，欧盟侧重向地中海和中东国家邻国传递"好的经验"，关注的重点是欧盟经验和价值规范的传输，与多数国家的合作并没有具体涉及反恐合作，只有在与以色列、约旦、黎巴嫩和埃及等国合作中提出要进行反恐领域的司法合作，但也没有具体指出如何进行合作。欧洲司法组织与以色列有较为密切的合作，欧洲司法组织在以色列设置了一个联络点。但欧盟与邻国在司法合作中也存在很大障碍，除价值理念上的原因，还由于一些具体规定，例如欧洲司法组织在数据保护方面的规定。

欧盟与东盟虽然在司法领域展开合作，合作的目标是打击包括恐怖

---

[1] Council of the European Union, "Judicial Dimension of the Fight against Terrorism—Recommendations for Action," 13318/1/10. Brussels, 2010.

主义在内的重大跨国犯罪，但欧盟并没有与东盟或任何国家达成协议。主要障碍在于欧盟与第三方合作的标准与东南亚现行司法制度之间存在显著的差异，例如缺乏数据保护的法规，东盟很多成员国尚未签署国际反酷刑公约，东盟的一些成员国允许无限期拘留嫌犯以及这些国家仍然存在死刑等。

三 金融领域的反恐合作

切断恐怖组织的经济命脉，使其无法获得经济来源是在金融领域反恐的重要任务。2006年9月联合国大会通过的《联合国全球反恐战略》中很大一部分内容就是以反洗钱为主要内容的国际金融反恐。金融反恐具体包括三个方面：一是国际公约与国家法律将恐怖融资行为规定为犯罪，通过刑法打击恐怖融资，追究行为人的刑事责任；二是国际社会快速、及时冻结、扣押、没收恐怖组织及个人、恐怖主义资助者的各种资产，彻底瓦解国际恐怖主义的融资能力；三是国际国内加强金融监管，预防恐怖组织和个人利用金融系统筹措或转移资金。[①]

欧盟与美国在金融反恐方面的合作主要涉及全球银行间金融电信协会（SWIFT）协议。SWIFT是银行业国际合作组织，联结全球9000多家金融机构，掌握着银行交易数据信息，对美国主导的金融反恐意义重大。从欧盟之前与美国开展的恐怖分子财务追踪计划的合作经历来看，欧盟也从有关金融合作中获益很多。但欧盟认为从全球银行间金融电信协会获得的有关金融交易的信息只能用于与银行业相关的目的，不能用作其他目的，否则便违反了欧盟金融数据保护规定。欧美为此展开了紧张的谈判。2009年11月30日欧盟就SWIFT数据传递与美国签署了双边协议，但遭到欧洲议会的否决。欧盟被迫重新谈判，2010年6月完成了谈判，7月在议会获得通过。经过艰难谈判达成的协议在确保欧盟向美国提供欧盟境内的有关金融交易数据的同时，欧盟也能够通过美国开展的恐怖分子财务追踪计划获得相关信息。

金融领域的合作是欧盟在反恐方面同周边国家合作较好的领域。欧

[①] 王文华：《论国际金融反恐的现状与反思》，《国际论坛》2008年第3期。

盟周边国家尤其是南部邻国的经济和银行系统的具体特点使这些国家的洗钱和恐怖融资问题很严重。在欧盟的周边政策中，恐怖主义融资和洗钱成为重要议题。欧盟尤其重视反洗钱金融行动特别工作组提出的规定对这些国家的指导意义，几乎对所有的周边国家都特别强调了该工作组的标准。反洗钱金融行动特别工作组是西方七国专门为反洗钱在巴黎成立的政府间国际组织，是世界上最具影响力的国际反洗钱和反恐融资领域最具权威的国际组织之一，其反恐融资九项特别建议是反恐融资最权威文献。欧盟针对突尼斯的行动计划要求其执行反洗钱和反恐怖主义融资方面的法律；针对摩洛哥的行动计划则要求其根据反洗钱金融行动特别工作组的建议，在洗钱和恐怖主义融资方面继续发展有效的法律框架；针对其他地中海和中东邻国的行动计划没有包括执行或者完善有关法律的要求，仅仅包含信息交换措施以及与欧盟在金融反恐方面进行合作等方面的规定；针对以色列、约旦和黎巴嫩的行动计划则要求三国根据反洗钱金融行动特别工作组的建议标准加强合作以打击恐怖主义的融资行为。

反洗钱和反恐融资是欧盟与东盟国家合作的重点领域。2002年欧盟曾经在东盟的帮助下，成功冻结了菲律宾一些恐怖分子头目在海外的金融资产以及巴厘岛爆炸案主谋"伊斯兰祈祷团"在欧盟的资产。东盟中有一些国家例如印度尼西亚、泰国、缅甸和越南被反洗钱金融行动特别工作组列为二类非合作国家和地区，[①] 菲律宾、柬埔寨和文莱被认为有进展，但仍没有完全遵守相关措施。在金融反恐领域，欧盟与东盟进行了一些切实的合作，并把欧盟要求的标准在亚洲推行。

四 反恐合作中的对外援助

欧盟反对把战争作为反对恐怖主义的手段，认为反恐是一个长期的问题，需要从根源上来加以解决。正是从这一点出发，对外援助成为欧

[①] 反洗钱金融行动特别工作组每年发布报告，对未遵守其制定的反洗钱国际法规的国家进行监督，那些在全球打击洗钱和恐怖融资活动中未遵守规则的国家和地区被称为非合作国家和地区，这些国家分为两类，一类是不合作国家，另一类是配合相关规定但其反洗钱和反恐融资仍有重大缺陷的国家。

盟重要的反恐手段。对于欧盟的对外援助，前面章节已经有更加详细的阐述，这里专门从反恐角度谈谈反恐合作中的对外援助。欧盟对外援助的重点现在越来越关注周边国家，关注恐怖主义组织最为活跃的地区，试图通过援助，尤其是通过促进良好的治理，来促进恐怖主义易发地区的繁荣发展和民主制度的建立，形成繁荣稳定的周边地带。在对世界其他地区以反恐为目的的对外援助中，良好的治理也是援助的重要方向。

欧盟作为世界上最大的发展援助提供者，积极谋求通过发展援助，以经济发展和技术进步来消除恐怖主义滋生的经济和社会根源。欧盟在与第三国的发展援助协议或贸易协定中除了加入民主、人权和良好治理等政治性条件外，还加入了反恐条款，谋求通过建设性对话和经济措施鼓励改革，实现经济社会稳定。[1] 欧盟不仅在与周边国家如黎巴嫩、克罗地亚、马其顿等国签署的贸易协议中加入了反恐条款，[2] 还在与阿尔及利亚、摩洛哥、突尼斯等马格里布地区的国家签订协议中加入了反恐条款。

非洲被视为欧洲的后院和近邻，发展援助历来是欧盟与非洲关系的重要议题，但"9·11"事件之后，欧非关系迅速向安全议题转移。2003年11月欧洲理事会批准设立了欧洲和平基金，用于增强非洲预防、管理和解决冲突的能力。2004年3月，欧盟批准从第9期欧洲发展基金中拨款2.5亿欧元支持非洲维持和平行动。同年，欧盟还通过了《欧洲安全和防务政策非洲行动计划》。欧盟对非援助"安全化"趋势总体上是服务于欧盟反对恐怖主义和稳定周边的需求的。欧盟反恐协调员强烈要求欧盟更加重视安全与发展之间的联系。[3] 西非萨赫勒地区近年来灾害频发，内乱不断，日益成为恐怖主义的温床。该地区的马里等国原来是法国的

---

[1] Franz Eder, "The European Union's counter-terrorism Policy towards the Maghreb: trapped between democratisation, economic interests and the fear of destabilisation," *European Security*, Vol. 20, No. 3, 2011, pp. 431–451.

[2] Christian Kaunert and Sarah Le'onard, "EU counterterrorism and the European neighbourhood policy: an appraisal of the southern dimension," *Terrorism and Political Violence*, Vol. 23, No. 2, 2011, pp. 286–309; Sarah Wolff, "The Mediterranean dimension of EU counter-terrorism," *Journal of European Integra-tion* Vol. 31, No. 1, 2009, pp. 137–156.

[3] Gilles De Kerchove, "Foreword," *Perspectives on European Politics and Society*, Vol. 10, No. 4, 2009, pp. 470–473.

殖民地，同时，内乱不断也使该地区成为欧盟难民来源地和恐怖分子的输出地，因此受到欧盟的关注。欧盟对该地区的援助方式就把发展与安全密切结合起来。2012年欧盟对外行动署发布的关于萨赫勒战略文件的副标题就是《萨赫勒的安全与发展战略》①。

在对东盟的援助中，欧盟和东盟在2003年签署的《打击恐怖主义联合宣言》明确了欧盟对东盟及其成员国反恐措施的支持，在同年欧盟发布的题为《与东南亚建立新的伙伴关系》战略文件中，欧盟指出其支援东南亚的战略重点为支持地区稳定和打击恐怖主义，人权、民主、良好的治理，建立符合世界潮流的司法和内政，加强经济联系，减少贫困和加强具体政策领域的对话与合作等六个领域，其中在具体政策领域的对话与合作方面，其中之一就是司法和内务方面的对话。在2005年2月召开的第15届欧盟与欧共体合作委员会会议上，欧盟同意在2006—2009年启动一项针对东盟的资金总额在400万—600万欧元的地区反恐计划，而东盟则承诺协调其现有反恐中心与欧盟相关机构的联系。② 在2007年欧盟发展与东盟关系的《纽伦堡宣言》中，反恐合作是政治安全合作下的一个子领域。为执行该宣言而提出的2007—2013年的《行动计划》中列出的在"政治与安全合作方面"欧盟支持的项目主要是一些技术援助项目，例如关于小武器和轻型武器的讲习班，关于杀伤性地雷的讨论会，或者参访欧盟的机构等。在2013—2017年的行动计划中，技术援助占据了更大的空间，例如欧盟支持东盟成立新的安全和反恐机构，包括雅加达执法合作中心（JCLEC）、南亚—东亚地区反恐中心（SEARCCT）和国际执法学院。③

---

① European Union External Action Service, "Strategy for security and development in the Sahel," http://www.eeas.europa.eu/africa/docs/sahel_strategy_en.pdf.

② 15th ASEAN-EC Jiont Cooperation Committee Meeting, "Regional Indicative Programme 2005–2006 (ASEAN)," Jakarta, February 2005, pp. 15–19.

③ European Commission, "Bandar Seri Begawan Plan of Action to Strengthen the ASEAN-EU Enhanced Partnership (2013–2017)," Bandar Seri Begawan, 2012, http://www.consilium.europa.eu/uedocs/cms_Data/docs/pressdata/EN/foraff/129884.pdf.

五 欧盟国际反恐合作的特点

欧盟国际反恐合作并没有像其在经济贸易政策方面那样具有突出的成就，主要原因在于欧盟内部在反恐问题上更加强调成员国的责任，更加重视主权问题，成员国内部在反恐问题上认识不一，同时也由于价值理念上欧盟也与世界其他国家存在较大差异，导致欧盟与第三方的合作难以深入。

首先，欧盟反对以战争的手段反恐，认为需要从恐怖主义产生的根源上解决问题。当美国遭受"9·11"恐怖袭击之后，欧盟主要成员国当时的领导人如施罗德、希拉克、布莱尔等在多种场合都纷纷表示对美国的支持，同时表达了在反恐问题上展开国际合作的愿望，认为恐怖袭击事件给各国的一个警告就是，新的安全威胁是没有国界的，各国无法独立解决恐怖主义问题，各国必须更加团结，参加国际合作，共同打击恐怖主义。但是当美国发动"反恐战争"的时候，欧盟却并不乐见使用"战争"一词，而认为军事手段只是反恐的一种方式，政治和外交手段才能维持国际社会的稳定。[①] 当美国以反恐的名义于2003年发动对伊拉克的入侵战争的时候，欧盟在这个问题上与美国发生了巨大的分歧，欧盟主要国家反对美国发动战争，认为反对恐怖主义需要从恐怖主义产生的根源上寻找解决的办法。

其次，坚持发挥自身规范性力量的优势。欧盟在发展对外反恐合作的时候，试图将欧盟的规范和政策外化到第三方或者国际组织。欧盟一直认为自己是一个不同于民族国家的行为体，是"民事力量"或者"规范性力量"，可以以不同于民族国家的方式发挥自己的作用，发挥作用的途径是通过自己的"规则和规范"影响他人。欧盟在东扩的过程中以自己的标准完成了对周边入盟候选国的改造，使其成为繁荣、安全、稳定的欧盟的一部分，在国际反恐合作问题上也希望以同样的方式铲除恐怖主义产生的土壤，将反恐条款引入欧盟与其他国家的合作协议中，以实

---

① 郭秀玲：《9·11后欧盟反恐：政策、实施与评估》，博士学位论文，外交学院，2018年，第48页。

现自己的反恐目标。

最后，坚持基于权利的反恐。欧盟从自身"规范性力量"的立场出发，一直坚持它自己基于权利的反恐路径。"需要鼓励伙伴明确区分国际恐怖主义与和平政治反对派的区别"，强调在反对恐怖主义行动中"尊重人权"，强调"应通过在对话、鼓励和有效支持的基础上与各国政府建立建设性伙伴关系，在政策对话和发展合作的所有方面促进人权和民主治理"。[①] 但过度"基于权利"的反恐，并以此来规范其他国家，改造其他国家，往往造成合作上的障碍。数据的保护成为欧盟与众多国家合作的障碍，例如在与美国的合作中，欧盟反对美国把 SWIFT 数据用于反对恐怖主义。欧盟在与东盟及其他国家展开反恐合作时，东盟有些国家没有加入反酷刑公约，有些国家没有废除死刑等，常常成为欧盟与这些国家展开有效合作的法律障碍。欧盟以"规范性力量"的形象来展开与国际社会的反恐合作，并没有取得其预想的效果。

第四节　反恐行动在对外政策层面的挑战

尽管欧盟在对外合作领域就反对恐怖主义发布了很多文献，也做了很多事情，但是，人们对欧盟的反恐成绩评价并不高。和美国对比就能说明问题。"9·11"恐怖袭击之后，在美国本土很少再发生大的恐怖袭击事件，但是在欧洲多次发生死伤惨重的恐怖袭击事件，尤其是近年在多重危机的冲击之下，恐怖袭击发生的次数和受害者人数都不断增加，让欧洲变得越来越不安全。欧盟在反对恐怖主义的道路上仍然面临很大的挑战。在对外关系领域，至少有以下几个方面值得认真思考。

第一，欧盟在反恐理念上欲通过对周边国家的民主改造来求得恐怖主义问题的最终解决，但价值观外交的实施，并没有促使周边国家的和

---

① European Commission, "A new partnership with Southeast Asia," COM (2003) 399/4, Brussels, 2003.

平与稳定，反而造成更加严峻的反恐形势。

欧盟在美国遭受恐怖主义袭击后开始认识到在欧盟层次上进行反恐合作的必要性，并于2003年推出了《欧洲安全战略》，2005年推出了《欧盟反恐战略》。这个时候，正是欧洲一体化进展顺利，欧盟迅速扩大时期，欧洲人自认为"欧洲从来没有如此繁荣、如此安全和如此自由，20世纪上半叶的暴力让位于欧洲历史上前所未有的和平与稳定"。[1] 在这种情绪下，欧盟自诩为"规范性力量欧洲"，并认为通过把欧洲的价值规范向周边国家推广，无论是周边政策还是发展援助政策，就可以在欧洲周边实现安全稳定，从而从根本上消除恐怖主义产生的土壤，最终消灭恐怖主义。正如索拉纳在2005年3月所指出的："中东的事态很乱。随着要求多元主义、更负责任的政府、更多民主的呼声的增强，人们存在一种乐观主义的预期。由于欧洲具有和平革命的历史、规模庞大的市场以及其援助预算，欧洲能够发挥独特的作用。在这一地区，回答欧洲民主呼吁的时间已经到来了。"[2] 欧盟前任反恐协调员戴弗利斯2006年说："反对恐怖主义的斗争，首先且主要是一场价值观的斗争。要让人心服口服地赢得这场战争，我们的反恐政策必须尊重我们要捍卫的那些权利和价值，包括囚犯的权利。阿布·格拉希布、关塔那摩和美国中央情报局的做法，已经损害了美国在世界上的形象，并影响了我们的反恐斗争。信誉重于一切。欧盟仍然相信，在这场战争中，我们将遵循已经得到确认的国际法律准则，包括国际人权法律。任何战争模式都应该在这些准则范围内进行。"[3]

2004年6月，欧盟成员国政府通过了反恐行动计划。行动计划从表面上看给人以深刻的印象，但其设定的一些外交政策目标则非常含糊，例如，其中一项措施指出，欧盟（包括成员国、欧盟委员会、理事会和

---

[1] European Unon: "A Secure European in a Better World: European Security Strategy," Brussels, 12 December, 2003.

[2] Javier Solana, "Europe's Leading Role in the Spread of Democracy," *Financial Times*, 14 March 2005.

[3] Gijs de Vries, "The Fight Against Terrorism: Five Years After 9/11," Presentation at Annual European Foreign Policy Conference London School of Economics & King's College London, 30 June 2006. http://www.consilium.europa.eu/uedocs/cmsUpload/060630LondonSchoolEconomics.pdf.

主席）应该"促进欧盟以外地区的善治、民主、教育和经济繁荣"。[1] 2005年12月，欧盟还通过了一个目标更加宽泛的《反恐战略》[2]，该战略把欧盟反恐行动计划中所罗列的所有行动分别组织在四个标题之下：预防（针对的是恐怖主义产生的土壤）、追踪（利用情报信息来逮捕恐怖分子）、保护（安全措施）和反应（紧急反应），其中把民主改革作为铲除恐怖主义所产生的土壤的措施。

欧盟试图通过价值观输出对其他国家进行民主改造来最终消除恐怖主义的理念，是来自充满争议的"民主和评论"。[3] 依据这种理论，欧美自由民主国家之间不会发生战争，自由民主模式在世界的推广将带来一个和平的世界。且不说两次世界大战主要是在欧美国家之间展开，"二战"中战争元凶独裁者希特勒是经自由民主选举上台的，单就"民主和评论"如何验证就是一个问题。实际上，这种"民主和平论"隐藏着"文明优越论"，试图以一种文明改造另一种文明，一种文明征服另一种文明，欧洲人自所谓的"地理大发现"以来就一直在做这种事情。在经过2011年以来中东北非的动乱和乌克兰危机之后，欧盟的周边安全形势严重恶化，尤其是中东北非动乱，叙利亚内战的久拖不决，反而产生了更加有利于恐怖主义势力生存的土壤，恐怖主义极端势力"伊斯兰国"迅速崛起，并与欧洲各国境内的极端势力相勾连，而成为威胁欧洲安全稳定的恐怖力量。通过输出价值规范的反恐模式最终让欧洲面临越反越恐的局面。

第二，尽管欧盟在"9·11"事件之后转变观念，认识到成员国之间及欧盟与外部合作反恐的必要性，但由于主权问题的敏感性和成员国对

---

[1] Council of the European Union, "Implementation of the Strategy and Action Plan to Combat Terrorism", Brussels, 20 May, 2007. http：//register. consilium. eu. ent/pdf/en/05/st14/st14469 – re04. en05. pdf.

[2] Council of the European Union, "The European Union Counter – Terrorism Strategy," Brussels, 30 November, 2005. http：//register. consilium eu. int/pdf/en/05/st14/st14469 – re04. en05. pdf.

[3] Michael Doyle, "Kant, Liberal Legacies, and Foreign Affairs," Philosophy and Public Affairs, Summer 1983, pp. 323 – 353; Bruce Russett, "Grasping the Democratic Peace：Principles for a Post – Cold War World," Princeton, 1993.

恐怖主义威胁的感知不同，欧盟在协调各成员国反恐工作的时候仍然遇到较大困难，尤其是在对外合作方面。

欧盟各成员国政府原则上都认同恐怖主义威胁的跨国性质决定了欧盟开展国际反恐合作是好事，但它们并不情愿赋予欧盟更多权力和资源。由于反恐属于安全问题，是政府间决策事项，仍然属于敏感的主权范畴，成员国更希望自己掌握主动权，不愿意给予欧盟那些能够干预它们当前的法律、国家安全实践及其与第三方关系的权力。在英国脱欧公投中，大力宣扬恐怖主义威胁就是"脱欧派"成功的重要手段。事实上，欧盟通过情报、侦察、司法等途径反对恐怖主义的能力确实非常有限，它不能逮捕和审讯恐怖分子，也不能使用卫星或间谍跟踪恐怖分子，绝大多数反对恐怖主义的工作是由地方警察和各国政府官员来做的。另外，由于欧盟成员国众多，对恐怖主义威胁的感知不同，国内法律和机制不同，很难统一行动。因此，尽管欧盟最近一些年在欧洲各国遭受重大恐怖袭击后抓住机会加强了在反恐问题上的协调，但成员国希望自己掌握对外合作主动权的愿望仍非常强烈。例如，2004年，法国和西班牙建立了联合反恐机构，该机构由法官和警察组成。英国和爱尔兰政府在2004年签订协议深化它们之间已有的反恐协作。2005年7月，比荷卢三国、奥地利、法国、德国和西班牙签署了关于应用生物信息资料加强警务合作的《普鲁姆条约》，条约写入了包括共享DNA和指纹信息以及在航空器安全方面执行共同的规则等。另外，欧盟最大的6个国家（法国、德国、意大利、波兰、西班牙和英国）的内政部部长已经形成了定期开会讨论反恐方面事务的机制，被称为"六国集团"，它们在共享反恐信息方面也与其他欧盟国家进行了更加密切的合作。2004年马德里恐怖袭击发生之后，奥地利和比利时建议欧盟应该建立类似美国中央情报局的机构，但成员国中那些拥有强大情报资源的国家例如法国、德国、意大利、西班牙和英国，强烈反对建立欧盟的情报机构，担心这样做会造成泄密。[①] 它们的情报机构只希望和少数国家分享最敏感的情报。欧盟反

---

① Björn Müller-Wille, "Improving the Democratic Accountability of EU Intelligence," *Intelligence and National Security*, Vol. 21, No. 1, 2006, pp. 100-128.

恐协调员德科尔乔夫（Gilles de Kerchove）指出，在欧洲刑警组织建立的信息库中，2016年90%的信息来自欧盟28个成员国中的5个。① 在与第三方合作上，成员国更是倾向于绕开欧盟，在欧盟制度和政策框架之外与欧盟以外的一些国家建立更为紧密的合作。例如，英国和巴基斯坦的合作就比欧盟和巴基斯坦的合作要密切得多，而法国与阿尔及利亚的合作也更加密切，同样，欧盟主要成员国与美国的合作也要高于欧盟与美国的合作。

第三，在欧盟制度安排中反恐的重点放在了司法与内务合作方面，使欧盟在反恐的具体制度设计上从一开始就不利于对外政策发挥作用。

欧盟最初把反恐行动主要限制在司法与内务领域，因为反恐首先包含司法，但这意味着对外关系事务被边缘化了。这就导致在欧盟的反恐努力中外交政策相对缺位。2004年3月，就在马德里爆炸事件发生3天之前，欧盟负责外交和安全政策的高级代表贾维尔·索拉纳完成了关于欧洲反恐努力的内部报告。该报告分析了欧盟在反恐问题上三个方面的缺陷，其中就包括欧盟在司法、外交和防务政策方面官员之间的合作效率低下。② 欧盟2004年的反恐行动计划中有关解决内部威胁的措施例如共同逮捕、证据担保等更加详细而具体，并得到资金的支持，而针对外部威胁的措施则不然。欧盟委员会在2007—2013年间平均每年花费2亿欧元用于安全技术的研究，③ 比欧盟此前的预算框架提出的数目翻了10番。而针对恐怖主义威胁的国际合作，包括花费在移民政策方面的费用，则很难找到一个具体的数字。之所以出现这种情况，原因之一就是负责内务的部长们掌握着欧盟的反恐政策。

机构设置的重复、机构之间职能不清，影响了欧盟的对外合作。

---

① 夏莹：《"007"面对恐袭也没辙，欧盟讨论是否需要一个FBI》，《欧洲时报》2017年8月21日。

② Daniel Keohane, "The EU and Counter‐Terrorism," Centre for European Reform Working Paper, May 2005.

③ Commission of the European Communities, "□5 Million Funding for Security Research to Combat Terrorism," Press Release Reference：IP/06/1390, Brussels, October 13 2006. http：//europa.eu/rapid/pressReleasesAction.do? reference = IP/06/1390&format = HTML&aged = 0&language = EN&guilanguage = en.

2004年马德里恐怖袭击之后，在成员国的支持下，索拉纳任命戴弗利斯为反恐协调员。但他干了3年就辞职不干了，辞职的原因是该职位尽管由负责共同外交与安全政策的高级代表所领导，但其职责不清。英国上院2005年3月发表的一份报告对戴弗利斯面临的挑战做了如下归纳："在一个对角色和职责做出明确要求是至关重要的领域，我们发现，欧盟内部为反对恐怖主义而设立的组织结构却令人感到复杂而困惑。"[①] 有学者指出："总体而言这（反恐协调员）很快就被视为一个没有职权的无效职位。"[②] 人们普遍认为反恐协调员相当无能为力，缺乏迫使成员国合作的真正权力，过于依赖成员国的善意，而且总体上没有任何真正的"增益"。[③] 甚至一些成员国建议取消该职位。[④] 这个职位很没有吸引力，直到6个月后即2007年9月才新任命了德科尔乔夫（Gilles de Kerchove）为反恐协调员。

欧盟委员会的一些官员一直非常担心反恐协调员的设立会限制他们所在机构的权力，一直在怀疑反恐协调员是在理事会中替各国政府做工作。但是，欧盟委员会内部也存在机构设置重复、职责不清的问题，因为司法、自由和安全总署（这是欧盟委员会中最小的总署）的官员试图协调在反恐中发挥一定作用的欧盟委员会的其他一些总署，包括内部市场总署（该总署在制止洗钱方面提出过立法建议）、研究总署（该机构为高级的安全技术提供财政资助）等。另外，还有很多其他的机构和委员会在欧盟反恐的不同方面发挥着作用，它们不仅包括欧洲警察组织和欧洲法院，还包括由各国的外交部官员组成的"恐怖主义工作小组"和警长行动部队（Police Chiefs's Task Force）。它们都能在对外反恐合作中发挥一定的作用，但职责不清、机构设置重复往往使问题复杂化，反而不

[①] House of Lord, European Union Committee, "After Madrid: the EU's Response to Terrorism," March 2005. http://www.publications.parliament.uk/pa/ld200405/ldselect/ldeucom/53/53.pdf.

[②] Alex Mackenzie, Oldrich Bures, Christian Kaunert & Sarah Léonard, "The European Union Counter-terrorism Coordinator and the External Dimension of the European Union Counter-terrorism Policy," *Perspectives on European Politics and Society*, Vol. 14, No. 3, 2013, pp. 325–338.

[③] Oldrich Bures, *EU Counterterrorism Policy: A paper tiger?* Farnham: Ashgate, 2011, p. 15.

[④] Javier Argomaniz, *Counter-terrorism policy-making in the EU*, PhD thesis, University of Nottingham, 2008, pp. 114, 204.

利于对外合作的展开。

第四，欧盟是由区域经济一体化组织发展而来的，缺乏"硬实力"，其更容易成为一个经济合作伙伴，而不是在地区安全结构中发挥主导作用，这一特性限制了其在反恐国际合作中作用的发挥。

欧盟从经济一体化开始起步向社会治理领域扩展，并逐渐加强在政治安全领域的合作，但由于主权问题的敏感性，政治与安全领域的一体化很难推进，一旦成员国感到欧洲一体化出现了超国家苗头，就会激起强烈的反弹。《欧洲宪法》被否决、英国脱欧就是鲜明的例子。受到欧盟这一特性的限制，欧洲学者试图从另一角度来定义欧盟的国际角色，例如把其说成是"民事力量""规范性力量"，认为其通过非军事力量或者规范来发挥影响，把欧盟说成是国际行为体中的"楷模"，"规范"的制定者和引领者。实际上这恰恰反映了欧盟在解决恐怖主义问题的力量上的缺陷：欧盟在政治和安全领域一体化程度不够，难以形成有效的力量。在硬实力不行的情况下，只能强调能够突出其软实力的"民事力量""规范性力量"这些概念。

欧盟的这种特性，导致了其在反对恐怖主义问题的认识上和国际合作实践上也不同于国家行为体。例如美国和欧盟的分歧就体现在美国倾向于用战争的手段解决问题，而欧盟则试图通过价值规范的输出即长期的政治手段解决问题。欧盟认为，战争是针对国家的，而恐怖分子是罪犯，并不适合使用战争这个词。法国外交部负责政策规划的前领导人吉勒·安德丽雅尼（Gilles Andreani）就很有代表性地表达了欧洲人的这种意见，他认为美国发动的反恐战争是"好的事业"但却是一个"错误的概念"。[1] 正是由于存在这样不同的认识，尽管欧盟和美国在共享飞机乘客的信息、海运货物的扫描检查、引渡恐怖分子嫌犯等方面已经签署了很多协议，但是，美国国防部的一些官员更热衷于在反恐中发挥北约的作用，而不是深化与欧盟的合作。美国之所以这样做是由于美国能够在其全球反恐战争中得到北约军事方面的支持，因为从阿富汗、伊拉克的

---

[1] Gilles Andréani, "The War on Terror: Good Cause, Wrong Concept," *Survival*, Vol. 46, No. 4, 2004, pp. 31-50.

例子可以看出，北约已经被"全球化"，而欧盟到目前为止所关注的仍然是内部法律措施的实施；另外，还由于美国是北约最重要的成员国，能够主导北约的决策，而它对欧盟的政策则没有任何发言权。同样，在与其他地区的合作中，也存在类似的问题。例如在与东盟的合作中，尽管在2003年双方就签订了《打击恐怖主义联合宣言》，人们仍然认为欧盟与东盟的合作几乎完全由经济议程所主导，几乎不涉及安全合作；[1] 欧盟与东盟的合作中"跨区域反恐倡议多于行动，议题颇为宽泛，合作程度也不够深化，总体上处于一种标志性、意向性、有限性的规划与实践阶段"。[2] 这主要是由于欧盟和东盟都是区域一体化组织，在经济合作上有其优势，但在主权问题上则很难协调。

欧盟的这一性质也决定了其在全球和地区安全结构中展开反恐国际合作的局限性。例如在欧洲，跨大西洋关系对欧盟反恐十分重要，但欧盟并不是以一种安全身份存在的，欧洲的安全自"二战"以来就依赖美国以及北约。在反恐问题上，美国更喜欢视北约及其成员国为首要合作对象，而不是欧盟。[3] 又如在东盟，美国是地区安全的主导力量，东盟国家在安全问题包括反恐问题上，主要仰仗美国。"9·11"事件后，美国开始推行全球反恐战略，并且将东南亚提升至全球反恐"第二战场"的高度，向东盟提供了技术和资金支持，还以东盟成员国传统军事合作伙伴的身份，开展一系列实质性的反恐演习，并协助东盟建立地区反恐中心，主导了东盟地区的反恐态势，欧盟自然没有办法和美国相比。

小　结

总体来讲，从国际反恐合作的战略理念上看，欧盟试图通过价值规

---

[1] Leslie Holmes, "Dealing with Terrorism, Corruption and Organised Crime: the EU and Asia," in Thomas Christiansen, Emil Kirchner, and Philomena Murray (eds.), The Palgrave handbook of EU – Asia relations, Basingstoke: Palgrave Macmillan, 2013, pp. 143 – 164.

[2] 张鹏：《"9·11"事件后欧盟与东盟反恐合作初探》，《欧洲研究》2008年第4期。

[3] European Union Committee, House of Lord, "After Madrid: The EU's Response to Terrorism," March 2005. http://www.publications.parliament.uk/pa/ld200405/ldselect/ldeucom/53/53.pdf.

范的输出来改造周边国家，从而从根本上解决恐怖主义问题，具有很大的理想主义成分，暗含着欧洲中心主义思想，在实践中很难说不会遭遇挫折。反恐问题作为安全问题触及欧洲一体化中主权让渡问题，而欧盟28个成员国面临恐怖主义袭击的威胁不一样，导致其在恐怖主义袭击威胁问题上的感受是不一样的，进而导致各成员国之间的协调困难，限制了其对外展开合作的空间。欧盟在反恐问题上内部协调困难还导致欧盟内部机构设置重复、权力职责含糊不清，牵制了欧盟对外展开有效的国际合作。而欧盟的性质也决定其在世界各地安全结构中的地位，使其不能成为国际反恐合作的主要战略伙伴。

第 五 章

欧盟的对外文化政策

半个多世纪以来,欧洲一体化所取得的成就举世瞩目,这些成就不仅体现在经济和政治方面,也体现在文化方面,特别是20世纪70年代以来,欧洲共同市场的形成给文化领域带来了巨大的影响,出现了"文化产品"等概念,而服务业也开始涉及文化及艺术。1977年欧共体委员会发布《文化领域的共同行动》,文化在官方文件中得到体现。80年代,欧洲理事会和各国的文化部长定期举行会议,欧共体委员会设立了文化总司,并通过了一系列文化领域的制度性决定。① 但在欧盟与第三方国家的关系方面,文化方面则一直被忽略。直到冷战结束之后,由于欧盟的不断扩大和全球化的影响,文化因素才走进欧洲一体化的中心舞台,构成欧盟对外关系的重要组成部分。

第一节　欧盟对外文化政策的发展

1992年签订的《马斯特里赫特条约》在欧洲一体化历史上首次在欧盟的官方文件中加入了"文化"条款。从此,欧盟的对外文化政策有了法律基础。从那时起,欧盟的历次条约修改和发布的对外战略文件都包括对外文化政策方面的内容。

《马斯特里赫特条约》突出了欧盟在对外文化领域活动的两个原则,即尊重文化的多样性原则和辅助性原则。《马斯特里赫特条约》第128条

---

① 宿琴:《现实发展与想象建构——欧盟文化政策解析》,《太平洋学报》2010年第2期。

规定,"共同体在尊重各成员国的国家和地区差异以及在强调共同文化遗产的同时,应为繁荣各成员国的文化做出贡献",指出共同体在文化领域建设的目的是鼓励各成员国间的合作,以及在必要时支持和补充成员国在文化领域的各项活动,例如加强对欧洲人民的历史和文化的了解及传播,维持和保护具有欧洲意义的文化遗产、文化交流和文学艺术领域的创作等。该条第3款特别指出欧盟与第三方国家关系中的文化因素,"共同体和各成员国应促进同第三方、同国际主管机构,以及特别是同欧洲委员会在文化领域的合作"。第4款则要求"共同体在依照本条约其他规定而采取行动时应考虑到文化因素"。[1] 条约特别强调了尊重文化多样性原则和辅助性原则。没有尊重文化多样性原则,就没有文化间的交流与对话,而辅助性原则意味着在共同体或欧盟内部或者外部的文化行为并不取代一个或多个成员国的相应行为,而应该起着支持、补充或协调作用。

文化方面的条款在欧洲联盟条约的历次修改中都得到保留。1997年签署的《阿姆斯特丹条约》第151条保留了《马斯特里赫特条约》第128条的内容,同时,为了强调对成员国文化多样性的尊重,把该条第4款改为"尤其为了尊重共同体文化的多样性和促进这种多样性的发展,共同体在依照本条约其他规定而采取行动时应考虑到文化方面的问题"。[2] 2004年10月欧盟各成员国签署的《欧洲宪法条约》第280条[3]对上述条款做了全面保留,该条约虽然最终没有被通过,但有关内容却在《里斯本条约》第167条得以保留。2005年联合国教科文组织《关于保护文化多样性条约》出台,2006年12月18日欧盟及部分成员国签署,2007年在全部成员国签署后生效。该条约的签署是欧盟文化领域的一件大事,该条约所包含的基本原则也成为欧盟发展对外文化关系的原则,欧盟在

---

[1] 欧共体官方出版局编:《欧洲联盟法典》(第二卷),苏明忠译,国际文化出版公司2005年版,第49—50页。

[2] 同上书。第247页,《阿姆斯特丹条约》对《马斯特里赫特条约》修改后的重新编号,见第310页。

[3] 欧共体官方出版局编:《欧洲联盟法典》(第三卷),苏明忠译,国际文化出版公司2005年版,第133—134页。

与第三方国家签订的相关条约中，都会提到这一条约所包含的原则精神。

欧盟委员会于2007年10月发布的《全球化世界中的欧洲文化议程》（简称《欧洲文化议程》）标志着欧盟对外文化战略初步形成。该文件认识到欧洲文化的多样性与欧盟在世界上所扮演的角色和影响力是密切相关的，文化在实现繁荣、团结和安全的战略目标方面是不可替代的，因此要关注文化因素在欧盟内部以及欧盟与第三方发展战略中的重要性，提出了规划欧盟文化议程的三大目标：一是促进文化多样性和跨文化对话，二是在增长和就业领域强化文化作为创造性催化剂的作用，三是促进文化在对外关系中发挥核心要素的作用。至此，"文化已经被欧盟视为政治、社会和经济发展中的一种战略因素，而不再像以往那样仅仅被视为孤立的文化事件"。[①] 在具体做法上，《欧洲文化议程》提出了双轨做法：一方面在所有对外政策领域中系统地融入文化要素，另一方面支持特定的对外文化行动和文化项目。

根据《欧洲文化议程》设定的战略目标，欧洲理事会于2007年11月16日批准了2008—2010年间在文化政策方面的优先行动领域；2008年6月，欧洲理事会又通过了《关于在联盟及其成员国对外关系中促进文化多样性和文化间对话》决议，强调了文化在外交中的重要作用。[②] 决议指出欧盟发展对外文化关系的三个目标：（1）在欧盟对外政策和项目中以及欧盟与第三方国家及国际组织的合作中，包含文化内容；（2）促进全球批准并实施联合国教科文组织关于保护和促进文化多样性公约；（3）在欧盟内外实施有关文化项目和促进文化意识的活动，促进文化对话。决议还呼吁，制定一个全面的欧盟战略，持续、系统地在欧盟对外政策中融入文化方面的内涵，并制定针对第三方国家和地区的具体战略。2010年7月，欧盟委员会发布了《欧洲文化议程执行报告》，对欧盟文化

[①] 房乐宪：《当前欧盟文化外交战略构想及其对中欧关系的政策含义》，《教学与研究》2013年第12期。

[②] Conclusions of the Council and of the Representatives of the Governments of the Member States, meeting within the Council, on the promotion of cultural diversity and intercultural dialogue in the external relations of the Union and its Member States, Official Journal C 320 of 16. 12. 2008, http://europa.eu/legislation_summaries/culture/cu0002_en.htm.

战略构想进行了补充和深化,肯定了欧盟对外关系中出现的新的文化战略框架。

欧洲经济危机发生之后,欧洲疑欧主义情绪上升,难民问题、恐怖袭击等问题凸显了跨文化对话在增进不同族群之间交流理解的重要性。2011年以来,制定一个战略规划就是理事会文化工作计划中的优先事项。2013年推出并从2014年开始实施的欧盟科学研究计划《地平线2020》也支持文化外交方面的研究和活动。欧盟为推动新的文化战略的产生在2014年发布了《欧盟对外关系中的文化》(2013—2014)的调研报告,就28个欧盟成员国、16个欧洲周边政策对象国和10个战略伙伴国进行了调研,指出了欧盟对外关系中文化的作用,并提出了进一步发展欧盟对外文化关系的12项改进措施和行动建议。① 2015年11月,欧洲理事会呼吁欧盟委员会和欧盟外交与安全政策高级代表拟定一个关于文化在欧盟对外关系中的战略路径的文件,并为此目的提出了一套指导原则。② 2016年6月8日,欧盟委员会和欧盟外交与安全政策高级代表发布了题为《欧盟国际文化关系战略》报告。③

《欧盟国际文化关系战略》报告的出台标志着欧盟国际文化战略的成熟。该战略报告指出,文化,尤其是跨文化对话,能够为应对当今面临的主要全球性挑战如冲突预防与解决、难民融入、反对暴力极端主义等做出自己的贡献。文化交流还能够获得经济上的效益,欧盟成员国和欧盟都与其他国家发展了强大的文化关系,需要在欧洲层次上展开更加协调的行动,所有这些都要求一个共同的战略。报告提出了欧盟国际文化关系战略的目标,即在三个层面上推动与相关国家的文化合作:支持文化作为社会和经济可持续发展的发动机;促进社群间和平关系的文化发展及跨文化对话;加强在文化遗产方面的合作。为此,欧盟提出了其行

---

① European Commission, Preparatory Action "Culture in EU External Relations," https://www.cultureinexternalrelations.eu/category/resources/preparatory-action/.
② Council of the European Union, Outcome of 3428th Council Meeting: Education, Youth, Culture and Sport, 23-24 November 2015, *Education issues*, Brussels, 24 February 2016.
③ European Commission, Joint Communication to the European Parliament and the Council, "Towards an EU Strategy for International Cultural Relations," Brussels, 8.6.2016. JION (2016) 29 final.

动的指导原则：（1）促进文化多样性，尊重人权。欧盟坚定地支持并培育文化多样性，认为只有人权和基本自由得到保证才是可能的。（2）培育相互尊重和文化间对话。充分实现文化在国际关系中的桥梁作用，需要超越欧洲文化的多样性，需要以产生一种新的对话精神、相互倾听和学习、全球团结为目的，需要考虑到地区差异和地方敏感性，针对特殊文化背景和文化利益采取针对性的行动。（3）保证尊重辅助性和补充性原则。根据《欧盟运行条约》第6条，欧盟在文化领域的权能是支持、协助和补充成员国的行动。根据条约的相关条款，联盟和成员国应该培育与第三方或相关国际组织在文化上的合作，联盟在缔结国际条约的时候应该考虑到文化因素，在发展合作中欧盟与成员国应相互补充相互支持。（4）鼓励文化上的交叉路径。文化不仅仅是艺术和文学，其包括的领域相当广泛，因此，应鼓励在欧盟对外政策的所有领域纳入文化因素。（5）通过现存的合作框架促进文化发展。欧盟在过去的合作中形成了一些专题性项目和地域性合作框架，为了保证政策的延续性，也是为了避免重复低效，发展对外文化关系时利用欧盟对外关系中现存的合作框架和金融工具是最佳选择。战略报告还提出了为实现文化层面的战略目标的一些具体政策措施，指出了推动欧盟文化外交的战略路径，包括加强欧盟内部的合作、跨文化教育交流等。

2016年6月28日，欧盟发布了欧盟外交与安全政策的全球战略——《共同愿景，共同行动：更强大的欧洲——欧盟外交和安全政策全球战略》，在2017年6月公布的年度进展报告中，专门提出了欧盟公共外交方面的进展，其中提到了欧盟在对外文化关系中的新发展。欧盟目前把文化作为欧盟对外关系中的核心内容，不断加强文化在外交中的地位，并积极推动文化外交的发展。

第二节 欧盟开展对外文化关系的机制

欧盟通过文化政策在欧盟内部维护欧洲政治文化价值，推进欧洲一体化事业的发展，对外传播欧洲的文化价值，参与全球治理。欧洲负责对外文化关系的组织结构比较复杂，其决策机构包括欧洲理事会、欧盟委员会和欧洲议会,其执行机构包括常设的机构也包括为某些特定项目而设立的临时机构。按照欧盟自己的说法,"对象国所有层级的政府、地方文化机构和公民社会组织、欧盟委员会、欧盟对外行动署、欧盟成员国以及它们的文化机构,都是最关键的行为体"。① 下面我们主要讨论欧盟机构中开展对外文化关系的执行机构。

欧盟负责发展和保持与世界其他广大地区关系的主要机构是对外行动署(《里斯本条约》生效前为欧盟对外关系总司)。对外行动署的职责是协助欧盟委员会制定"有效而连贯的欧盟对外政策,使欧盟在国际舞台上树立其身份"。对外行动署在发展对外关系时要和其他总司合作,尤其是与欧洲援助总司、发展总司、贸易总司以及欧盟委员会人道援助和民事保护等总司合作。文化是欧盟对外关系的构成部分,同时也被作为一种信息工具,一种表明欧盟对外关系欧洲性的一种途径。

但是,欧盟对外行动署所管辖的范围从地理上讲并不包括77国集团(非加太国家)和英国、法国、荷兰等国的20个前殖民地和海外领地,这些地方属于发展总司的管辖范围。发展总司把文化作为一种改善这些国家和地区的经济环境和人民生活水平的工具。但是,对于赋予发展总司文化方面何种权限,不论是在欧盟委员会内部还是在欧盟成员国之间,都存在不同的意见。因此,尽管文化产业作为经济发展的一部分受到欧盟的支持,但欧盟委员会内部却有一种观点认为,这只是一种手段,而不是目的,欧盟的主要目标是支持人的发展。

欧盟的教育和文化总司直接负责文化交流,就地理范围上讲它主要关注欧洲。在欧洲之外,欧盟对外行动署负责对外文化交流,但要求教育和文化总司就有关文化合作方面的事项共同工作并提出建议。教育和文化总司也会充分利用对外行动署的一些动议与其他国家展开教育和文化交流。

至于其他总司,由于欧盟自《马斯特里赫特条约》之后就强调对外政策的一致性,特别是最近一些年欧盟越来越重视文化在欧盟对外关系

---

① European Commission, "A New Strategy to Put Culture at the Heart of EU International Relations," Brussels, 23 May 2017. http://europa.eu/rapid/press-release_MEMO-16-2075_en.htm.

中的作用,要求把文化因素融入欧盟对外关系的方方面面,因此诸如负责贸易、扩大、司法等事务的总司,也要在文化政策以及发展援助中的文化政策等方面发挥一定的作用。

因此,从上述情况来看,欧盟委员会有关发展对外文化关系的组织安排还是比较复杂的。政策的制定、实施和对外关系的管理,是由不同部门负责的。这就要求各机构之间进行必要的协调。近年来,各机构之间加强了相互之间的协调,设立了不同部门间的工作小组。为了制定某项政策,往往会集合不同部门的力量,2006年有关发展政策中文化战略的制定就是这样的例子。尽管欧盟早就认识到文化因素在发展援助政策中的重要性,但欧盟一直没有在发展援助政策中嵌入一个文化战略。2006年欧盟决定发布欧盟发展政策中的文化战略,确立文化行动的指导原则和优先方向,确保文化成为发展合作所有方面的主要内容。该文件是由发展总司牵头,由包括对外关系总司、教育和文化总司、贸易总司、信息社会总司和欧洲援助办公室合作的结果。另一个例子就是2008年的"文化对话年"。文化对话年是由教育和文化总司牵头的,包括了对外关系总司、发展总司和司法总司等。

欧盟驻第三国的代表团在对外文化交往方面也发挥了重要作用。欧盟驻外代表团就具体事务提出建议、进行协调,负责欧盟在第三国的文化活动。这些活动最常见的是欧洲电影节,还有戏剧节、舞蹈节、文化展览以及其他一些包含文化内容的促进双边关系的活动。组织这些活动的目的是促进欧洲文化的多样性以及欧盟在第三国的印象。欧盟委员会教育和文化总司并不直接参与各代表团的工作,对各代表团工作负责的是对外关系总司/对外行动署。

欧盟在2006年成立了欧洲文化中心合作组织(The European Union National Institutes for Culture,简称EUNIC)。该机构由欧盟成员国的文化研究机构和致力于在国外进行文化及相关活动的组织共同组成。该组织不论是在欧盟内还是在欧盟外,都是公认的实施欧盟文化政策的欧盟合作伙伴,其主要目的是在欧盟内部加强文化的多样性和相互理解,并加强欧盟与其他国家的对话与合作。该组织到目前已经形成了一个强大的工作网络,在全世界展开跨国文化合作项目,2016年在中国设立了"多彩欧洲项目"。① 2016 年 3 月，欧盟设立了"文化外交平台"（the EU Cultural Diplomacy Platform），该平台的目的是支持欧盟机构实施欧盟国际文化关系战略，主要是通过欧盟机构包括欧盟驻外代表团提供支持和建议，制定全球文化领导力培训项目等强化欧盟与第三国的文化关系。2017 年 5 月 23 日，欧洲理事会决定设立"主席之友小组"（the Friends of Presidency Group）的组织，这个组织将作为一个跨领域的平台，制定一个融合的、全面的、渐进式的欧盟开展国际文化关系的战略规划，在全面尊重补充性原则的基础上，探索跨政策领域的综合性方案。

总体来看，欧盟负责对外文化关系的机构从组织结构上而言比较复杂，欧盟委员会对外关系总司/对外行动署、发展总司、教育和文化总司、贸易总司、扩大总司甚至欧盟驻第三国的代表团都在其中发挥着一定作用，而近些年来，欧盟更是试图发展一些综合性的活动平台，推进文化在欧盟对外政策领域的全面展开。

第三节　欧盟对外文化关系实践

1992 年《马斯特里赫特条约》签订之后的相当一段时间内，欧盟的文化交流与合作项目主要针对欧盟内部，很少涉及第三方国家。1999 年通过的《欧洲文化议程 2000》开始涉及与第三方国家的合作。2007 年 5 月，欧盟委员会公布的《文化行动议程》对 2007—2013 年间的文化发展做出规划，指出促进文化的发展也是欧盟在对外关系中的一项重要内容。② 2008 年在斯洛文尼亚做欧盟轮值主席国期间，把文化项目作为欧盟对外关系的优先项目，并在教育和文化总司的支持下，2008 年 5 月在卢布尔雅那召开了以"新范式、新模式——欧盟对外关系中的文化"为主旨的会议。经过多年的发展，欧盟对外关系中的文化因素逐渐积累，形成了针对不同国家和地区的文化政策，并在实践中促进了欧盟对外关系

---

① 黄硕：《多彩欧洲项目在北京正式启动》，《中国日报》（中文）网：http://cnews.chinadaily.com.cn/2016-03/23/content_24037883.htm。

② European Commission, "A European Agenda for Culture in a Globalizing World," COM (2007) 242 final, Brussels, 10.5.2007, p.8.

的发展，实现了"文化向欧盟对外关系领域的外溢"①，文化在对外关系中的作用越来越受到重视，相继推出了"文化 2000 计划"等系列计划，其中"文化 2014—2020 计划"融入了"欧盟 2020 战略"框架，把对外文化关系上升到欧盟发展战略的整体层面。直至 2016 年欧盟发布《欧盟国际文化关系战略》，文化走进了欧盟对外政策的核心位置，进一步推动了欧盟对外文化关系的发展。对于欧盟对外文化政策的实施，可以从不同地区来分别讲述。

一 与申请加入欧盟以及潜在的欧盟成员国的文化关系

欧盟对申请加入欧盟以及潜在的欧盟成员国的文化政策的目标是帮助这些国家按照欧盟的标准，进行政治、经济和制度上的改革，为加入欧盟做好准备。这些政策实施的对象国包括从前南斯拉夫分裂出来的各共和国、阿尔巴尼亚和土耳其。进入 21 世纪之前，在欧盟与相关国家之间的关系中并没有清晰的文化内涵，只是在涉及支持文化基础设施建设和巩固方面偶尔涉及文化服务方面的目标。进入 21 世纪之后，欧盟与这些国家关系中的文化内涵在不断增加。从 2007 年开始，欧盟针对这些国家制定了单一的援助方案，即"入盟前援助手段"（the Instrument for Pre-Accession Assistance），② 其中包含文化领域的重要内容。欧盟委员会关于 2008—2009 年扩大战略的磋商报告特别指出，根据 2009 年的"入盟前援助手段"的支持计划，对公民社会伙伴关系的支持，将把诸如文化、少数民族、商业协会等部门作为优先目标。③ 2007—2013 年欧盟文化项目主要是促进欧盟范围内的文化合作，但也包括了发展与申请入盟国和潜在欧盟成员国的国家之间的合作。到目前为止，土耳其、克罗地亚、前南斯拉夫共和国马其顿、塞尔维亚和蒙特内格罗都签订了相关合作文件，

---

① 徐进：《文化与对外关系：欧盟的做法及启示》，《国际论坛》2010 年第 5 期。
② The Instrument for pre-accession assistance, http://ec.europa.eu/enlargement/how-does-it-work/financial-assistance/instrument-pre-accession_en.htm.
③ The Commission Communication, "The Enlargement Strategy 2008-2009", http://ec.europa.eu/enlargement/pdf/press_corner/key-documents/reports_nov_2008/strategy_paper_incl_country_conclu_en.pdf.

全力地投入到文化项目的合作中。自2008年以来欧盟委员会和欧洲理事会联合推动的"卢布尔雅那进程"第一和第二期行动计划，投入了大量的资源来对东南欧的文化遗产进行保护和修复，而这一行动在波斯尼亚和科索沃不仅体现在保护文化遗产的价值，还体现在保护文化遗产对冲突后的和解以及经济发展的巨大作用。欧盟于2010年发起的东部伙伴关系文化项目的目的，主要是为了强化有关国家文化部门的能力、培育地区之间的文化关系并促进伙伴国包容性文化政策的发展。通过与欧盟的合作，这些国家的文化组织和机构的能力也得到了发展。现在，这些欧洲国家和欧盟其他国家一样也面临一些新的危机，包括外来移民的融入问题，而文化间对话对促进文化间的和解和一个包容的民主社会的形成具有重要意义。

二 与周边政策所覆盖的欧盟周边国家的文化关系

欧盟周边政策所覆盖的国家包括东方合作伙伴国家和南方合作伙伴国家两组：东方合作伙伴包括亚美尼亚、阿塞拜疆、白俄罗斯、格鲁吉亚、摩尔多瓦和乌克兰，南方合作伙伴包括阿尔及利亚、埃及、以色列、巴勒斯坦当局、约旦、黎巴嫩、利比亚、摩洛哥、叙利亚和突尼斯。欧盟的周边政策是欧盟与有关国家的双边政策框架，欧盟与这些国家发展文化关系还受到一些区域或多边合作框架的支持，例如地中海联盟、东方伙伴关系、黑海协作关系等。

欧盟周边政策2003年启动2004年形成，其目标是扩大欧盟与邻国在政治、安全、经济和文化领域的合作，加强欧盟扩大之后欧盟邻国的稳定、安全和发展，防止欧盟与周边国家出现新的分裂和隔阂。[1] 欧盟周边政策的最初文件《关于更大的欧洲的磋商报告》强调"文明之间的对话和文化、宗教、传统和人们联系之间自由交流的重要性"。[2] 欧盟委员会在实施周边政策的战略文件中提到"在教育、培训、科学和文化、地方

---

[1] 张学昆：《欧盟邻国政策的缘起及其与扩大政策的联系》，《国际论坛》2010年第3期。
[2] "Western Balkans: Enhancing the European perspective", http://ec.europa.eu/enlargement/pdf/balkans_communication/western_balkans_communication_050308_en.pdf.

政府以及市民社会组织之间的伙伴关系等领域的合作"是各国人民之间合作的重要内容。这些人民和人民之间合作的主要目标是"把联盟内外的各民族联系起来，增进对各自文化、历史、态度和价值的相互理解，消除扭曲的认识"。[1] 欧盟委员会还进一步提出了国别报告，起草了与伙伴国的合作行动计划。2009年和2010年的《特别行动计划》专门面对欧盟周边政策所包含的国家，其中规定欧盟与这些国家展开文化领域合作的政治性或前提性条件是，批准联合国教科文组织关于文化多样性的公约以及签署与欧盟发展合作伙伴关系协定。

地中海联盟的前身是1995年11月欧盟和地中海国家启动的欧盟地中海伙伴关系或称"巴塞罗那进程"，2008年这种合作以"地中海联盟"的名义出现。欧盟在地中海联盟中的伙伴国包括欧盟在地中海沿岸16个邻国。欧盟与相关国家合作的主要领域包括政治和安全事务、经济和财政事务、社会文化和人类事务三个方面，其中文化是其重要的构成部分。根据1995年的《巴塞罗那宣言》，地中海国家不同文化之间在人文、科学和技术层面的对话和交流，是"拉近它们的人民之间的关系、促进人民之间的相互理解和改善相互之间认知的重要因素"。[2] 欧盟地中海联盟的主要财政支持工具是麦达项目（MEDA Program）。[3] 欧洲投资银行也是该计划的重要资金来源。在文化领域，欧盟地中海伙伴关系计划已经启动了一系列项目，其中包括（1）欧盟地中海遗产项目。该项目支持那些目的在于促进和保护欧洲地中海文化遗产的项目。（2）欧盟地中海音像项目。该项目用于支持目标在于发展欧盟和地中海国家电视和电影经营者之间新的合作形式的项目。（3）欧盟地中海青年项目。该项目用于促进青年人融入职业和社会生活，促进民主化和促进年轻人相互的理解。2008年5月欧盟地中海国家的文化部长会议在雅典召开，通过了《欧盟

---

[1] European Commission, "European Neighbourhood Policy – Stategic Paper", http://www.europa.eu.int/comm/world/enp/pdf/strategy/Strategy_paper_EN.pdfEurope.

[2] European Commission, "Barcerona Declaration", http://trade.ec.europa.eu/doclib/docs/2005/july/tradoc_124236.pdf.

[3] 麦达（MEDA）一词来自法语"MEsures D'Accompagnement"，意为附加措施或配套措施，参见"MEDA programme", http://europa.eu/scadplus/leg/en/lvb/r15006.htm。

地中海2010年文化发展战略》。该战略的通过，在欧盟与地中海国家合作的历史上第一次在政治层面上形成了一个区域文化战略，对欧盟地中海国家文化关系的发展而言是一个里程碑式的事件。此外，欧盟在2005年建立的安娜·林德文化对话基金的主要目的也是促进地中海沿岸的文化交流，通过知识分子、文化组织和民间组织的交流，推动巴塞罗那进程。2016年之后，欧盟委员会把"创意欧洲项目"延伸到突尼斯，为突尼斯的文化项目获得欧盟的基金支持提供了机会。欧洲文化中心合作组织（EUNIC）通过欧盟的周边政策工具投入600万欧元的项目，支持文化中心的修复。

欧盟与东方邻国亚美尼亚、阿塞拜疆、白俄罗斯、格鲁吉亚、摩尔多瓦和乌克兰的合作，除适用周边政策框架外，还适用东方伙伴关系计划和黑海协作计划。欧盟与苏联东欧国家在20世纪90年代初就建立了伙伴关系计划，实施了"共同体重建、发展和稳定援助"即卡兹计划（CARDS）项目、"共同体对中东欧援助计划"即法尔计划（PHARE）等项目，但文化内涵非常有限。2009年5月欧盟布拉格峰会决定启动东方伙伴关系计划，这对加强欧盟与东欧的文化关系提供了新的机会。根据这一计划，欧盟与包括上述国家在内的相关国家建立了4个合作平台，其中不同国家人民接触平台就包括了文化领域。2010年年初，东方伙伴关系计划中的文化项目启动，目的是增加文化经营者的能力，促进地区之间的联系，促进在伙伴国形成包容性的文化政策等。黑海协作倡议和地中海联盟一样，是在区域合作层次上对欧盟周边政策的补充。2007年欧盟委员会提出了黑海协作倡议，2008年2月在基辅召开的欧盟和黑海沿岸国家的外长会议上正式启动。黑海协作倡议的目的是促进黑海地区的合作和欧盟与该地区国家的关系。合作的主要内容包括能源合作、安全合作以及民主、尊重人权和良好的治理等方面，其中科学文化与教育交流是重要内容。2016年之后，在东方伙伴关系中的"第二期文化项目"支持伙伴国的文化和创意产业，该项目下的"历史城镇社区领导的都市战略"工程在亚美尼亚、白俄罗斯、格鲁吉亚、摩尔多瓦和乌克兰的9个历史城镇实施，通过强化文化遗产刺激了当地经济和社会的发展，支持了当地的人道主义、社会和经济的可持续发展。①

2011年,"阿拉伯之春"发生后,欧盟对其周边政策进行了评估,并在2015年进行了再评估。2015年11月18日欧盟委员会发布了致欧洲议会、理事会、欧洲经济和社会委员会以及地区委员会的联合报告,对欧盟周边政策进行了总结,指出"政治、经济和文化差异性和更大的相互拥有所有权是欧盟新的周边政策的关键性因素。"② 欧盟周边政策的对象国现在面临诸多严峻挑战,例如政治不稳定、经济动荡、极端主义、移民问题等,文化合作和文化交流能够促进这些国家的和平与稳定。根据新的欧洲周边政策,促进该地区在政治、经济、安全层面上的稳定,将是新政策的核心,文化合作是重要内容。2014—2017年,欧盟为地中海南部地区的国家媒体和文化的发展提供了1700万欧元的援助。③

三　与俄罗斯和中亚国家的文化关系

欧盟与俄罗斯的合作在北欧地区适用欧盟的北方政策框架。欧盟的北方政策是一种地区性合作框架,强调保证北欧所有国家的积极参与,包括地区组织、地方行政当局、学术和商业团体和民间组织的积极参与。由于北欧及波罗的海沿岸国家相继加入欧盟,欧盟对外文化政策在北欧地区的对象国现在主要是俄罗斯。北欧地区合作和对话的主要议题包括:经济、商业和基础设施,人力资源、教育、文化、科学研究和健康,环境、核安全和自然资源,跨边界合作和区域发展,司法和内务合作等。欧盟对外关系在文化等方面主要体现在人力资源、教育、文化、科学研究和健康等方面,其目标是促进开发该地区丰富的人力资源供应和该地区高科技潜能,把能力建设、教育和培训、科学研究和健康事业作为优先发展项目;动员并协调该地区的国家、地区和地方的行政当局、非政

---

① European Commission, "A New Strategy to Put Culture at the Heart of EU International Relations", Brussels, 23 May 2017. http://europa.eu/rapid/press-release_MEMO-16-2075_en.htm.

② European Commission, "Review of the European Union Neibourhood Policy", 18 November 2015, JOIN (2015) 50final. https://ec.europa.eu/neighbourhood-enlargement/sites/near/files/neighbourhood/pdf/key-documents/151118_joint-communication_review-of-the-enp_en.pdf.

③ 数据来源欧盟周边政策网站,参见http://www.enpi-info.eu/mainmed.php?id=486id_type=10。

府组织、私人企业和民间组织保护文化遗产，促进文化多样性，加强文化发展，包括文化旅游。欧盟与北方邻国在文化领域合作的资金来源主要是通过"对独联体技术援助项目"即塔西斯（TACIS）项目[①]和其他地区合作项目解决。

欧盟与俄罗斯其他地区以及与哈萨克斯坦、吉尔吉斯斯坦、土库曼斯坦、乌兹别克斯坦等中亚国家的文化关系则是在伙伴关系框架下进行的，合作内容很广泛，包括政治对话、贸易、立法协调、人权和良好治理等。欧盟对东欧和中亚地区的援助工具主要是塔西斯项目。但合作的文化内涵非常有限。2009年5月欧盟布拉格峰会重新启动东方伙伴关系计划后，欧盟与这些国家在文化领域的合作有所加强。

四 与亚洲国家的文化关系

1994年，欧盟在历史上第一次提出了亚洲地区总体战略《对亚洲新战略》。欧盟的亚洲战略主要支点有四：承认亚洲和亚太地区巨大的差异性，增强欧盟在整个区域的政治和经济存在，经济、政治、社会和文化因素更好的平衡、平等的伙伴关系。欧盟的亚洲战略目的是，通过发展与亚洲的关系，对该地区和世界的和平与安全做出贡献，进一步促进相互之间的贸易和投资流动，促进欠发达国家的发展，保护人权、扩散民主、良治和法治，与亚洲国家建立全球伙伴关系和联盟，增强亚洲和欧洲双方的相互认知。文化合作虽然不是欧盟发展同亚洲关系的战略目标之一，但增强相互之间的认知就包括科学文化交流。亚欧峰会进程对欧盟和亚洲的合作对话做出了贡献。亚欧峰会活动的内容可以分为三个支柱，其中社会文化和教育是第三个支柱。1997年，亚欧基金在新加坡成立，亚欧基金的任务是促进亚欧两洲文化、知识和人员的交流，哺育艺术创造，促进青年人之间为了未来的艺术合作和职业机会进行交流，启

[①] 罗英杰：《欧盟对俄罗斯进行技术援助的塔西斯计划》，《俄罗斯中亚东欧市场》2005年第3期。塔西斯计划是根据欧洲理事会第2157/91号决议在1991年7月实施的对苏联的援助计划，目的是帮助苏联经济转轨和进行政治制度方面的西方化改革。苏联解体后，该计划面向从苏联分离出来的所有独联体国家，其中俄罗斯是最大的受援国。与向中东欧国家实施的法尔计划相比较而言，塔西斯计划包含的政治因素更多。

动并促进文化网络,使其作为发展持久联系的关键结构,支持国际庆祝活动和文化活动中的亚洲和欧洲元素,在文化决策者和艺术家之间传递信息充当媒介,支持有利于创造和艺术革新的政策,促进通过文化信息平台进行的交流。2003 年,亚欧峰会文化部部长会议召开。会议发表主席声明,将在三个关键领域扩大合作:一是促进文化多样性,在全球化背景下就文化政策进行交流,二是保护和促进传统和现代文化艺术形式、物质和非物质文化遗产,实施有关亚洲和欧洲共享文化遗产的项目,支持各种领域的文化和文化产业(包括出版、电影、音像和音乐的产业)好的经验的交流,并关注文化产业的状况,三是教育交流,促进艺术和文化专业人员的流动,强调会议和专家工作组的重要性。

五　与拉丁美洲国家的文化关系

欧盟和拉丁美洲加勒比之间的战略伙伴关系是双方最全面的合作平台。1999 年欧盟与拉丁美洲和加勒比国家峰会通过的《里约宣言》第一段写道,欧盟、拉丁美洲和加勒比的国家和政府首脑"决定提高并发展我们的关系,使这一关系朝向两个区域的战略性伙伴关系,该关系建立在把我们团结在一起的深厚的文化遗产基础之上,建立在各自文化表达的多样性和财富之上"。[①] 该宣言进一步宣布,双方将在文化遗产、教育、科学、技术、文化、人文和社会等领域展开合作。2004 年在墨西哥瓜达拉加拉召开的峰会就双方的合作又达成一个宣言,在文化合作方面,该宣言指出:"我们将加强文化与发展之间的联系。我们承认发展、文化、科学和技术之间存在不可消解的联系。我们同意两大区域之间在反映文化身份、文化和语言的多样性以及惠及人类发展的领域展开文化对话,作为对可持续发展、稳定和和平的贡献。据此,我们支持正在进行的有关联合国教科文组织关于文化多样性公约的谈判。……我们重申,我们相信文化产业对促进文化身份和文化及语言的多样性有着根本性的贡献。我们也承认文化产业对促进可持续发展有重要的贡献。我们将探寻加强

---

① EU, Latin America, the Caribean, *Rio Declaration* (1999), http://www.europa.eu.int/comm/external_relations/andean/doc/rio_sum06_99.htmEurope.

欧盟和拉丁美洲加勒比在这一领域合作和互动的途径。"①

近些年来,欧盟对与拉丁美洲国家的文化关系明显重视。文化是欧盟与墨西哥、巴西战略伙伴关系的重要内容。2011年欧盟和巴西启动了欧盟—巴西高等教育和文化政策对话,建立欧盟—巴西高等教育和文化政策论坛,并使之成为欧盟—巴西峰会的构成部分。

六 与非加太国家文化关系

当前,欧盟与非加太国家的文化关系是在《科托努协定》的框架内进行的,由欧盟发展总司负责。《科托努协定》对欧盟在发展政策中文化领域的活动有清晰的规定。该协定第27条规定,欧盟发展政策在文化领域的目标是:在发展合作的所有层面融入文化因素;承认、保护并促进文化价值和身份,促进文化间的对话;承认、保护并促进文化遗产的价值,支持这一领域的发展;发展文化产业,增加文化产品和服务进入市场的机会。② 2003年,欧盟出台了文化领域发展合作的共同框架,2004年,欧盟委员会启动了"2004年与发展中国家文化合作的年度工作计划",该计划预算为100万欧元,用来支持发展中国家之间以及欧洲与发展中国家之间的文化多样性和相互理解。2003年和2006年,在欧盟的支持下举办了两次非加太国家文化部部长会议,出台了《达喀尔行动计划》和《圣多明各决议》,目的是在于促进在文化产业方面的合作。欧洲发展基金通过国别项目对非加太国家进行援助,同时又通过地区项目鼓励区域一体化和合作。在欧盟委员会的提议下,2007年欧盟与非加太国家文化基金成立,在2008—2013年,欧洲发展基金为该基金提供了3000万欧元的资助,第一期在2008—2010年执行,第二期为2011—2013年。2014—2020年欧洲发展基金为非加太项目共投入4000万欧元支持文化和

---

① EU, Latin America, the Caribbean, *Declaration of Guadlajara*, *IIIrd Conference of the Heads of State and Government of Latin America*, *the Caribean and the European Union* (2004), http://europa.eu.int/comm/world/lac-guadal/declar/01_decl_polit_final_en.pdf europe.

② Partnership Agreement: Between the Members of the African, Caribbean and Pacific Group of States of the One Part, and the European Community and its Member States, of the Other Part, Signed in Cotonou on 23 June 2000, http://www.acp.int/sites/acpsec.waw.be/files/Cotonou2000.pdf.

创意产业。①

2016年以来，欧盟在新的《国际文化关系战略》指导下，在发展中国家实施了一些新的文化项目。在非洲西部，欧盟委员会和世界贸易组织联合开展了"民族风"（the Ethical Fashion）项目，为当地手艺人提供了上千个工作机会。这不仅为当地提供了可持续发展的机会，也被认为有利于防止经济移民，有利于非洲当地保持劳动力。在马里，欧盟和联合国教科文组织一起恢复廷巴克图文化遗产，包括在2013年1月地方冲突中被伊斯兰极端分子破坏的历史文物。这种文化的恢复也在更广泛的地域上有助于地区的和解与和平。在瓦努阿图和莫赞比克，欧盟开展的"音乐桥"项目使文化创意产业的社会经济效益得到了彰显，促进了不同文化的对话，促进了文化的多样性。在科特迪瓦，欧盟资助的电影《跑》繁荣了该国的电影产业，并促进了内战后社会的和解。

欧盟把加强与周边国家尤其是申请加入欧盟或者将来有可能成为欧盟成员国的文化关系放在其对外文化政策的首要位置，重视发展与独联体国家和发展中国家的文化关系。欧盟和北美、澳大利亚等发达国家的关系密切，文化同宗，相互之间的文化关系并没有在欧盟层次上得到特别强调，文化合作的实际工作做得非常有限。

第四节 危机与欧盟对外文化政策的调整

文化在对外政策方面的重要性越来越受到欧盟的重视。从最初作为欧盟对外政策中的边缘性因素，到2007年《欧洲文化议程》中对外文化战略的雏形初现，再到2016年欧盟《国际文化战略》中欧盟国际文化战略的成熟表达，文化逐渐成为欧盟对外战略的核心要素。欧盟目前已拥有28个成员国，文化上差异很大，同时，文化属于国家主权核心构成，各个国家对此都很敏感。英国脱欧在很大程度上也是历史文化因素在起作用。在欧洲爆发多重危机的情况下，敏感的文化因素为什么会走进欧

---

① European Commission, Jiont Communication to the European Parliament and the Council, "Towards an EU Strategy for International Cultural Relations", Brussels, 8.6.2016. JION (2016) 29 final.

盟对外关系领域并且变得越来越重要呢？欧盟委员会在 2016 年发布的《国际文化关系战略》中对欧盟进一步加强文化在对外关系中的作用表达了立场，阐明了欧盟在多重危机冲击的背景下强化对外关系中的文化因素的基本考虑。综合来看，欧盟之所以在其对外政策中越来越强调文化的重要性，主要是由于如下几个方面的原因。

第一，文化多样性中的统一是欧盟对自身历史的认识，也是欧盟对世界秩序的追求，被欧盟认为是解决当前世界各种危机的钥匙。欧洲一体化是当今世界上最为成功的一体化，被认为是区域融合的榜样，欧盟也自诩为一种"规范性力量"。欧盟把自己的成功归结为对文化多样性中统一的把握和追求。2007 年发布的《欧洲文化议程》把欧盟的创造力和成功归功于其对成员国丰富而多样的历史、语言和文化的尊重，在多样性中追求统一性，促进欧洲共同的文化遗产是欧洲建设的核心。[①] 追求文化多样性中的统一，在欧盟面临多重危机的背景下更具有特殊价值。2016 年发布的《欧盟国际文化关系战略》开篇就指出，文化多样性是欧盟价值中不可分割的一部分。欧盟坚定地致力于建立在和平、法治、言论自由、相互理解和尊重基本权利等基础之上的全球秩序，这既包含通过欧盟向第三方国家提供支持以促进国际文化关系，也包括促进欧盟及其成员国的多样性文化。[②] 当前，世界上正在面临复杂的形势，全球化与逆全球化浪潮汹涌搏击，地区冲突、移民浪潮、恐怖主义等问题造成国际社会的分裂和不稳定。欧盟从欧洲一体化的历史经验中认识到，文化间的对话能够为这些问题提供解决方案，认为文化间的对话，包括宗教间的对话，有助于促进建设一个公正、和平和包容性的社会，建设一个珍视文化多样性和尊重人权的社会。文化间的对话能够缓解紧张，防止危机的升级，促进民族的和解，鼓励反对极端主义的新话语的生成，是防止冲突、促进和解和相互理解的重要工具。

第二，促进西方民主、自由、法治、人权等基本价值理念的世界传

[①] Commission of the European Comunities, "A European Agenda for Culture in a Globalizing World", COM（2007）242final, Brussels, 19.7.2010.

[②] European Commission, Jiont Communication to the European Parliament and the Council, "Towards an EU Strategy for International Cultural Relations", Brussels, 8.6.2016. JION（2016）29 final.

播是欧盟对外政策的基本内涵，文化则是传播欧盟所坚持的价值理念的有效载体。欧盟虽然认为文化能够为当今世界所面临的各种重大挑战提供解决途径，但这种解决途径却是属于欧洲的。"促进保护和尊重人权等基本价值观的弘扬和发展是欧盟推动文化对话和交流进程的题中应有之义，并且在促进文化多样性和文化对话的同时，更有效地促进外部世界对欧洲文化的理解和欧洲所珍视的基本价值观的更广泛的认同。"[1] "欧盟依托对外文化政策，对外维护自身价值和传播欧洲价值，例如通过各种文化活动及文化合作项目，……不断向入盟候选国、周边国家、新兴发展中国家以及世界上其他国家传播欧洲文化价值，在全球范围内提升其国际地位和国际影响力。"[2] 欧盟2016年《国际文化关系战略》强调，欧盟所致力于培育的文化多样性，只有在人权和基本权利得到保障的情况下才能够得到保护和促进。这些基本权利是民主、法治、和平、稳定、可持续包容性发展、公共事务参与等的根本基础。

第三，文化越来越成为社会和经济发展的持续推动力，文化外交的经济效益日益显现。欧盟对外文化关系的发展能够促进欧洲的文化产业，有利于欧盟内部在文化领域形成统一的经济政策，保证欧洲文化产品多样性，促进欧洲的文化产业。文化交流的经济价值在过去常常被无视，随着文化交流的日益密切和数字化社会的到来，文化在经济发展方面的作用日益显现。2004—2013年，文化创意产业的全球贸易额增长一倍以上，尽管这一时期面临经济上的大衰退。在创意、创新、数字、知识为基础的新经济中，文化已经成为核心要素。文化和创意产业大约占到全球GDP的3%，提供了大约3000万个工作机会，仅仅在欧盟就提供了700万个工作机会。而联合国教科文组织文化发展指数显示，在中低收入国家，文化产业对GDP的贡献为1.5%—5.7%。[3] 投资文化工程，有助于一个城市或者一个地区提升竞争力、吸引力和社会凝聚力。欧洲一些

---

[1] 房乐宪：《当前欧盟文化外交战略构想及其对中欧关系的政策含义》，《教学与研究》2013年第12期。
[2] 戴启秀：《欧盟文化战略视角下欧盟文化政策研究》，《教学与研究》2016年第11期。
[3] CISA and UNESCO, "Cultural Times: the First Global Map of Culture and Creative Industries", December 2015.

具有深厚历史文化的首都就是很好的例子,例如在法国北部城市里尔,公共财政每投入 1 欧元,就能够为当地经济贡献 8 欧元的收益。在欧洲,越来越多的人认识到文化创意产业是地区发展的动力源和就业机会的提供者,欧盟 70 多个地区把文化创意产业作为其产业发展战略的优先选择。从文化角度讲,"欧盟有很多可以提供给世界:多样的文化表达、高质量的艺术创造和充满活力的创意产业。同时,欧盟在同世界其他地区的交流中也大大受益"。[1] 因此,欧盟开始从经济角度来看待对外文化关系,尤其是在金融危机之后,欧盟文化政策逐渐向经济方向发展。欧盟推出了"文化和创意产业"发展政策以及"创意欧洲"行动计划,鼓励文化交流。这也是为什么欧盟在《国际文化关系战略》中把支持文化作为社会和经济发展的动力作为战略目标之一的原因。

第四,欧盟对外关系中的文化因素也可以被看作是增强欧洲的凝聚力和促进欧洲一体化的一个重要因素,尤其对欧盟扩大进程来说更是如此。通过欧盟对外关系中的文化因素,可以增强欧盟新成员国或未来可能成为欧盟成员国的国家对欧洲的文化认同,加强该国的公民社会、民主并强化其欧洲身份,减少未来经济和政治一体化方面的困难。

第五,在欧盟层面发展对外文化关系能够增强成员国文化的竞争力,为成员国带来更大的国际影响。欧盟单个成员国的文化吸引力显然不如整个欧盟的文化吸引力。欧盟成员国由于国家大小不一、资源有多有寡,再加上一些历史原因,在与世界上其他国家尤其是像中国和印度这样的新兴经济体发展双边关系时可能会遇到各种困难,而欧盟的参与则能够为成员国提供帮助和支持。欧盟对外文化关系的发展,能为各成员国发展海外文化关系提供种种方便,使成员国能够利用欧盟的身份和地位,在国际上实现各自的利益。例如,通过欧盟层次上的联合项目的协调与合作,共享海外的一些文化设施等,成员国在发展对外文化关系的时候能够节省开支和时间;成员国能够通过欧盟与外部合作的一些文化机构建立可持续的联系和伙伴关系。欧盟对外文化关系的发展还能促进成员

---

[1] European Commission, Joint Communication to the European Parliament and the Council, "Towards an EU Strategy for International Cultural Relations", Brussels, 8.6.2016. JION (2016) 29 final.

国国内的文化发展。欧盟对外政策中文化内涵的加强,能够促使国内的官员认识到文化在政府事务中的重要性,认识到文化也是严肃的决策内容之一,从而更加重视对文化事业的支持。

正如欧盟委员会副主席、欧盟外交与安全政策高级代表莫盖里尼所说:"文化是我们对外政策的一部分。文化是在不同人群尤其是青年之间建立沟通桥梁的有力工具,能够加强相互理解。它还是经济和社会发展的发动机。在欧洲、非洲、中东和亚洲,当我们面临各种共同挑战时,文化能够帮助我们所有的人站在一起反对极端化,建立文明的联盟来对抗那些试图分裂我们的人。这就是为什么文化外交必须处于我们和当今世界关系的核心。"[1]

尽管欧盟成员国中绝大多数人赞成在欧盟对外政策加入文化因素,但很多人对欧盟对外政策的这一发展还是提出了很多疑问和担心。

首先,会不会形成欧洲对外文化霸权。欧盟的对外文化政策提出尊重和理解成员国各自的文化,同时要反映欧洲文化的多样性,这在欧洲内部做得是很好的。但在外部,欧盟则一直致力于推动自己的价值观传播。在欧盟发展自己的对外文化政策时,怎样确保欧盟的角色是促进者而不是组织者,确保世界文化的多样性?这是人们普遍关心的一个问题。欧盟在其行动中不能用自己对欧洲价值的理解来代替各成员国对价值的不同理解,即便一些价值是共享的,欧盟对外关系中的文化政策不能展示一个同一的欧洲形象,任何对外政策都必须反映欧洲不同的文化形象,这是成员国对欧盟的要求。同样,在处理对外文化关系时,人们认为,欧盟应该从欧洲多元文化中吸收营养,在成员国自己的文化环境中寻找自己的根源,应该避免文化领域单一欧洲文化霸权。

其次,如何平衡成员国间的权利。欧盟的文化政策中不应该存在由于人口的多寡、国家的大小以及文化和语言的因素而产生的等级区别。欧盟传递给各成员国的政策信息应该是所有国家一律平等。欧盟的对外

---

[1] Speech by the EU High Representative and Vice President Federica Mogherini at the Cultural Forum, "Putting culture at the heart of Europe's external action", Brussels, 20 April 2016, https://eeas.europa.eu/headquarters/headquarters-homepage/5164_en.

文化政策应该反映成员国同样的贡献，而不应该偏向大国的利益。有人担心在执行有关对外文化政策的项目时，由于财政和地理的因素，导致了不公平的出现。由于边缘国家地理位置方面的原因，例如葡萄牙，它们的一些组织要参加欧洲的项目，不可避免地要增加开支。人们担心，欧盟作用的任何扩大都改变不了这样的现实。

最后，如何避免在对外文化政策领域出现官僚主义。长期以来，人们一直担心在欧盟出现官僚主义，有关欧洲治理中的"民主赤字"问题一直是各成员国讨论的热点话题。人们担心官僚化会出现在欧盟的对外文化关系中，怀疑欧盟官员执行欧盟对外文化政策的能力，甚至有人认为这是欧盟的一大缺陷。人们担心欧盟负责对外文化关系的官员远离他们所要代表的文化，因此，在根据当地的环境决定采取什么样的行为方面，他们并不是最合适的。人们怀疑欧盟驻第三方国家的代表团是否具备了成功管理新的文化活动所要求的能力。

小　结

欧盟对外政策的总体目标是在一个多极化格局的世界中，建立自己的"软实力"，推广欧洲价值观、寻求经济利益和地区安全，这也应该被视为欧盟发展对外文化关系的总目标。欧盟在对外关系中增加了文化方面的内涵，实际上体现了全球化背景下欧盟对"文化多样性""文化间对话""文化与发展"这些国际政治语境正当性话语权的追求，[①] 在全球化的文化领域占据有利的地位。事实上，欧盟通过在对外政策中增加文化因素，能够起到加强欧盟与外部世界的文化对话、传播欧洲的价值观念、增强欧盟自己的能力、促进欧洲一体化和凝聚力、促进并保护欧洲文化经济多样性的作用，展示一个高品质的形象或者标签。但是，由于文化涉及身份认同，触及国家主权的核心议题，而主权问题又是欧洲一体化进程中总也绕不过去的敏感话题，所以，人们对欧盟发展对外关系中增

[①] 郭灵凤：《欧盟对外关系中的文化维度：理念、目标和工具》，《欧洲研究》2009年第4期。

加文化方面的因素比较敏感也是可以理解的。可以预见的是，经历了欧洲债务危机和英国脱欧、欧洲民粹主义的兴起，对欧洲一体化怀疑情绪迅速上涨，欧盟更需要通过文化建设增强对欧盟的身份认同，文化在欧盟对外关系中的地位将更加重要。

第六章

欧盟的反扩散政策

进入21世纪之后,欧盟在核不扩散领域的活动明显加强,积极参与伊朗核问题的解决,并且试图在朝鲜核危机中发挥一定的作用。2003年欧盟制定了三个有关不扩散大规模杀伤性武器重要文件:即欧洲理事会于2003年6月通过的《关于欧盟反对大规模杀伤性武器扩散战略基本原则的行动计划》(以下简称《行动计划》),欧洲理事会2003年12月通过的《欧洲安全战略——更好世界中的安全欧洲》(以下简称《欧洲安全战略》)以及同一次会议上通过的《欧盟反对大规模杀伤性武器扩散战略》(以下简称《欧盟反扩散战略》)。[①] 2008年欧盟又对其反扩散战略进行了升级,提出了《行动新路线》。欧盟发布了大量的《年度进展报告》,欧洲理事会还分别就大规模杀伤性武器的不同议题做出了无数的决议。作为一个区域一体化组织,欧盟在防扩散领域的活动具有鲜明的特点,研究欧盟的防扩散战略对我们理解当前世界防扩散领域的形势有着重要的现实意义。

第一节 基本认知及原则立场

20世纪50年代欧洲原子能共同体成立时,其成立条约就规定成员国

[①] 《行动计划》(The Action Plan for the Implementation of the Basic Principles of an EU Strategy against the Proliferation of Weapons of Massive Destruction),《欧洲安全战略》(A Secure Europe in a Better World: European Security Strategy),《欧盟反扩散战略》(The European Union Strategy Against Proliferation of Weapons of Mass Destruction) 这三个文件都可以在欧洲理事会网站上方便地查到,网址为http://www.consilium.europa.eu/cms3_fo/showPage.asp?id=718&lang=en#Bookmark4。

所有的核能活动都要接受检查，可以说欧盟或其前身较早地介入了防止大规模杀伤性武器扩散领域。① 但是，在进入 21 世纪之前，欧盟在不扩散问题上并不是十分积极。1981 年，一些成员国开始在欧洲政治合作的框架下通过一个非正式的工作组就核扩散问题采取一些联合行动，这是成员国第一次在一个制度化环境下讨论安全问题。在《单一欧洲法案》的框架下又就生化武器组织了另一个工作组。1990 年的《都柏林宣言》是欧共体第一次就核不扩散达成的第一个高层文件。

冷战的结束和欧盟的成立明显增加了大规模杀伤性武器在欧盟政治议程中的分量。有关不扩散问题工作组的活动被纳入了新成立的不扩散委员会的工作范畴，欧盟开始从共同外交与安全政策视角来看待大规模杀伤性武器以及导弹的扩散问题，加大了对军民两用物项和技术的出口控制。1994 年 12 月欧盟通过了《两用物项出口控制共同体制度》和《两用物项出口控制联合行动》，初步形成了两用物项和技术出口控制体系。欧盟在不扩散领域活动的增加，主要是由于两个方面的原因。一是冷战的结束导致了一个全新战略环境的出现，美苏对抗结束了，但新的威胁和挑战出现了，海湾战争揭示了伊拉克在发展核项目，朝鲜核问题也开始成为国际社会关注的话题。二是 1993 年生效的《马约》第 5 条提出了共同外交与安全政策，这为欧盟成员国在包括大规模杀伤性武器扩散问题在内的安全议题上在欧洲层次上的合作提供了坚实的制度框架。另外，法国在 1992 年也加入了《非扩散公约》(1968)，扫清了成员国间在这一问题上合作的障碍。但总体来讲，这一时期欧盟在不扩散方面的活动还没有成为其协调战略的一部分，它在欧盟对外政策中所占的地位仍然是有限的、不重要的且未常规化的。

2001 年发生的"9·11"恐怖袭击和随即美国发动的阿富汗战争和伊拉克战争促使欧盟反对大规模杀伤性武器政策的制度化。伊拉克战争对

---

① 《建立欧洲原子能共同体条约》第一编共同体使命第二条（5）指出欧共体"将通过适当的管制以保证核物质不致被移用于其正当用途以外的其他目的"，条约第二编第七章"安全管制"则对此做出了详细规定。参见欧共体官方出版局编《欧洲联盟法典》（第一卷），苏明忠译，国际文化出版公司 2005 年版，第 326—442 页。

国际不扩散机制造成了冲击,① 也造成了欧盟成员国的分裂,使欧盟认识到必须有一个欧盟反扩散战略以增强欧盟的凝聚力。2003年4月10日,瑞典外交大臣安娜·琳和希腊外交部部长乔治奥·帕潘德里欧在瑞典的一家报纸上发表文章,呼吁必须采取预防性措施,在发生大规模杀伤性武器扩散的时候避免使用武力,并且呼吁制定欧盟反对大规模杀伤性武器扩散战略。② 经过与成员国的密集沟通协商,欧盟在2003年12月份出台了《欧洲安全战略》《欧盟反扩散战略》和《行动计划》。了解这样的背景有助于我们对欧盟反扩散战略的理解。欧盟在2003年制定的上述三个文件较全面地表达了欧盟对大规模杀伤性武器扩散的基本认识,是我们认识欧盟在不扩散领域政策的基本文件。2008年12月,欧盟又出台了《欧盟反对大规模杀伤性武器及其运载系统扩散的新路线》(简称《行动新路线》)。根据对上述文件的解读,我们可以从以下几个方面来把握欧盟对不扩散问题的基本认知及原则立场。

第一,欧盟认为,大规模杀伤性武器尤其是生化武器的扩散是对国际和平与安全的威胁,而恐怖主义则使大规模杀伤性武器扩散的危险性日益增加。对于不同性质的大规模杀伤性武器,欧盟的态度是不一样的。由于欧盟成员国全都批准了生物武器公约和化学武器公约,欧盟明确无误地表达了致力于完全彻底禁止生化武器的决心。但对于核武器,欧盟并没有坚持这样完全禁止的立场,这大概是由于欧盟的重要成员国英国和法国都是核武器大国,根据不扩散核武器条约它们是合法拥有核武器的核国家,因此不愿意放弃自己权力。③ 基于此,《欧盟反扩散战略》并不把大规模杀伤性武器存在本身看作是一种对国际和平与安全的威胁,而是认为威胁来自大规模杀伤性武器及其运载工具的扩散,④ 也就是说扩

---

① 孙逊:《论伊拉克战争对国际核不扩散机制的影响》,《国际论坛》2003年第5期。
② Anna Lindh, Georgios Papandreou, "No More Iraqs!", *Dagens Nyheter*, 10 April 2003.
③ 关于这种观点,参阅 Gerrard Quille and Stephen Pullinger, "The European Union: Tackling the Threat from Weapons of Mass Destruction", *ISIS Report*, November, 2003。
④ The European Union Strategy Against Proliferation of Weapons of Mass Destruction, paragraph 1.《欧洲安全战略》把大规模杀伤性武器及其运载工具的扩散作为其确认的五个威胁之一,指出"大规模杀伤性武器的扩散是对我们安全最严重的潜在威胁。"European Union, "European Security Strategy: A Secure Europe in a Better World", Brussels, 12 December, 2003, p. 3.

散增加了使用的风险。①

对于遭遇大规模杀伤性武器袭击的可能性,《欧盟反扩散战略》称"所有这些武器都可以直接或间接威胁欧盟及其更广泛的利益"。② 该文件还进一步提到这种威胁可能来自于传统的国家以及恐怖分子的袭击。欧盟并没有强调来自于传统国家的大规模杀伤性武器的威胁,《欧洲安全战略》指出,"最恐怖的景象是恐怖分子获取了大规模杀伤性武器",但是,"没有任何新的威胁完全是军事性质的,也没有任何威胁可以完全通过军事手段来解决"。③ 因此,文件所突出的是恐怖分子使用大规模杀伤性武器的可能性。《欧盟反扩散战略》还认为,由于生化武器的特殊性质和特点,对恐怖主义的吸引力特别巨大。④

第二,欧盟认为,当前大规模杀伤性武器的扩散既是由于某些国家在扩散问题上不负责任,也是由于当前国际规则的不完善以及机制实施方面的缺陷。《欧盟反扩散战略》未指名地提到了一些国家在扩散问题上的责任,特别是在涉及大规模杀伤性武器扩散的具体问题上,突出强调了某些国家违反国际条约是造成大规模杀伤性武器扩散的根源,但欧盟更强调扩散的原因是当前国际规则的不完善。针对大规模杀伤性武器和国际恐怖主义之间的联系,欧盟强调国家的中心地位,认为每个国家最终仍然要为大规模杀伤性武器的扩散负主要责任,在当前的体制下,国

---

① European Union, "The European Union Strategy Against Proliferation of Weapons of Mass Destruction", paragraph 1 and 5.

② Ibid., paragraph 10.

③ European Union, "European Security Strategy: A Secure Europe in a Better World", Brussels, 12 December, 2003, p. 7.

④ 与欧洲的分析家相比,大多数美国的分析家认为核恐怖袭击更加危险。这方面的论文,欧洲方面的代表有: Karl - Heinz Kamp, "Nuclear Terrorism is not the Core Problem" in "WMD Terrorism: An Exchange", *Survival*, Winter 1998 - 1999, pp. 168 - 171; Harald Müller, "Terrorism, proliferation: A European threat assessment", *Chaillot Paper*, No. 58, 2003; Gustav Lindstrom and Burkard Schmitt (eds.) "Fighting proliferation: European Perspectives", *Chaillot Paper*, No. 66, 2003. 美国方面的代表有: Matthew Bunn and Anthony Wier, "Securing the Bomb: An Agenda for Action", Nuclear Threat Initiative and the Harvard University Project on Managing the Atom, Harvard University, Washington D. C., May 2004, http://www.nti.org/e _ research/analysis _ cnwmupdate _ 052404. pdf; Gradham Allison, *Nuclear Terrorism: The Ultimate Preventable Catastrophe*, Times Books, New York, 2004, pp. 19 - 120。

际机制和行动在反对国际犯罪时是必要的,但是,国家仍然是执行国际规则最重要的行为体,通过对国家的控制可以在很大程度上降低恐怖主义的威胁。因此,通过国际行动可能削弱恐怖主义组织获得发展和使用大规模杀伤性武器的技术、资源、专家的可能性。国际协调与合作正是处理这类问题的关键。

第三,欧盟反对大规模杀伤性武器扩散的目标是"在世界范围内,预防、阻止、延缓以及在可能的情况下消除人们所关注的扩散计划"。① 欧盟主张把消除大规模杀伤性武器扩散威胁的目标建立在可能的条件之上,并不试图涉及世界上所有的扩散计划。因此,欧盟的目标具有有限性和现实性。通过与美国反扩散战略的比较,我们就能对欧盟的反扩散战略的特点有更明确的认识。美国在 2002 年 12 月份提出了反对大规模杀伤性武器扩散的国家战略,美国把威胁定义为"敌对国家和恐怖分子掌握大规模杀伤性武器",并且提出了非常具体的目标:保护美国、美国军队、美国的朋友和盟国,使它们免除现存的且日益增强的大规模杀伤性武器的威胁。② 美国反大规模杀伤性武器战略仍然属于传统的国家防卫战略范畴:目标明确的敌人,即敌对国家及恐怖主义者;目的是免遭这些敌人特别是它们的大规模杀伤性武器的威胁。而对欧盟来说,它对威胁的判断和设定的目标都是由欧盟本身的特点所决定的:在大规模杀伤性武器问题上,欧盟是一个试图通过多边机制解决国际问题的国际组织。美国作为一个超级大国,坚信它自己有塑造新的国际体系的手段和意志,相反,欧盟则不然,它在国际上的行为能力受到严重的限制,换句话说,欧洲是一个全球性的行为角色,但并不是一个大国。这些差别对理解欧盟的反扩散政策是非常重要的。

第四,欧洲反扩散的指导原则有四:有效的多边主义、全面行动、共同责任和渐进主义。多边主义原则包括捍卫、实施和执行国际裁军和

---

① European Union, "The European Union Strategy Against Proliferation of Weapons of Mass Destruction", paragraph 2.

② 美国政府关注的焦点从"什么"转变为"谁"。The White House, "National Strategy to Combat Weapons of Mass Destruction", December 2002, Introduction. http://www.whitehouse.gov/news/releases/2002/12/WMDStrategy.pdf.

不扩散条约，支持相关多边国际机构的运行等。有效的多边主义被认为是欧盟反扩散战略的基石，被普遍认为是和美国总统布什领导的单边主义战争唱反调。所谓全面行动指的是，使用欧盟的所有资源和手段以实现欧盟的目标，并把反扩散政策融入欧盟的所有政策中去。共同责任则具有两层含义：一是通过对军民两用物项的出口控制，二是通过欧盟的努力，例如发展援助、削减贫困、促进人权等，消除不稳定的主要因素。最后，渐进主义则是反扩散措施实施的指导性原则，这些措施可能既是预防性的又可能是强制性的。前者构成欧盟反扩散的第一道防线，除了依赖相关的国际组织外，还包括政治、外交行动。后者包括联合国宪章第七章以及国际法提到的一些措施，在预防性的措施失败之后，欧盟会考虑使用威吓包括使用武力等措施，但对欧盟来说，联合国安理会仍然是最后的判断者。[①]

欧盟反扩散战略是欧盟成长为一个成熟的战略行为体后自然而然要提出来的。但是，伊拉克战争给欧洲团结带来的冲击则使欧盟迅速行动起来，采取预防性措施，以避免出现"新的伊拉克危机"。自 2003 年以来，欧盟实质性地强化了其反大规模杀伤性武器扩散的制度框架，2008 年 12 月 17 日，欧洲理事会发布了欧盟反对大规模杀伤性武器的《行动新路线》。[②] 文件指出自 2003 年以来大规模杀伤性武器扩散的威胁在增长，要求加强欧盟机构和成员国之间的合作。文件并没有在政策路径上提出多少新的东西，其主要目的是提醒欧盟成员国大规模杀伤性武器扩散的威胁在增长，号召政府、学界和科学家了解大规模杀伤性武器扩散的情况及其潜在威胁。《行动新路线》被认为是 2003 年《欧盟反扩散战略》的一个升级版，欧盟认识到其在反对大规模杀伤性武器战略方面的实践和其承诺相比有很大差距，而《行动新路线》则要求欧盟的反扩散

---

① European Union, "The European Union Strategy Against Proliferation of Weapons of Mass Destruction", paragraph 14 – 15.

② Council of the European Union, "the New Lines for Action", http：//register.consilium.europa.eu/doc/srv？l = EN&f = ST%2017172%202008%20INIT.

行动与目标更加具有一致性。①

第二节 欧盟反扩散的基本措施

欧盟2003年通过的《欧盟反扩散战略》《行动计划》和《欧洲安全战略》提出了欧盟反扩散的各种措施,2004—2014年,欧洲理事会每半年就对欧盟反扩散战略的行动计划的执行情况进行辩论,并通过一个进展报告。从2015年起,改为每年发布一个进展报告,2018年5月,欧盟发布了2017年的年度报告,也是欧盟发布的第26个报告。② 2008年欧盟还提出了《行动新路线》,对其反扩散战略进行了升级。2009年,欧盟又通过了《欧盟CBRN行动计划》,强化欧盟范围内的化学、生物、放射性及核(CRBN)安全状况。通过这些文件,我们可以对欧盟采取的反扩散措施及其执行做如下简单总结。

一 促进有关大规模杀伤性武器法律规范的建设和执行

在法律规范方面,欧盟采取了如下一些做法:第一,通过外交行动寻求现存国际条约包括有关的核查机制(例如国际原子能机构的附加议定书中所包含的核查机制)的普遍化。这些措施,尤其是2003年6月21日理事会通过的关于欧洲联盟促进全面禁止核试验早期实施的共同立场的决定以及2003年11月通过的关于大规模杀伤性武器多边国际条约的全球化及其实施的共同立场,具有一些明显的欧盟共同行动的特征。第二,向第三方直接提供技术和经济援助,寻求克服某些国家在遵守这些国际条约的时候所遇到的管理(立法、制度等)和经济(实施费用)等方面的困难,确保它们对有关大规模杀伤性武器的国际条约的正确实施。这里具体指的是两个国际条约的实施,即《禁止生物武器公约》(BTWC)和《禁止化学武器公约》(CWC)。第三,给予相关多边国际机构例如国

---

① Peter van Ham, "The European Union's WMD Strategy and the CFSP: a Critical Analysis", Non-Proliferation Papers, No. 2, September 2011, EU Non-Proliferation Consortium, p. 5.

② 这些报告都可以在欧盟对外行动署网站方便地查到。https://eeas.europa.eu/headquarters/headquarters-homepage/14706/weapons-mass-destruction-wmd_en.

际原子能机构（IAEA）、《全面禁止核试验条约》组织筹备委员会（CTBTO）、禁止化学武器组织（OPCW）等财政援助。第四，强化有关大规模杀伤性武器的核查机制以及国际立法规则方面的控制。《欧盟反扩散战略》提出建议要求有效利用现存机制并设计新的机制。这要求欧盟在研究《禁止生物武器公约》和《禁止化学武器公约》框架下加强核查手段的同时促进对《禁止化学武器公约》框架内部面临的挑战的审查。至于《禁止生物武器公约》，由于没有有关执行组织（该条约的执行协助机构直到2007年8月才成立），欧盟寻求建立一个专家小组协助对其规范的遵守。欧盟还参与了有缔约方各国和专家参与的年度会议，并在这些年度会议的基础上召开了2006年《禁止生物武器公约》的审查会议。2005年3月，索拉纳的反扩散问题上的私人代表贾内拉女士（Annalisa Giannela）提出了欧盟如何促进《禁止生物武器公约》的普遍化及其实施的建议，欧洲理事会在2006年2月27日通过了一个联合法案，并于同年3月20日通过了欧洲理事会的共同立场，支持《禁止生物武器公约》。[1] 欧盟还通过了支持《全面禁止核试验条约》组织筹备委员会核查体系的联合法案。另外，正如上文已经提到，欧盟赞同订立国际原子能机构附加议定书来确定核查的标准机制。所有这些法案都显示了欧盟对国际核查机制的特殊兴趣和信任。[2]

---

[1] 参见 Council Joint Action 2006/184/CFSP of 27 February 2006 in Support of the Biological and Toxin Weapons Convention （OJ2006，L 65/51），http：//www.eur-lex.europa.eu/LexUriServ/site/en/oj/2006/l_065/l_06520060307en00510055.pdf，Council Common Position 2006/242/CFSP of March 2006 relating to the 2006 Review Conference of the BTWC（OJ 2003，L88/65）. http：//eur-lex.europa.eu/LexUriServ/LexUriServ.do? uri=OJ：L：2006：088：0065：0067：EN：PDF。

[2] 一些分析家指出，在2005年不扩散条约评估会议上，欧盟成员国在《禁止生产裂变材料条约》（FMCT）中核查的作用上存在不同的立场。奥地利和意大利号召启动FMCT谈判并强调需要包含核查条款，欧盟要求进行不预设前提条件的谈判，一些分析家认为这样的声明意味着FMCT的谈判不应该以包含核查机制为前提条件。参见 Peter Crail and James McMonigle，"Stalemate in the Diplomatic Trenches: An Overview of the Diverging Positions at the 2005 NPT Review Conference"，Center for Nonproliferation Studies，Available at http：//www.cns.miis.edu.pubs/week/pdf/050516.pdf。

二 加强对两用物项和技术的控制

欧盟承认很多生物和化学产品具有军用和民用两种用途，并且认为生化武器对恐怖主义分子更加具有吸引力，因此特别关注对两用物项和技术的管制，采取了出口控制、设备和原材料安全以及打击非法走私等措施。

在出口控制方面，《欧盟反扩散战略》除了确保在两用物项和技术控制问题上欧盟对外政策的某种程度的一致性外，还试图加强欧盟的出口控制机制。《欧盟反扩散战略》号召在现有的机制框架内进行欧盟的对外政策协调；支持新成员国融入现有的机制；促进欧盟委员会的参与；必要时在出口控制机制中引进全方位控制条款等。欧盟还要求确立一项计划来帮助那些缺乏足够的出口控制机制知识的国家，并通过了两项特殊的限制措施，目的是使核供应国集团（NSG）承认国际原子能机构附加议定书对出口控制的有关规定，促进对两用技术出口控制的实施。从实践效果看，欧盟采取的这些措施目前取得效果并不平衡。欧盟在2004年实施了一项检查方法，以强化欧盟的出口控制机制。欧盟所有成员国现在都是两个出口控制机制——澳大利亚集团（the Australia Group）及核供应国集团（the Nuclear Suppliers Group）的参与者，20个成员国加入了导弹技术控制机制（the Missile Technology Control Regime），除塞浦路斯外的27个成员国加入了瓦森纳安排（the Wassenaar Arrangement）。在这些机构举行国际会议之前，欧盟都会组织制度化的协调，而欧洲理事会和欧盟委员会都会出席这些会议。另外，欧盟成员国并不能在核供应国集团的"供应条件"所包含的核项目的范围上达成一致，它们仍然围绕如何解决欧盟成员国之间协调效率低下以及促进有关两用技术转变的信息交流等问题进行旷日持久的讨论。

至于物质安全、未经授权的进入以及改变设施和物资用途的可能性等问题，欧盟追求的是对高度放射源以及核材料和设施的物理保护和有效控制。欧盟所有成员国都已经批准了《核材料实物保护公约》（the Convention on Physical Protection of Nuclear Material），并同意召开一次会议，扩大该公约适用范围。另外，欧盟还提出建议，加强对病理微生物和有毒物质的控制，促进美国和欧盟企业之间的对话，提高在大规模杀伤性武器特别是生物武器问题上的警惕性。为此，欧盟采取了一些措施，其中两项特别值得指出。一是创建了欧洲疾病控制中心；二是欧盟及其成员国支持《禁止生物武器公约》的年度专家会议提出建议，要求制定促进国家立法、遵守《禁止生物武器公约》立场的详细规则。[①] 但欧盟在致病微生物和毒素领域还没有采取什么行动，欧盟在这方面关注的是加强欧盟层次和成员国层次的立法来控制它们。另外，与一些生物技术企业进行的有关提高对大规模杀伤性武器的警戒问题的对话进行得仍然很缓慢。

最后，《欧盟反扩散战略》建议采取三项措施反对非法走私：通过三项欧盟共同刑事法令，采取措施对高危材料的运输和转移进行控制；支持反对非法走私的任何国际行动。为了实施这些措施，欧盟通过了一项法规，修改了共同体海关规定，以保证安全得到强化和危险分析水平的提高。2003年11月，欧盟与美国达成一项协议，建立了一个旨在在欧洲推进"集装箱倡议"的工作小组。所谓"集装箱倡议"是"9·11"事件后美国海关发起的，要求对开往国外港口的集装箱进行预检，以防止恐怖分子利用集装箱货运的漏洞扩散大规模杀伤性武器。2004年6月1日，欧洲理事会发表了一个宣言，支持前一年5月美国总统布什提出的"扩散安全倡议"。[②] "扩散安全倡议"所倡导的是一个在美国领导下的对怀疑运输大规模杀伤性武器及其相关原料的货船进行武力拦截的一种多边战略。

三　加强与第三方的合作

欧盟根据其反对大规模杀伤性武器的行动计划，加强与第三方的合作，把对大规模杀伤性武器扩散的关切融入欧盟的政治、外交和经济等

[①] Jonathan B. Tucker, "The BWC New Process: A Preliminary Assessment" *The Nonproliferation Review*, Spring 2004, pp. 32 – 33.

[②] 参见 Council of the European Union, "Non – Proliferation Suppor of the Proliferation Security Initiative", Brussels, 1 June 2004, Document 100052/04. 该宣言确认了扩散安全倡议和联合国安理会2004年4月28日做出的1540号决议之间的联系。

活动与计划中去。

美国不仅是欧洲的主要盟国,并且也是反对大规模杀伤性武器扩散活动中的主要行为体。因此,美国是欧盟在反扩散领域最重要的合作伙伴。尽管欧美在反扩散领域存在着一些重要分歧,但双方都认识到单靠自己的力量无法解决大规模杀伤性武器扩散问题,因此,不扩散成为欧盟与美国首脑会议议程上的议题。[①] 另外,欧盟和美国还形成了在不扩散和裁军领域出现什么重要的国际事件时进行协商传统,该领域的官员会进行定期接触。如前文所述,双方还在"集装箱倡议""扩散安全倡议"和联合国安理会1540号决议框架下进行积极合作。但是,双方在一些领域仍然存在一些明显的分歧,例如关于履行《禁止生物武器公约》义务的机制、《禁止生产裂变材料条约》(FMCT)的特点、美国不遵守其在2000年不扩散条约回顾会议上通过的承诺,以及欧盟和美国在2005年不扩散条约回顾会议上的一些具体措施方面的分歧等。2005年之后,为了解决这些分歧,欧盟和美国在遵守及核查问题上开始对话,开始详细考察在裁军和不扩散机制等方面面临的一些具体挑战,双方同意继续有关交流,关注有关国家和具体的条约机制。在这一背景下,2006年的《禁止生物武器公约》评估会议继续就这些问题进行了讨论,试图进一步推动该公约的签署以及所有签字国通过国家法律和规定履行该公约。

欧盟还同其他一些国家进行了合作,但具有不同的特点。欧盟的主要目标是与其他一些重要国家建立起政治对话,把不扩散问题作为政治对话的一项内容,以期在国际社会行动中建立一般性共识。在某些情况下,这种政治对话是和欧盟支持这些国家提高它们反扩散能力(例如保护基础设施和科学家的流失等)的援助项目联系在一起的。与俄罗斯和独联体国家的合作就是最突出的例子。从1999年开始,欧盟和俄罗斯就在包括不扩散问题的政治对话与合作中形成了一种特殊的关系。2004年6月24日,欧盟与俄罗斯关于不扩散和裁军的合作项目结束之后,欧洲理事会在同年11月22日通过了一个联合行动计划,支持对俄罗斯的核设施

[①] 李小军:《论美国和欧盟在防扩散战略上的分歧与合作》,《外交评论》2005年第6期。

的物理保护。该项目投资为7937000欧元。在该地区的双边合作项目中，德国负责技术方面的援助。该联合行动计划实施3年。在塔西斯项目背景下，欧盟委员会联合研究中心涉及了几个保障核材料安全的项目的实施工作。在2005—2010年，该中心支持的塔西斯项目共有14个：7个在俄罗斯，2个在乌克兰，2个在哈萨克斯坦，2个在亚美尼亚，另外还有一个多国家的合作项目。2005年，双方就"共同外部安全空间"达成了一个路线图，其中包括"加强欧盟俄罗斯在不扩散、出口控制、裁军问题上的对话与合作，以期在相关问题上可能形成相近的立场，并在现存国际论坛上争取协调行动"这一目标。为了达到这一总目标，该协议还提出了合作的优先领域和一些具体的措施。①

欧盟和中国近年来在反扩散领域进行了积极的合作，并在一些问题上达成了一些共识。2004年12月8日，欧盟和中国在不扩散和军备控制方面达成了一个联合宣言，承认对方是各自在裁军和不扩散领域主要的战略伙伴。联合宣言在促进不同层次的政策对话以及在具体合作的优先领域（包括加强联合国的作用、核不扩散、生化武器、出口控制以及其他不扩散措施）举行定期的政策性对话达成了一致。

欧盟还试图与印度发展一种特殊关系。2004年11月欧盟与印度的首脑会谈形成了一些协议，2005年9月双方又形成了一个联合行动计划，其中就包含不扩散等议题。联合行动计划特别呼吁就不扩散问题建立一个高级官员的对话机制，这项工作为欧盟与印度建立新的战略伙伴关系打下了基础，并为2006年5月22日在新德里开始的欧盟与印度的安全对话提供了一个框架。在南亚地区，欧盟与巴基斯坦的关系进展较为缓慢。但与巴基斯坦的关系仍然是欧盟的战略优先之一。2004年欧盟与巴基斯坦签署了了贸易与联系协定，欧盟委员会主席已经接受授权与巴基斯坦就保护不扩散和打击恐怖主义内容的政治协议展开谈判。

在欧盟与第三方的关系中，通过实施反扩散政策，其中包括在与这

---

① Council of the EU, Brussels, 11 May 2005（Doc. 8799/05 ADD 1, Press 110），15th EU - Russia Summit: Moscow, 10 May 2005（Road Maps），pp. 32, 36.

些国家签订的协议中加入不扩散条款,① 已经取得了一定效果。尽管在欧盟与第三方的条约中这一条款使用的语言不同,规定的范围也有差别,但都要求采取有效的反扩散行动,并通过条约确定各方之间的定期对话来检查该条款的执行情况。② 这些条约并不包含具体的实施机制,而这些条款的实施也会遇到一些具体的法律难题。《欧盟反扩散战略》中所提出的对第三方的技术援助计划也没有得到执行,包含通过帮助大规模杀伤性武器技术知识的转换保证安全和控制高度危险的材料、设备和信息等目的。尽管如此,这些条约和协议仍然值得人们赞赏,它们提供了继续向第三方施加压力的基础,允许欧盟启动与第三方在不扩散条款问题上进行有效合作进行必要的对话与合作。

四 加强欧盟反扩散的机制建设

《欧盟反扩散战略》要求在欧洲理事会秘书处内部建立一个特别的机构,强化当前反扩散方面的制度安排。欧洲理事会2003年6月召开的希腊塞萨洛尼基会议已经同意建立这样一个机构,其功能是作为一个监控中心,配合欧盟其他机构(也就是形势中心),负责监督欧盟战略的执行以及搜集情报。2003年11月,欧盟共同外交与安全政策高级代表索拉纳任命贾内拉女士为负责大规模杀伤性武器的私人代表。此外,欧洲理事会机构中负责处理欧盟战略实施的包括三个工作小组,即不扩散小组、联合国裁军问题小组和常规武器出口小组,这三个工作小组在共同外交与安全政策支柱下运作。所有这些工作小组都包括成员国的代表、欧盟委员会和欧盟外交与安全政策高级代表的私人代表,每个月开会一次。

---

① 这个条款包括承诺通过彻底实施现存的国际工具和建立有效的国家出口控制制度,反对大规模杀伤性武器扩散。

② 不扩散条款被写进了与塔吉克斯坦的伙伴与合作协议以及与叙利亚的联系国协议。另外,关于反对大规模杀伤性武器扩散的合作方面的非扩散条款(是以不扩散条款为基础的)也被写入了修改后的非加太与欧盟的协议,该协议是欧盟与非加太地区78个国家在2005年6月24日签署的。与此相对应的是,在欧盟周边政策框架下,欧盟与东欧和地中海国家合作的行动计划中也包括了有关大规模杀伤性武器的章节,包括了大规模杀伤性武器的关键性内容。2005年9月通过的与印度的行动计划包含了不扩散的问题。此后,欧盟委员会也与巴基斯坦谈判,在欧盟与其的条约中加入不扩散条款。

欧盟在国际政治舞台上一直试图以一种规范性的力量出现，强调规范对维护国际秩序和世界和平的重要意义，通过创设机制、引领和遵守机制来发挥作用。欧盟在反大规模杀伤性武器方面的措施也表明其非常重视规范和机制的建设。由于军事能力方面的欠缺，欧盟重视民事力量运用，强调道义说服，反对动辄使用武力，强调多边主义。正因为如此，利用规范和民事力量被认为是欧盟实现其安全目标的一个特色。①

第三节　欧盟反扩散战略面临的问题

《欧盟反扩散战略》提出已经有十多年了，《里斯本条约》生效后也大大强化了欧盟在外交与安全事务中的作用，欧盟在伊朗核问题上也试图通过与美国不同的路径选择而扮演了积极的角色。欧盟的作用得到了国际社会的承认，2010年5月召开的不扩散条约评估大会欧盟受到邀请参会就是标志。欧盟参加了不扩散条约最后阶段的谈判，并且在有关行动方案的关键性谈判中被赋予了完全的席位，而参加这个谈判的是由大会主席邀请的有限的几个国家，这些国家包括联合国安理会五个常任理事国再加上巴西和墨西哥。时任欧盟委员会副主席、欧盟外交与安全政策高级代表阿什顿受邀在开幕式上讲话，表明国际社会对欧盟在反对大规模杀伤性武器方面作用的承认。但是，这并不意味欧盟在其有关战略文件中所做出的战略承诺得以实现。欧盟作为国际行为体角色的行为能力和人们对其的期望之间存在差距，② 在反扩散问题上表现得尤其明显，从而使欧盟的反扩散战略面临巨大挑战。

第一，欧盟机构和成员国之间很难协调一致。欧盟共同外交与安全政策所面对的事项属于敏感的国家主权领域，一直是采取政府间主义方式运作的，一直没有很大的建树。"9·11"事件和伊拉克战争使欧洲在面临的威胁来源上有了共同的认识，《欧洲安全战略》和《欧盟反扩散战

---

① 吕蕊、赵建明：《试析欧盟在伊朗核问题中的角色变化与影响》，《欧洲研究》2016年第6期。

② Christopher Hill, "The Capabilities – Expectations Gap, or Conceptualizing Europe's International Role", *Journal of Common Market Studies*, Vol. 31, No. 3, Sept. 1993.

略》被认为是制定一致而有效的欧盟外交和安全政策的重要机会。但是，在这一问题上，欧盟决策者面临的挑战是如何达成共识，因为在共同外交与安全政策问题上的决策权并不属于欧盟而是属于各成员国，执行政策的资源也是分散的。正如格力浦所言，反大规模杀伤性武器战略被视为欧盟共同外交与安全政策中的一个横向的问题，需要将反扩散政策与欧盟对外关系的其他领域（贸易和发展合作）相结合。但是，两者"事实上并没有建立联系"，因此，"反扩散战略实际上使大规模杀伤性武器扩散问题成为一个政府间决策问题，而在这一议题领域，欧盟委员会得到的授权是有限的"。[1] 欧盟不能保证其所有机构——欧盟委员会、欧洲议会和欧洲理事会团结一致，同时，欧盟成员国成分也比较复杂，既包含拥核国家又包括无核武器国家，既包括北约成员国又包括非北约成员国，既包括支持发展核能的国家又包括反对发展核能的国家，即便欧盟为强化自己在反扩散问题上的作用做出了努力，有关大规模杀伤性武器的政策仍然是由各成员国来决策。一个一致而高效的欧盟大规模杀伤性武器战略也是难以形成的。

《里斯本条约》之后，欧盟对外行动署的成立强化了欧盟在对外事务中的能力，但是，反扩散事务本身的横向性质决定了协调的难度很大。欧洲理事会负责制定战略并与第三方展开谈判，欧盟委员会负责共同外交与安全政策预算以及贸易、发展援助等其他合作协定（通常被称为混合协定）的财政上实施。由于大规模杀伤性武器条款通常被嵌入到混合协定当中，欧盟委员会的作用因此也相当重要。自2007年以来，欧盟委员会和欧洲理事会的官员在欧盟大规模杀伤性武器监视中心的组织下大约每月会面一次，其目的并不是去"监视"，而是去协调。该中心相当于一个协调机制，目的是使欧盟有关大规模杀伤性武器的政策融入欧盟各机构当中去。欧洲议会对大规模杀伤性武器问题非常积极，号召欧盟各机构和成员国克服分歧。但是，尽管其有监督欧盟政策并控制欧盟预算

---

[1] Lina Grip, "Mapping the European Union's Institutional Actors Related to WMD Non‒proliferation", EU Non‒Proliferation Consortium Papers No. 1, May 2001, http://www.nonproliferation.eu/activities/activities.php, p. 2.

的权力，欧洲议会对欧盟的决策过程的影响是有限的。

欧盟大规模杀伤性武器政策主要属于政府间决策，来自各成员国的专家和外交部官员发挥着关键性作用。各成员国的官员现在占欧盟对外行动署职员的三分之一，尽管理事会内部很多机密的信息可以分享，但有关这一政策领域的政策通常并没有在欧盟对外行动署展开讨论。深入的讨论主要是在具体的工作组内进行的，这些小组包括欧洲理事会非扩散工作组（the Council Working Party on Non-Proliferation）和欧洲理事会全球裁军和军控工作组（the Council Working Party on Global Disarmament and Arms Control）。现在这些小组的主席一直由对外行动署的官员担任。很明显，这些由中级官员组成的工作小组，并不能确定政治方向，只能就一些技术方面的事项做出决定。欧盟成员国对现在的安排也并不满意，欧盟成员国之间的巨大差异使欧盟很难达成一个能够照顾到多数利益的实质性的大规模杀伤性武器共同战略。同时，成员国对欧盟能否超越政策宣示而在重大事项上产生切实的影响也是持怀疑态度的。英国上院的一份报告就指出："欧盟的机构目前在非扩散领域实施一个全面计划所需要的法律权威和官场灵活性都没有，很多成员国仍然认为这是成员国的特权。"[1]

第二，欧盟在兜售其反大规模杀伤性武器扩散条款的时候在国际上遇到巨大障碍。欧盟共同外交与安全政策的规则和程序明确排除了采取立法方式实施共同立场。由于没有立法上的权限，欧盟就必须依赖比较薄弱的规范性和宪法性的安排来实施其在共同外交与安全政策领域的一些政策措施。而实际上，由于外交与安全领域的主权敏感性，即便在实施与各种联合声明以及其他传统的共同外交与安全政策措施相关的共同立场的时候，各成员国也往往各按各的想法办。在这种情况下，必须在欧盟与第三方签订的所有混合协定中加入欧盟反大规模杀伤性武器扩散

---

[1] British House of Lords, European Union Committee, "Preventing Proliferation of Weapons of Mass Destruction: The EU Contribution, 13th Report of Session 2004-05", The Stationary Office: London, Apr. 2005, p. 68.

条款，才能保证欧盟反扩散战略的实施。① 该条款指出，一旦出现某第三方国家不遵守有关裁军和不扩散条约和协议规定的义务，作为最后的补救措施，欧盟可以停止整个协议的实施。② 利用自己在经济和金融领域的影响力在贸易和发展援助政策中实现自己反扩散的政策目标，是欧盟实施其对外政策的惯用手法。欧盟经常在贸易和发展援助政策中加入与第三方的表现相联系的条款，从而捍卫欧盟的价值观和利益。在反大规模杀伤性武器扩散条款方面也是如此，这在2008年欧盟通过的《新行动路线》文件中得到了充分展示。

在反大规模杀伤性武器扩散条款方面，欧盟已经与中国、利比亚、韩国、俄罗斯、新加坡、泰国、菲律宾、越南以及几个中美洲国家展开谈判，并已经取得了一些进展，但是，仅仅有两个嵌入反大规模杀伤性武器扩散条款的协定得以生效，③ 但是这两个协定由于都是和没有发展大规模杀伤性武器能力和想法的国家签订的，因此也没有什么影响。一旦涉及反大规模杀伤性武器扩散条款可能产生实际影响的国家，谈判双方都避免把双边合作限定为"混合协定"。例如，欧盟和印度在谈判订立自由贸易协定的时候，双方在谈判之前就同意自由贸易协定不同任何政治条件相关联。印度明确声明它不接受欧盟胁迫添加的额外的大规模杀伤性武器条款。欧盟与印度虽然自2007年就开始了自由贸易协定的谈判，但直到2018年中仍然没有达成协议。这种情况非常不利于欧盟在欧盟内部以及在世界上推广其反大规模杀伤性武器扩散条款的努力。

第三，预算方面的问题也不利于欧盟反大规模杀伤性武器战略的实施。欧盟共同外交与安全政策方面的预算被认为是推动并强化欧盟在反对大规模杀伤性武器扩散的机制建设各种努力方面的有效工具。2003年之后，欧盟把反对大规模杀伤性武器扩散作为其对外政策的优先领域。

---

① 参见张华《刍议欧共体对外关系中的混合协定问题》，《国际论坛》2007年第3期；李琳婧：《欧盟混合协定实施的问题及影响》，《哈尔滨师范大学社会科学学报》2017年第6期。

② Council of the European Union, "Fight against the Proliferation of Weapons of Mass Destruction: Mainstreaming Non – proliferation Policies into the EU's Wider Relations with Third Countries", Brussels, 14997/03, 19 Nov. 2003, p. 4.

③ 这两个协定分别是与阿尔巴尼亚签订的协定和与非加太国家修订的《科托努协定》。

但是，除了一些涉及反扩散的宣示性关注之外，欧盟通过的反大规模杀伤性武器扩散战略并没有得到额外的预算支持。2004年欧盟用在共同外交与安全政策方面的预算仅6260万欧元，其中大约1500万欧元用于反扩散方面的努力。到了2005年用于反扩散方面的预算只有600万欧元。除预算的规模外，还有另一个问题，共同外交与安全政策方面的预算被认为是应对危机的应急基金，而不是一种实施中长期规划的基金。因此，通过联合行动的方式使用欧盟用于共同外交与安全政策的预算，如支持国际原子能机构、全面禁止核试验条约组织和禁止化学武器组织的做法因此是说不过去的。

自2003年以来，欧盟一直通过政治宣言的形式来支持国际反扩散的各种努力，欧盟做出了大量的理事会决议，制定系列联合行动计划来支持反对核武器以及运载工具扩散方面的条约和协定、支持联合国安全理事会关于不扩散大规模杀伤性武器及其运载系统的第1540号决议、支持有关化学武器与生物武器等方面的条约、支持关于在中东地区设立无大规模杀伤性武器及其运载手段的决定、支持欧盟设立反扩散学术联盟的活动等等。① 欧盟还利用共同外交与安全政策方面的预算来支持全面禁止核试验条约组织设立并发展自己的监督机构，并向国际原子能机构提供大量捐款促使国际原子能机构缔结其他重要的议定书，支持各国对国内的立法和规范进行相应的修订工作。欧盟还利用联合行动推动第三方在反扩散能力建设方面取得一些实际进展。欧盟委员会也利用其预算工具支持第三方国家实施的一些消减化学生物放射核污染方面的一些项目，欧盟委员会的稳定工具（IFS）资助反对大规模杀伤性武器扩散项目，包括反走私以及生化武器安全项目。这些都是2008年《行动新路线》所包含的项目。欧盟所有这些支持活动在其每年发布的进展报告中都有充分说明。支持上述条约、组织和机制是欧盟有效的多边主义路径的一个重要构成部分。同时，欧盟试图在这些机制中投入更多的资金扩大自己的影响力。尽管这些方式的有效性受到了质疑，但是通过增加在其他已经

---

① European Union External Action, "Weapons of Mass Destruction (WMD)", https://eeas.europa.eu/headquarters/headquarters - homepage/14706/weapons - mass - destruction - wmd_en.

存在的组织中的影响力来强化自己国际行为体角色，已经成为欧盟的一种战术。这种技术专家型的援助是欧盟运用较为娴熟的手段。欧盟共同外交与安全政策的基本伦理是建立在这样的假设之上的：削减贫困和保障人权是绝大多数危机的可持续解决方案的核心要素。"没有发展就没有和平"是欧盟的信条。和平、安全、稳定三者已经成为欧盟对外关系话语的主题，充满了对全球发展与安全政策需要综合而连贯的政策强调，这也同样适用于欧盟反对国际恐怖主义和对待大规模杀伤性武器扩散的挑战。

对欧盟向所有这些机构财政上贡献的真实具体的影响如何以及这些机构工作成就如何、联合国安理会第1540号决议在发展中国家的影响如何等进行评价将是非常困难的。我们不能把花多少钱等同于取得了多大成就，如果这样则失之于简单，难以让人信服，这不仅是对大规模杀伤性武器战略而言是这样，对整个欧盟的安全战略而言也是这样，但必要的预算投入对欧盟反扩散战略的推进同样是重要的。

第四，反扩散战略在欧盟外交与安全政策的优先地位值得怀疑。在"9·11"恐怖袭击事件以及随后的阿富汗战争和伊拉克战争大背景下，大规模杀伤性武器扩散成为《欧洲安全战略》中所提出的欧洲面对五大安全挑战之一。[1]《欧洲安全战略》甚至把大规模杀伤性武器的扩散说成是"对我们安全潜在的最大威胁"，并且认为化学、生物、放射以及核恐怖主义（CBRN terrorism）是最令人恐惧的景象。《欧盟反扩散战略》的升级版即2008年的《行动新路线》可以算作是对欧盟成员国和欧盟机构改进欧盟在反大规模杀伤性武器扩散战略方面效率的一种新的要求。该文件指出，私人和非法网络的崛起有助于两用技术的扩散，增加了欧盟公民面对大规模杀伤性武器的威胁。该文件一再提到"提高警惕"的重要性（25页的文件总共提到了15次），这说明文件使用的是一种警示性的语言。显然，这是要求欧盟和成员国都要认同把反大规模杀伤性武器

---

[1] 五大安全威胁包括恐怖主义、大规模杀伤性武器的扩散、地区冲突、国家失败和有组织犯罪。此外，《欧洲安全战略》还提出了其他的一些挑战，如能源依赖、流行病、自然资源的争夺等，2008年欧盟发布的《行动新路线》又增加了其他的挑战，例如网络安全和气候变化等。

扩散作为一种优先选择，实际上说明欧盟及其成员国在这一认同上还存在一定的困难。

从预算上来看，大规模杀伤性武器扩散也不是欧盟的头等关切。2009年欧盟共同外交与安全政策预算中只有550万欧元用于反大规模杀伤性武器扩散和裁军政策，大约相当于欧盟用于在民主刚果共和国执行警察任务的预算。因此，不管在《欧洲安全战略》及其他相关文件中对安全威胁的描述如何，大规模杀伤性武器扩散和其他的重要挑战如反对恐怖主义和应对全球气候变化相比并没有得到足够的重视，在资源上也没有得到更多的投入，例如，欧盟把反对恐怖主义和气候变化列为头等优先事项。"由于存在众多的优先事项，因此毫不奇怪欧盟的共同外交与安全政策在很大程度上是由事件来推动的"，"正如欧盟的反恐战略一样，反大规模杀伤性武器战略只不过是没有法律地位的政治宣言，最终是由成员国来决定是否来执行这些文件中确定的目标，成员国深化合作的欲望，在经过各国旷日持久的谈判形成战略文件之后，也就慢慢消失了"。[①]

欧盟提升人们对其在反大规模杀伤性武器扩散领域中发挥作用的预期是为了换得成员国对欧盟的支持，并时刻协调相关政策。但是，这种做法并不成功。成员国不准备为了欧盟层面上的政策一致性而放弃自己的战略利益。另外，从欧盟发布各种战略报告后的情况来看，往往在采用一种新的"战略"（例如反大规模杀伤性武器扩散、反恐或其他领域的战略）之后，外交上的短暂关注很快就消失在工作组各种繁杂的工作中，最后产出的往往是无关紧要的报告。于是，人们就产生了这样一种印象：这些"战略"及后续文件和报告本身就被视为欧盟政策的核心，而不是捍卫欧洲价值观和利益所需的实际行动，欧盟最终政策指导方针只能含糊不清，往往倾向于空喊含义不明确的"有效多边主义"口号。

第四节　欧盟与伊朗核问题

伊朗的核计划早在20世纪50年代就在美国和其他西方国家的支持下

---

① Peter van Ham, "The European Union's WMD Strategy and the CFSP: a Critical Analysis", Non-Proliferation Papers, No. 2, September 2011, EU Non-Proliferation Consortium, p. 9.

启动，但在 1979 年伊朗伊斯兰革命后停滞，20 世纪 90 年代，在俄罗斯的帮助下进入新的阶段。2002 年伊朗被曝出有未申报的秘密核设施建设活动，伊朗核问题于是成为国际反扩散领域中的重要事件，成为牵动国际局势发展变化的重大问题。欧盟在伊朗核问题的发展过程中，一直扮演着核心推动者的角色，其对伊朗核问题的政策和策略，显示了其在大规模杀伤性武器扩散问题上的政策立场和独特角色，值得深入研究和分析。

事实上，早在伊朗秘密核活动被曝光以前，欧盟就对伊朗核项目表示担心。2001 年，欧盟委员会已经对"伊朗发展大规模杀伤性武器的意图"表示了不安。伊朗秘密核活动被曝光之后，欧盟及其主要成员国就决心在国际社会阻止伊朗获得核武器能力的努力中发挥核心作用。2003 年 6 月，欧洲理事会首次在决议中提及伊朗核计划，但措辞相当温和："伊朗核计划某些方面的性质引发了严重关切"，并暗示伊核问题将与双方贸易联系相挂钩。2003 年 7 月，欧盟通过决议要求伊朗积极配合国际原子能机构的检查。2003 年 8 月，欧盟共同外交与安全政策高级代表索拉纳访问德黑兰。2003 年 9 月，欧盟以书信的方式向伊朗表示可以提供民用核技术来换取伊朗的全面合作。2003 年 10 月，英国、法国、德国三国外长飞赴德黑兰与伊朗进行谈判。

欧盟积极寻求介入伊朗核危机，有着自身的经济利益、防止大规模杀伤性武器扩散、维护周边地区安全稳定、提升自己在国际上的影响力等方面的考虑，[①] 但其中最为关键的是形成怎样的反大规模杀伤性武器扩散战略问题。当时，伊拉克战争正在进行当中，而美国发动伊拉克战争正是打着反大规模杀伤性武器扩散的旗号进行的，大规模杀伤性武器扩散问题成为国际社会头等重要的安全关切，欧盟内部也正在围绕欧盟的反扩散战略展开深入的讨论。同时，欧盟内部围绕美国单边主义领导下的伊拉克战争产生了严重的分裂，这种分裂不仅导致人们对欧盟在共同外交与安全事务能力上的怀疑，甚至威胁欧洲一体化本身，欧盟迫切需

---

① 李格琴：《欧盟介入伊朗核问题政策评估》，《武汉大学学报》（哲学社会科学版）2006 年第 3 期。

要在反扩散问题上形成不同于美国的立场而维护欧洲的团结。因此，欧盟在伊朗核问题上的战略目标是：一是要避免伊朗核问题升级，反对美国使用武力解决问题；二是要反对大规模杀伤性武器的扩散，禁止伊朗拥有核武器。伊朗核问题的出现正好是欧盟共同外交与安全政策的试金石，也是欧盟将自己打造成具有全球安全野心的有影响力的国际行为体的机会。

自1979年伊朗伊斯兰革命以来，美国一直采取孤立伊朗的政策，拒绝与伊朗对话，美国和伊朗关系断绝，这为欧盟在其中发挥独特的作用提供了机会。同时，欧盟也有与伊朗进行沟通的渠道。欧盟与伊朗自1992年以来就建立了对话机制，这种对话包括正式的人权对话、2002年12月以来的贸易与合作协定（TCA）谈判以及政治对话。经过英、法、德三国外长与伊朗的谈判，2003年10月三国与伊朗签订了《德黑兰宣言》。伊朗同意与国际社会合作解决核问题，同意签署《核不扩散条约》附加议定书，在议会批准《德黑兰宣言》之前伊朗暂停所有铀浓缩和后处理活动。而三国外长则承认伊朗有和平利用核能的权利，欧盟反对将伊朗问题提交联合国，欧盟重启其与伊朗的贸易合作协定的谈判等。这就是所谓的"E3"机制。"E3"机制凸显了欧盟内主导性大国作用。2004年11月15日双方又签订了以核暂停为主要内容的《巴黎协定》，伊朗继续暂停铀浓缩活动，而欧盟则承诺重启与伊朗的贸易合作谈判，支持伊朗加入WTO，重申对伊朗民用核技术提供支持，包括供应核燃料和轻水反应堆建设。《巴黎协定》是欧盟三国和伊朗政府之间达成的，并得到欧盟共同外交与安全政策高级代表的支持，显示了欧盟的作用在增加。《德黑兰宣言》和《巴黎协定》是欧盟参与伊朗核问题解决过程中两个最重要的协议，避免了中东在经过伊拉克战争之后再次陷入战火，也显示了欧盟用综合性解决手段和多边主义途径解决伊朗核问题的有效性，被认为是欧盟对伊朗核政策的成功。但是，欧盟的综合性解决手段超越了纯粹的核问题，欧盟对多边主义的倾向和对安全与发展的全面态度意味着，谈判将很快扩大到诸如"恐怖主义、伊朗对中东和平进程的态度、地区问题以及尊重人权和基本自由"等问题上，这是伊朗所不能接受的。再加上欧盟对伊朗的承诺口惠而实不至，欧盟认为伊朗人权问题无实质性改善而导致《合作贸易协定》的谈判搁浅，欧盟对伊朗民用核技术支持的承诺也没有兑现，伊朗在核问题上面临双输的局面。这种情况导致伊朗对欧盟的目的和作用产生置疑，并导致伊朗国内强硬派势力代表内贾德上台执政。

由于伊朗在经贸问题上难求突破，核发展又被限制，2005 年上台执政的内贾德在核问题就采取强硬政策，彻底撕毁与欧盟达成的核暂停协议。为应对这种局面，在美国提议下，成立了联合国 5 常任理事国 + 德国的协商机制，伊朗核问题被提交联合国，从 2006 年 12 月开始，联合国出台了对伊朗的系列制裁决议。但联合国的制裁并没有起到阻止伊朗核计划的预期效果，伊朗核问题造成的中东紧张局势反而刺激国际油价一路走高，这让依靠石油收入的伊朗大获收益，同时，内贾德的核对抗政策也使伊朗的核进程得到迅速发展，伊朗由双输变成了双赢。尽管如此，欧盟仍在采取一种基于对话和适度胁迫措施的双轨方式。尽管欧盟严格执行了联合国安理会关于对伊朗实施经济制裁的多项决议，但它始终遵循索拉纳的格言：对话仍是进程的核心。欧盟和伊朗之间的联系并没有完全中断，在阿富汗难民、反对毒品走私和高等教育等方面仍进行有限的合作。2009 年 7 月，伊朗暗示欧盟正在干涉其总统选举，并声称欧盟因此"没有资格"就其核计划进行进一步谈判。

在联合国对伊朗制裁无效的情况下，欧盟对过去与伊朗的以接触促变化的反扩散政策进行了反思和调整，于 2010 年 7 月针对伊朗的能源、交通、银行和保险行业实施了一套新的制裁措施，使得来自欧盟的新投资不可能流入伊朗。但制裁措施的推出并不容易。因为欧盟成员国与伊朗存在密切的经济联系，此前，许多成员国就反对联合国提出的严厉的制裁。塞浦路斯、希腊和马耳他尤其反对扩大联合国对伊朗航运公司的制裁范围；而奥地利、比利时和瑞典则抵制对抗政策和经济胁迫，支持多边主义和开放对话；意大利、西班牙和希腊则同伊朗有密切的能源联系，2010 年意大利从伊朗进口石油占其石油进口总量的 13%，西班牙为 14.6%，希腊为 13.8%。经过反复的讨价还价，欧盟才最终在 2012 年 1 月 23 日通过了针对伊朗的包括石油禁运和金融制裁的决议。

欧盟对伊朗的单独制裁具有重大意义。过去，对伊朗制裁只是美国的单边行为,虽然美国要求欧盟、日本、韩国等盟国配合,但除日本外,其他各方很少响应,欧盟则更是为了凸显自己独特立场而不予配合。现在欧盟加入制裁,增强了制裁的效果。同时,欧盟对伊朗的制裁也意味着伊朗不能有效利用欧盟和美国的分歧,不能有效利用所谓的第三方外交拓展自己的外交空间。欧盟对伊朗的能源禁运和金融制裁使伊朗蒙受巨大损失,石油收入减少,货币贬值和外汇出逃,使伊朗经济遭受到了实质性伤害,民众苦不堪言。在这种情况下,伊朗政府在内贾德下台之前就被迫寻求同西方改善关系,温和派鲁哈尼也因此能够以解决核问题和解除经济制裁为竞选口号在 2013 年伊朗大选中击败对手。鲁哈尼上台之后便同美国进行了良性互动,推动了伊朗核问题的解决。从 2013 年起,伊朗与六国经过多轮谈判,最终于 2015 年 7 月达成《联合全面行动计划》,即《伊核问题全面协议》。

欧盟参与伊朗核问题解决的过程,正是欧盟共同外交与安全政策成长的过程,伊朗核问题被认为是欧盟外交政策的分水岭。欧盟自 2003 年以来一直试图以自己独特方式来解决伊朗核问题,反对美国的单边主义行动,并认为经济制裁是危险的政策工具,不仅不能达到目标,反而会损害自己的经济和外交利益。欧盟的立场为伊朗与欧盟的合作提供了空间。但由于欧盟内部利益差异难以协调以及欧盟试图以全面解决方案来解决伊朗核问题,以规范性力量来推行自己的价值观外交,导致欧盟与伊朗难以继续沟通,最终导致伊朗转向强硬政策,凸显了欧盟反扩散战略的内在矛盾。欧盟最后被迫在联合国的框架内解决伊朗核问题。

《伊核问题全面协议》的达成使伊朗通过暂停核活动和降低铀浓缩丰度等换取了欧美解除制裁,但是,伊朗的核研发活动基础设施、研究能力和技术力量都得到保留。"即便伊朗的意图是和平的,只要其他人怀疑伊朗有核武器计划就是危险的。仅这一条就足以触发核武竞赛。这时整个核不扩散机制就差不多成为碎片。"[1]《伊核问题全面协议》引起了以色列、沙特等国的强烈不满,沙特、卡塔尔、阿联酋等国也纷纷寻求开

---

[1] Javier Solana, Intervention by Javier Solana, EU High Representative for the Common Foreign and Security Policy, Munich Conference on Security Policy, S059/05, Munich, 11 – 13 Feb. 2005.

发核能,沙特甚至扬言购置核武器对抗伊朗,而美国国内也有强烈反对声。这正是美国总统特朗普在 2018 年 5 月退出《伊核问题全面协议》的原因。

美国退出《伊核问题全面协议》遭到了包括欧盟三国及中国和俄罗斯的反对。多方为挽救《伊核问题全面协议》而展开新一轮的博弈。① 欧盟之所以反对美国退出《伊核问题全面协议》,主要有以下原因:第一,因为从欧盟与伊朗围绕核问题打交道的历史来看,能达成这样的协议已是难得;第二,因为伊朗是欧盟的大周边国家,从欧洲债务危机以来欧盟的战略调整来看,其重点是维护周边的安全稳定,防止战争冲突再度发生,防止再次出现大规模的难民潮涌向欧洲;第三,欧盟与伊朗历来存在较为密切的经济联系,而在 2015 年《伊核问题全面协议》达成之后,欧盟有更多的企业进入伊朗;第四,中东地区的油气资源关乎欧洲的能源安全,一旦伊朗生战生乱,伊朗封锁霍尔木兹海峡,则直接影响欧洲能源来源,这是欧盟所不能承受的;最后,欧盟的态度根源于欧盟在反对大规模杀伤性武器扩散的理念上与美国的差别。欧盟主张把消除大规模杀伤性武器扩散威胁的目标建立在可能的条件之上,并不试图涉及世界上所有的扩散计划。因此,欧盟的目标具有有限性和现实性,并主张通过多边主义途径解决问题。美国反对大规模杀伤性武器扩散的理念则是建立在传统国家防卫理念上,目标明确,敌人明确,可以动用战争手段来解决问题。

鉴于欧盟各国在伊朗的利益复杂性以及欧盟反扩散战略的基本特点,欧盟在伊朗核问题的解决途径上与美国仍将存在重大的分歧,但由于价值观和根本利益的一致性,在关键节点欧美合作并不让人意外,欧盟共同外交与安全政策在反扩散问题上仍将在充满矛盾中继续发展。

小　结

"9·11"事件之后,大规模杀伤性武器的扩散被认为是国际和平与

---

① 花放:《"挽救"伊核协议走到十字路口》,《人民日报》2018 年 7 月 10 日第 21 版。

安全的主要威胁,主要国家和国家集团都制定了自己的反扩散战略并提出了一些具体的措施。美国由于对传统的以外交和多边机制为主要手段的反扩散体制的严重不信任,而主张对反扩散体制进行根本性的变革,逐渐增强反大规模杀伤性武器扩散的"牙齿"功能,并主张以"先发制人"的方式武力消除大规模杀伤性武器扩散带来的威胁。和美国相比,欧盟的反扩散战略及其措施则显示了自己的独特性。欧盟并不认为当前的反扩散机制需要进行根本性的变革,而是认为当前的国际条约机制和出口控制安排已经延缓了大规模杀伤性武器的扩散,现有的国际反扩散机制不但不能削弱,反而要不断强化。正是在这一意义上,欧盟的反扩散战略强调有效的多边主义,主张采取促进国际和地区稳定的措施,加强国际合作等等。当前国际社会解决大规模杀伤性武器扩散问题的主流是采用多边主义和合作的方法,构筑地区谈判机制,同时充分发挥联合国的主导作用以及其他有关国际机构(如 IAEA)的作用。因此,欧盟的反扩散战略及其采取的措施在很大程度上是符合反扩散机制发展的潮流的,对维护反扩散的多边机制、消除大规模杀伤性武器的扩散有积极的意义。

但是,欧盟的反扩散战略又有其局限性。第一,大规模杀伤性武器扩散问题在冷战结束之后之所以日益严峻,和冷战结束后发展中国家发展形势恶化、安全没有保障密切相关。从根本上解决大规模杀伤性武器扩散必须照顾发展中国家对发展和安全的基本需求,这是欧盟反扩散战略所缺少的。第二,反扩散必须与裁军同时进行才能收到实效。1968年《不扩散条约》达成的一个共识或者说一个妥协的结果是,不拥有核武器的国家将永远放弃发展核武器,如果几个核武器国家在核裁军方面进行了切实的努力。因此,大规模杀伤性武器的裁军与不扩散是相互联系、相互促进的,裁军的进展有助于推动反扩散进程。"就不扩散条约而言,并不存在'合法的'和'非法的'核武器拥有国,条约承认5个国家为核武器拥有国这一事实,实际上认为这是一种过渡状态。该条约并没有在任何意义上承认这些国家作为核武器拥有国的永久地位。"[1] 冷战结束

---

[1] Mohamed ElBaradei, "Rethinking Nuclear Safeguards", *Washington Post*, 14 June, 2006.

后，西方大国把关注的重点放在了防止大规模杀伤性武器扩散方面而不是裁军。《欧盟反扩散战略》仅把大规模杀伤性武器的扩散而不是其存在作为一种威胁实际上正是反映了西方国家的这种立场。第三，需要采取措施加强联合国作为违反相关条约最终情况裁定者的作用和权力。事实上，《欧盟反扩散战略》只赋予了安理会在反扩散中的"中心角色"（a central role），而不是联合国宪章第 24 条所表述的"主要责任"（primary competence），[1] 也没有把采取强制行动与联合国的安理会的授权联系起来。这就导致一些人认为，欧盟反扩散战略的可信度只有在欧盟宣布使用武力反对扩散者意愿的时候才能存在，而不管使用武力是否得到安理会的授权。[2] 第四，欧盟对反扩散事业提供的财政支持还远远不够。到目前为止，欧盟还没有为大规模杀伤性武器的削减划定专门的预算额度。《欧盟防扩散战略》中提出的对第三方的援助执行缓慢，例如涉及俄罗斯的塔西斯项目尽管在 2003 年就已经提出来，但直到 2006 年才开始执行。

尽管欧盟反扩散战略有不同于美国反扩散战略的特点，且欧盟和美国正在是否维持《伊核问题全面协议》展开激烈博弈，但我们不能夸大欧美在反扩散问题上的分歧。其实，导致欧美之间分歧的因素除了它们对威胁的认识和安全概念上的差异外，更主要的是欧洲的自主性和美国的主导性之间的冲突。随着欧洲共同外交与安全政策的发展，欧盟试图通过确立解决国际和平与安全问题的欧洲模式，在世界上显示自己的存在并追求自己对世界事务的影响。但是，由于欧美在基本价值观方面是一致的，它们在维持自己大规模杀伤性武器优势地位方面也有共同的利益。另外，欧美反扩散的一些措施并没有照顾到广大无核国家和平利用核能方面的利益，现在已经造成了无核国家与西方国家之间的分歧，[3] 在这样的对立中，欧盟和美国显然能够更好地合作。

---

[1] 一些人认为，这种用词上的差异表明了欧盟内部在联合国安理会作用方面存在意见分歧。Clara Portela, "The Role of the EU in the Non-proliferation of Nuclear Weapons: The Way to Thessaloniki and Beyond", *PRIF Reports*, 2003, No. 65, pp. 2 – 22.

[2] Asle Toje "The 2003 European Security Strategy: A Critical Appraisal" *European Foreign Affairs Review*, Vol. 10, No. 1, 2005, pp. 117 – 133.

[3] 田景梅、胡思德：《〈不扩散核武器条约〉：分歧与弥合》，《现代国际关系》2006 年第 10 期。

第 七 章

人道主义援助与对外关系

从1969年《雅温得协定》开始,人道主义援助就开始进入欧共体的议事日程。起初,欧盟人道主义援助是和发展援助领域的活动密切相关的,[1]《雅温得协定》第二期把人道主义援助作为对非加太国家发展援助政策的工具之一。在1992年之前,人道主义援助的责任分散在欧共体委员会的各个总司,主要是根据援助的性质和形势紧急的程度由各总司承担相应的责任,并没有专门的机构。由于20世纪90年代初人道主义援助开支的增加、对海湾战争后伊拉克人道主义危机的准备不足以及当时正在发生的南斯拉夫人道主义灾难,当时负责欧盟对外关系的欧盟委员会委员同意建立一个专门负责管理人道主义援助的机构,1992年欧盟委员会人道主义援助办公室(the European Commission Humanitarian Aid Office,ECHO)成立,以协调欧盟各机构以及欧盟与成员国在人道主义援助方面的工作并提高援助效率。欧盟委员会人道主义援助办公室2004年更名为人道主义援助总司(Directorate – General for Humanitarian Aid),2010年更名为人道援助和民事保护总司(Directorate – General for Humanitarian Aid and Civil Protection),但英文缩写仍保持"ECHO"不变。为表述方便,凡涉该机构,本章使用其英文缩写。根据ECHO提供的数据,2015年全球大约1.34亿人受到了自然灾害和人为灾难的影响需要得到救助,国际人道主义援助在80多个国家展开。2016年,欧盟在人道主义援助上

---

[1] 关于这一方面的论述,请参阅Paul Hoebink, "European Development Aid in Transition", in Olufemi Babarinde and Gerrit Faber (eds), *The European Union and the Developing Countries – The Cotonou Agreement*, Martinus Nijihoff Publishers, Leiden: Brill, 2005, pp. 127 – 153。

的开支超过了 21 亿欧元，欧盟成为世界上最大的援助方之一。

欧盟开展人道主义援助有助于提升成员国公民对欧盟的认同和欧盟在国际上的形象。一方面，和传统的国际援助相比，人道主义国际援助特别有助于促进欧盟合法性的建设，因为这种行为具有短期内可以看得见的结果如拯救的多条生命、媒体的集中报道、公共舆论的积极评价等，从而能够在欧盟内部形成对欧洲一体化的某种支持。① 另一方面，在冷战结束的大背景下，欧盟迫切需要在国际舞台上发挥自己的影响，通过提供人道主义援助，欧盟向全世界的公众展示自己是一个关心第三方国家疾苦的有善心的国际行为体的形象。欧盟在人道主义援助领域的活动使得欧盟得以在国际问题上展示自己的身份，突出自己的民事权力实体的形象。因此，也有人把欧盟人道主义援助领域的活动看作是"象征性政治"。②

本章分析了欧盟人道主义援助的历史，欧盟人道主义援助的基本原则，欧盟在人道主义援助方面的权能和欧盟人道主义援助的运作机制，最后讨论欧盟人道主义援助面临的问题以及人道主义援助政治性等问题。

第一节 欧盟人道主义援助的历史

1957 年签订的《罗马条约》设立了对外关系方面的条款，来处理欧共体成员国与前殖民地和海外领地之间的关系，由此开始了欧共体以及后来的欧盟参与人道主义援助的进程。欧盟参与人道主义援助的历史大概可以分为以下三个阶段。

第一个阶段，早期参与阶段（1957—1992）。最初的时候，欧共体并没有参与人道主义援助的制度安排。1963 年，欧共体与前殖民地国家签署协议，对非加太地区国家提供经济发展援助。从 20 世纪 60 年代开始，

---

① Michael Smith, "The European Union and International Order: European and Global Dimensions", *European Foreign Affairs Review*, Vol. 12, No. 4, 2007, pp. 437–456.

② Gorm Rye Olsen, "Changing European Concerns: Security and Complex Political Emergencies Instead of Development", in Karin Arts and Anna Dickson (eds), *EU Development Cooperation: from Model to Symbol?*, Manchester: Manchester Universit Press, 2004, p. 85.

欧共体开始偶尔参与国际社会人道主义援助活动，此时人道主义援助缺乏独立的管理机构，人道主义援助范围与内容受到局限，人道主义援助与对外战略紧密相关，人道主义援助只是发展援助的一个重要组成部分，援助的参与者主要是欧共体成员国而不是欧共体机构。

最初，欧共体人道主义援助的主要对象是欧共体成员国的前殖民地国家，人道主义援助项目多被称为"特殊援助"。1969 年第二个《雅温得协定》将人道主义援助作为对非加太国家发展援助政策的工具之一。该协定第二十条提到了所谓"特殊的援助"，旨在为遭受特殊经济困难（如物价暴跌）或遭受自然灾害（如洪水、饥荒）的欧共体在非洲联系国和马达加斯加（Associated African States and Madagasgar，AASM）提供紧急援助。

20 世纪 70 年代之后，欧共体的人道主义援助开始扩展到其他国家，在制度化和机制化方面也有了发展。1971 年，欧洲议会设立了单独的人道主义援助预算项目。援助范围从成员国前殖民地国家扩展到所有发展中国家。此外，还制定了单独的援助措施用于"难民和流离失所者援助"和"紧急粮食援助"，但这两项分属于负责发展的第八总司（DG VIII – Development）和负责农业的第六总司（DG VI – Agriculture）。

1979 年欧共体与非加太地区国家签订第二期《洛美协定》，扩大了援助的范围：除了经济和自然紧急情况以外，人为灾难，特别是内战和种族冲突所造成的危机也属于援助范围。此外，人道主义援助开始被称为"紧急援助"，取代了以前的"特殊援助"概念。

进入 20 世纪 80 年代，人道主义援助范围和内容进一步拓展，欧共体开始对发生自然灾害和人为灾难的许多国家施以援手。欧共体对非加太地区的援助预算主要由欧洲发展基金、欧洲投资银行以及欧共体预算组成。其中欧共体预算援助主要集中于粮食援助以及人道主义援助。[1] 人道主义援助的重点地区主要是非加太地区和地中海地区。这两个地区，前者是欧共体成员国前殖民地，与欧盟经济联系紧密；后者在战略地位上对欧共体至关重要。在亚洲和拉美，欧共体人道主义援助的重点是该地

---

[1] 周弘：《对外援助与国际关系》，中国社会科学出版社 2002 年版，第 519 页。

区的贫困国家。获得人道主义援助较多的国家包括阿富汗、柬埔寨、孟加拉国、越南、巴基斯坦、尼加拉瓜、危地马拉、古巴和萨尔瓦多。

总体来看，从 20 世纪 60 年代末至 90 年代初，欧共体的人道主义援助仍与对外战略挂钩。人道主义援助不是欧共体对外政策的主要内容，援助资金占比不高，相比而言，欧共体更重视发展性粮食援助，人道主义援助也主要用于紧急恢复，涵盖的内容较少。在此期间欧共体的人道主义援助范围狭窄，援助政策和内容与发展援助界线模糊，缺乏清晰的制度与法律基础；援助内容分散，没有独立的执行机构。

第二阶段，制度化与安全化阶段（1992—1999）。冷战结束后初期，苏联和南斯拉夫的解体，很多发展中国家也出现了政局动荡。国际格局的变动也引发了海湾战争这样的地区冲突，世界上许多地区面临着严重的人道主义挑战。这种人道主义灾难诱发了人道主义干预的冲动，"人道主义干预""人权高于主权"对当时的欧盟人道主义援助产生很大的影响。同时，欧洲一体化恰恰在这一时期取得重大进展，1991 年欧共体成员国签订《马斯特里赫特条约》，决定成立欧盟，并将欧洲之前的政治合作体系转变为共同外交和安全政策，欧盟开始在国际舞台显现自己的地位。不论从加深欧洲一体化进程的角度还是提升国际影响力的角度，欧盟都有必要加强欧盟人道主义援助的角色。在此背景下，欧盟人道主义援助的范围扩大，援助活动增多，通过建立独立机构、制定新的规章制度而制度化。

1992 年 4 月，欧共体人道主义援助办公室（the European Community Humanitarian Aid Office，缩写为 ECHO）成立，开始统一管理欧盟的人道主义援助事务。由 ECHO 来实行的紧急援助，常常与最为贫困的人群相关。通常对那些在自然灾难和战乱中受损害人群的家园恢复与重建活动给予援助，使其重新进入发展过程。[①] 1996 年，接受 ECHO 提供的人道主义援助的国家大多 60 个，援助项目大多经由合作伙伴实施。在 20 世纪 90 年代中期，由合作伙伴执行的援助份额达到 80% 以上，其中非政府组

---

① 周弘：《对外援助与国际关系》，中国社会科学出版社 2002 年版，第 547—548 页。

织所占比例最大（超过40%），其次为联合国相关机构（超过30%）。①

在制度规范建设上也取得了进展，1993年，欧盟拟定了一个《框架性合作伙伴协议》（Framework Partnership Agreement）。这个协议强调欧盟不仅仅是一个"现金提款机"，也和其他行为体同等参与救济行动。② 到1996年年底，170多个人道主义组织签署了此项协议，到目前为止，ECHO与国际组织、联合国机构、成员国机构以及非政府组织的关系仍以这个协议为基础，指导和开展合作事务。1996年，欧盟发展部部长理事会通过了《人道主义援助的理事会条例》（下文简称"96年理事会条例"），该援助条例不仅为ECHO制定了工作目标，③ 也为ECHO的存在提供了法律基础。

1996年还成立了欧盟人道主义援助委员会（HAC）。该委员会的设立，使欧盟成员国能够向ECHO提供政策建议，成为成员国参与欧盟人道主义援助的渠道。该委员会在1996年就提出了设立"救助、恢复和发展相联系（LRRD）"项目的建议，以解决短期人道主义援助和长期发展援助之间的"灰色地带"问题。此后，该委员会努力寻求在《阿姆斯特丹条约》中加入人道主义援助内容，希望能提供法律基础，但没有成功。ECHO对波斯尼亚和非洲大湖区人道援助欺诈性合同的丑闻引发成员国和欧盟委员会对ECHO极大怀疑，这导致ECHO的预算来源在20世纪90年代后半期急剧减少。

这一时期的人道主义援助反映了欧盟地缘战略取向。在20世纪90年代，欧共体用于援助的财源，在分配上向中东欧国家和地中海国家明显倾斜，反映出欧盟在受援国选择上的偏好。90年代上半期，欧盟人道主义援助重点是发生地区性冲突或国内冲突的有关国家或地区，如南斯拉夫地区、卢旺达和布隆迪以及巴勒斯坦。1995年后，欧共体的人道主义援助总额有所下降。④ 这一时期人道主义援助与政治和维和行动联系愈趋

---

① 周弘：《对外援助与国际关系》，中国社会科学出版社2002年版，第542页。

② Peter Van Elsuwege, Jan Orbie and FabienneBossuyt, "Humanitarian Aid Policy in the EU's External Relations", Swedish Institute for European Policy Studies, 2016, p. 19.

③ European Commission, "Regulation 1257/96 concerning humanitarian aid", [1996] OJ L163/1.

④ 周弘：《对外援助与国际关系》，中国社会科学出版社2002年第3版，第543—544页。

紧密，人道主义援助与人道主义干预的边界逐渐模糊。

第三阶段，改革与传统人道主义援助理念的回归阶段（2000—2018）。人道主义援助的安全化和政治化的发展趋势在世界上引起广泛的争议，特别是科索沃战争更加使人道主义援助和人道主义干预之间的冲突与矛盾得到了充分暴露，而 ECHO 暴露的丑闻则加剧了欧盟人道主义援助机制的重要转变。

20 世纪 90 年代后期，欧盟成立独立专家委员会，对欧盟委员会履职进行调查。专家委员会在 1999 年提交的报告指控欧盟委员会徇私舞弊、财务管理混乱。在欧盟人道主义援助项目上，专家委员会通过对 1993—1994 年间在前南斯拉夫和非洲大湖地区的人道援助展开的调查，认为 ECHO 长期正式雇员不足，行政效率低下，滥用框架伙伴关系赋予其选择合作方的自由权限等问题，最终导致桑特委员会辞职。普罗迪上台后则致力于欧盟机构改革，提出加强对人道主义援助领域的监管，使欧盟人道主义援助更加符合欧盟的整体外交利益。

首先，在机构设置上保证 ECHO 职能的履行。欧盟委员会严格区分人道主义援助与危机管理以及发展援助之间的界限，明确强调基于需求、中立以及非歧视原则提供人道主义援助，坚持人道主义援助的独立性。2001 年 2 月 26 日，欧盟通过了欧委会关于建立快速反应机制的文件，成立民事保护机制和快速反应部队，旨在保护公民社会结构。巴尔干冲突使人相信，尽管人道主义援助仍然很重要，欧盟还需要更加强有力的干预手段。随着欧洲安全与防卫政策的发展，这方面的工作就已经开始了。首要的目标是建立一个快速反应部队以及欧盟的野战部队。危机管理也增加了民事方面的内涵，名义上是属于警务领域，实质上需要增强法治、增强民事管理和民事保护。欧盟委员会在 ECHO 之外还建立了新的紧急反应机构。为了避免把 ECHO 的资金花费在冲突地区促进人权、支持媒体、警察训练或者监督选举等非人道主义援助项目上，欧盟委员会（对外关系总司）在 2001 年建立了快速反应机制（RRM）。ECHO 的人道主义行动关注的是个人，而在快速反应机制下欧盟干预的目标是保护或者重建政治、社会和经济稳定所必需的国内结构。ECHO 在政治上是中立的，而快速反应机制则是政治含义非常明确的紧急反应机构，它和共同外交与安全政策一样，试图在危机管理的背景下展开活动。

民事保护机制（the Civil Protection Mechanism）是欧盟委员会（环境总司）应对突发灾难的一种工具。尽管民事保护和人道主义救助的目的都是减轻人类的困苦，但民事保护和人道主义援助的资源动员方式还是有根本性的差别的。ECHO 关注的是提供非政治性的紧急援助，尤其是在发展中国家，其所借助的机构是专业援助机构，例如联合国组织、红十字会和非政府组织等。民事保护机制是以各成员国全国范围的组织结构为基础的，该机制主要是为应对内部的紧急情况，不受传统的人道主义原则的限制。民事保护机制在欧盟之外第三方的应用，必须得到受影响的第三方国家的请求才可实施。相比之下，ECHO 的人道主义援助是直接向受到影响的人民提供的，而不管受到影响的国家是否提出了请求。

其次，制度规范建设上取得新的进展。2007 年年底，欧盟委员会提出《人道主义援助欧洲共识》，[1] 规定了指导欧盟行动的共同愿景，明确表示欧盟成员国及欧盟机构在向第三方提供人道主义援助时坚定维护和促进人道、中立、公正和独立这四项"基本人道主义原则"。欧盟的人道主义援助必须坚持"3C"原则，即协调（coordination）、一致（consensus）、互补（complimentary）。为了落实《人道主义援助欧洲共识》，欧盟委员会从 2008 年起推出多个落实计划。2008 第一个行动计划推动成立了人道主义援助和粮食援助工作组（COHAFA），并促进了信息共享，欧盟的人道主义援助政策与欧盟成员国的政策之间的一致性也有所改善。2010 年行动计划强调需要巩固集体努力和加强个人捐助者的承诺以及加强责任分摊、信息和专门知识的集中以及更明确的分工，这些都被视为改善欧盟人道主义援助的先决条件。2015 年落实的计划强调维护人道主义原则和国际人道法，扩大关于人道主义关切的公众宣传，更加重视基于需求的援助方式，加强协调和一致性，明确人道主义援助和发展援助与民事保护之间的具体协调机制，与更广泛的行为体在更多的领域加强

---

[1] Joint Statement by the Council and the Representatives of the Governments of the Member States meeting within the Council, the European Parliament and the European Commission, "The European Consensus on Humanitarian Aid", *Official Journal of the European Union*, 30 Jan. 2008, https：//eur – lex. europa. eu/legal – content/EN/TXT/PDF/？ uri = CELEX：42008X0130（01）&from = EN.

合作与协调等。

2009年12月1日,《里斯本条约》生效,从而引入了《欧洲联盟条约》(TEU)和《欧盟运行条约》(TFEU)。《欧盟运行条约》第214条为人道主义援助行动提供了明确的基础。条约规定欧盟必须在欧盟对外行动的框架、原则和目标下实施人道主义援助,欧盟及成员国的援助活动应该相互补充,互相加强。[①]

通过这些改革,尤其是通过建立快速反应部队和民事保护机制,分割了ECHO的职能,使其更有精力做好人道主义援助事务。这样,进入21世纪之后,欧盟在人道主义援助领域,在职能权限上实现收缩,重新回归传统的人道主义援助理念,收缩了ECHO的活动范围,集中于紧急救援。在此期间,欧盟人道主义援助的部门机构逐渐完善,援助职能整合,机制走向成熟。

欧盟人道主义援助从最初主要涉及欧共体成员国的殖民地的紧急援助,到20世纪90年代经过新人道主义干预阶段,再到21世纪对人道主义援助传统价值理念的强调,欧盟人道主义援助政策不断扩大和完善,实现了几个方面的转变:第一,援助内容从自然灾害到人为灾害的实质性转变;第二,援助地域从非加太集团到所有第三世界国家的转变;第三,援助制度从分散走向集中,从分散的责任到成立单独的援助机构;第四,官僚机制转变:ECHO从一个办公室转变为单独、专业的总司;第五,增加政策举措,包括"救助,发展与恢复的联系",减少灾害风险和欧盟人道主义援助志愿团;第六,欧盟成员国国家人道主义援助政策的逐渐欧洲化;第七,人道主义援助预算逐步增加;第八,法律基础逐渐加强,制定了理事会条例(以发展援助为其法律依据)、政治文件(人道主义共识)和初级法律(《里斯本条约》)。

第二节 欧盟人道主义援助的基本原则

人道主义援助是对外援助的一部分,但是它和对外援助中的发展援

[①] 《欧洲联盟基础条约——经〈里斯本条约〉修订》,程卫东、李靖堃译,社会科学文献出版社2010年版,第127页。

助、军事援助、经济援助、生活援助等又存在很大的差别。现在一般认为，需要人道主义援助的情况是：存在暴力、国际和国内武装冲突、国内的无秩序和紧急形势、自然灾害和人为事故等。这些情况的一个共同点就是它们都具有紧迫性，对人的生命和健康存在着现实的威胁。由于人道主义援助的特殊性，并不能用一般的对外政策来实施人道主义援助，需要遵循特殊的人道主义援助的法律规范和原则。

一　国际人道主义援助的法律规范和基本原则

人道主义援助和一般对外援助的区别关键在于人道主义。人道主义起源于文艺复兴时期，提倡关怀人、爱护人、尊重人，是一种以人为本、以人为中心的世界观。但现代意义上的人道主义被认为和资本主义工业化大生产有密切的联系：快速的工业化、城市化和市场的扩张造成了人们道德上的病态和社会的撕裂，各种各样的知识分子、牧师、政治家等都使用人道主义来描绘他们拯救人类于病患的方案。而从人道主义援助的含义来看，人道主义起源于和战争相关的国际人道主义活动，确切地说是1864年国际红十字委员会的成立以及国际人道主义法律的出现。1859年的索尔佛里诺战役中，瑞士商人亨利·杜南特亲眼看见受伤的士兵被残忍地抛弃在战场上等待死亡，这促使他提出建议成立救援组织，招募经过训练的志愿者，在战争时期救护伤兵。杜南特的建议得到了意想不到的欢迎，导致了国际红十字委员会的成立和《日内瓦公约》的出现。他因此获得了首届诺贝尔和平奖。

两次世界大战又使人道主义援助得到了新的发展。战争的灾难促使许多人们现在耳熟能详的国际政府间组织和非政府组织诞生，也促生了很多新的紧急救助规则。例如，1919年成立的拯救儿童组织（Save the Children）、1920年成立的俄罗斯难民高级委员会（the High Commission for Russian Refugees）、1942年成立的国际救援委员会（International Rescue Committee）、1943年成立的联合国救济和重新安置管理局（UN Relief and Rehabilitation Administration）等等。有些组织是暂时性的，有些组织则一直存在到今天，例如红十字国际委员会，也有些组织则经过了多次演变，例如联合国救济和重新安置委员会在1946年更名为国际救援组织（International Rescue Organization），该组织在1951年又改称联合国难民事务高级专员公署（the UN High Commissioner for Refugees，简称UNHCR）。联合国儿童基金（the UN Children's Fund，简称UNICEF）也有类似的经历。1942年一些贵格会教徒建立了牛津饥荒救济委员会（Oxford Committee for Famine Relief，简称Oxfam）来拯救当时希腊饥荒中饥饿的儿童，据称当时饥荒造成希腊一半的儿童死亡。第二次世界大战后不久，路德教会世界救济会（Lutheran World Relief）、基督教世界救济会（Church World Service）以及博爱国际（Caritas International）成立，这些救援机构的成立主要是为了应对战争中的欧洲受害者，帮助伤病和流离失所的人重返家园。1946年联合国儿童基金会就是在此基础上成立。

　　战争的灾难使人们开始思考人类的尊严等问题，这也导致人道主义援助的法律规范的完善。这些法律法规可以分为三类，第一类是国际人道主义法规。包括1907年的《海牙条例》（其中《关于陆战法规和惯例的公约》及附件《陆战法规和惯例条例》）、1948年《预防和惩处种族灭绝罪公约》、1949年《改善战地武装部队伤者、病者条件的公约》（Ⅰ）以及《改善海上武装部队伤者、病者和遇船难者条件公约》（Ⅱ）、1949年的《日内瓦关于战俘待遇的公约》（Ⅲ）以及《日内瓦关于战时保护平民的公约》、1949年《日内瓦公约》的《附加议定书》、1977年的日内瓦第四公约中《关于保护国际性武装冲突受害者的附加议定书》（第二议定书）以及2005年《关于采用附加特殊标志的附加议定书》等。第二类是国际人权法。在1945年诞生的《联合国宪章》中出现了有关人道主义的规范，1948年发表《普遍人权宣言》首次阐明了基本人权受到普遍保护的原则，是人权保护历史上的里程碑。1966年还通过了《国际经济、社会、文化权利国际公约》和《国际公民权利和政治权利公约》《消除一切形式种族歧视国际公约》《消除对妇女一切形式歧视公约》《禁止酷刑和其他残忍行为、非人道或者有辱人格的待遇或者处罚的公约》以及《儿童权利公约》等。第三类是国际难民法。国际难民法包括一系列法律，例如1951年的《关于难民地位的公约》、1954年《关于无国籍群体地位的公约》、1961年《减少无国籍状态公约》、1967年《关于难民地位的议定书》、1969 年《非洲统一组织关于非洲难民问题特定方面的公约》等。

随着国际社会人道主义援助实践的不断发展,有关人道主义援助的法律规范整体而言越来越完善。人道主义援助在具体实施过程中还有其行动原则,这些行动原则基于国际人道法,但并未载入人道法。国际红十字会和红新月会运动在 1965 年把这些基本原则确定为人道主义基本原则,即:人道、公正、中立、独立、自愿服务、统一和普遍。[1] 国际红十字会与红新月会对此进行了如下解释:

(1) 人道:就是不加歧视地救护战地伤员,在国际和国内两个方面努力防止并减轻人们的疾苦,不论这种疾苦发生在什么地方。人道救助的宗旨是保护人的生命和健康,保障人类尊严,促进人与人之间的了解、友谊与合作,促进持久和平。

(2) 公正:不因国籍、种族、宗教信仰、阶级或政治见解而有所歧视,仅根据需要,努力减轻人们的疾苦,优先救济困难最紧迫的人。

(3) 中立:为了继续得到所有人的信任,本运动在敌对状态下不采取立场,任何时候也不参与带有政治、种族、宗教或意识形态性质的争论。

(4) 独立:本运动是独立的,虽然各国红十字会是本国政府的人道工作助手并受本国法律制约,但必须始终保持独立自主,以便任何时候都能按本运动的原则行事。

(5) 自愿服务:本运动是自愿救济运动,绝不期望以任何方式得到利益。

(6) 统一:任何一个国家只能有一个红十字会或红新月会。它必须向所有人开放,必须在全国范围内开展人道工作。

(7) 普遍:国际红十字会与红新月会是世界性的。在运动中,所有红十字会享有同等地位,负有同样责任和义务,相互支援。[2]

---

[1] Jean Pictet, "The Fundamental Principles of the Red Cross", Geneva: ICRC, 1979.
[2] 参见索查·奥卡拉汉、莱斯利·利奇《基本原则对行动的重要意义》,胡超逸译,《红十字国际评论》2013 年第 2 期。

但最为重要的就是前四项，这四项又被称为人道主义四项原则，而这四项原则，也在欧盟的有关法律文件中得到一再宣示。

二 欧盟法律规定对人道主义援助基本原则的宣示

欧盟有关条约和法律文件中，都一再强调人道主义援助的非政治性，强调人道主义援助并不是为了实现或者配合欧盟的对外政策目标，例如预防冲突、可持续发展或者促进人权等。ECHO 的文件指出，像冲突预防和长远的发展等政治目标，是严格排除在 ECHO 行动范围之外的。[①]

1996 年的理事会条例对欧盟人道主义援助的解释是：明确的非政治性的、从法律上严格遵守人道主义原则（拯救人的生命，消除人的苦难，不论灾难在何处发生）、非歧视原则（实践人道主义救援活动只以需要为基础，在受影响的人口中没有任何区分和歧视）、中立原则（人道主义行动不偏向冲突的任何一方）以及独立原则（人道主义援助的目标是独立的，没有任何政治、经济或者军事的目标）。欧盟人道主义援助的唯一目的就是防止或者减轻人类的痛苦。人道主义援助不能屈从于政治方面的考虑，并且在进行人道主义救助的时候不能存在种族、民族、宗教、年龄、性别、国籍和政治信仰方面的歧视。

2007 年年底，欧洲理事会、欧洲议会和欧盟委员会通过的《人道主义援助欧洲共同立场》明确表示"欧盟坚持并促进"人道主义援助的四项基本原则，并且对其做出了如下的解释：人道原则意味着，人类的苦难——不论在何地出现——都必须加以面对，尤其要关注最容易受到伤害的人群，受害者的尊严必须得到尊重和保护；中立原则意味着，人道主义援助不能偏向武装冲突和其他纠纷的任何一方；公正原则意味着，人道主义援助的提供只能以需要为基础，不能在受影响的人群之间或者其内部有任何差别；尊重独立性意味着，人道主义目标独立于政治、经济、军事和其他目标，并且服务于确保人道主义援助的唯一目标是解除

[①] ECHO, "1997 Strategic Paper", Brussels: European Commission, 1996.

或者预防人道主义危机中受害者的苦难。①

《里斯本条约》中的《欧盟运行条约》第 214 条第 2 款对欧盟人道主义援助行动原则的表述是"国际法原则和公正、中立和非歧视原则",虽然表述上不同,但对条约谈判过程的考证表明,这并不是有意背离四项原则,而是由于某种疏忽,对《人道主义援助欧洲共同立场》的表述并没有任何伤害。② 后来,欧盟委员会和欧洲理事会试图弥补这一过失。2012 年,"欧洲议会和理事会有关建立欧洲志愿人道主义援助团的管理规则的提议"中,就明确复述了《人道主义援助欧洲共同立场》中对四项人道主义基本原则表述。

欧盟坚持人道主义援助四项原则,强调欧盟人道主义援助的非政治性,按照它自己说法是基于如下的考虑。第一,是基于对人道主义援助基本性质的认知。当危机发生的时候,基于人类的良知,必须给予每个人紧急救助,这是人道主义援助的本质。每一个国家都必须确保该国边界之内人口的人道主义需求得到满足。但是,当一个国家的政府无力提供或者不愿承担这样的责任的时候,拥有必要资源的国际组织和第三方国家就有义务提供必要的援助。

第二,把人道主义援助和更广泛的政治和发展战略联系在一起,可能与人道主义原则存在冲突。如果不是追求拯救生命这一目标,如果人道主义援助是为了寻求对发展和冲突的解决提供方案,那么,这就可能产生哪些人应该被救助哪些人不应该被救助的问题。例如,支持过渡政府的构建和平的政治意愿可能是孤立试图推翻政府的反对力量,这样,

---

① Joint Statement by the Council and the Representatives of the Governments of the Member States meeting within the Council, the European Parliament and the European Commission, "The European Consensus on Humanitarian Aid", *Official Journal of the European Union*, 30 Jan. 2008, https://eur-lex.europa.eu/legal-content/EN/TXT/PDF/?uri=CELEX:42008X0130(01)&from=EN., paragraphs 10 – 14.

② 布罗贝格的考证认为这是一个令人吃惊的疏忽,还在《欧洲宪法条约》谈判过程中,人道主义四项原则就被无意中忽略为两项,当委员会发现这一疏忽的时候,谈判委员会主席认为已经太晚了,重新启动谈判会造成巨大的麻烦。而在《里斯本条约》的谈判中,也由于担心因为这一条而重启谈判会引发更大的问题而保留了原来的提法。Morten Broberg, "EU Humanitarian Aid after the Lisbon Treaty", *Journal of Contingencies and Crisis Management*, Vol. 22, Issue 3, September 2014, pp. 21 – 22.

对那些处在反政府力量控制地区的人民来说，就等于拒绝给予它们援助。

第三，欧盟委员会还认为，坚持人道主义援助的非政治性是保证接近危机受害者并保护从事人道主义援助的工作人员安全的措施。人道主义援助方和冲突方达成协议，其基础就是援助是没有附加任何限定条件的。该协议必须保证人道主义援助行动能够被接受，参与人道主义救援的工作人员不会受到任何方面的袭击。当人道主义援助被看成是某个政治—军事战略的一部分的时候，其公正形象就不复存在，进行人道主义援助活动的人员就面临随之到来的安全问题。例如，在伊拉克战争期间，由于当地民众认为某些人道主义救援组织是为美国的军事和外交目标服务的，一度使在伊拉克的所有人道主义工作人员陷入非常危险的境地，引发了对红十字会组织和联合国工作人员的袭击。

第四，强调人道主义援助的非政治性也是为了保证人道主义援助的独立性。在很大程度上，ECHO对那些最需要人道主义救助的地区是可以自主拨款的，而不必追随欧盟对外关系总司或后来的对外行动署的对外关系议程或者共同外交与安全政策。如果成员国试图放弃人道主义援助非政治性这一原则，这只能意味着把人道主义援助的决策权从ECHO那里转移到对外关系总司或后来的对外行动署，或者甚至转移到共同外交与安全政策领域，而在这些领域，负责任的是欧洲理事会，欧盟委员会的影响是有限的。

第三节　欧盟人道主义援助的权能与运行机制

欧盟从20世纪60年代末就开始有了人道主义援助的实践，逐渐形成了拥有自己特色的人道主义援助机制。下面我们将从其法律框架、预算权力、决策程序、与其他国际机构的关系和自身的制度框架等方面来进行分析。

一　法律依据与权能

尽管欧盟在欧共体时期就有了人道主义援助的实践，但一直没有人道主义援助的立法。由于欧盟的权能来源于授权原则，也就是说，欧盟只能在其成员国为实现某些目标在条约中授权的范围内活动。条约没有授予联盟的权能，仍保留在成员国的手中。① 欧盟在人道主义援助领域长期没有得到授权，其法律基础主要是发展援助方面的有关规定。1996 年，欧盟成员国就管理人道主义援助工作达成理事会条例（Regulation 1257/96）。该条例第 1 条规定，欧盟人道主义援助的目标是"帮助第三国人民尤其是其中那些最容易受到伤害的人民，发展中国家的人民是优先帮助的目标，包括自然灾害的受害者和人为危机例如战争的爆发或者与自然灾害和人为危机相似的特殊情况的受害者。"但需要注意的是，96 年理事会条例建立的法律基础是《欧共体条约》第 179 条关于"发展合作"的条款（现在是《欧盟运行条约》第 209 条），仍然不是基于人道主义援助的单独立法。由于人道主义援助和发展合作是两个完全不同的概念，所以这一条并没有赋予 96 年理事会条例以及依据该条例而展开的所有活动以足够的法律基础。

2004 年，欧盟成员国在制定《欧洲宪法条约》的时候引入第Ⅲ—321 条，试图解决这个问题。《欧洲宪法条约》在法国和荷兰被否决后，成员国开始起草《里斯本条约》。《里斯本条约》在很大程度上继承了《欧洲宪法条约》的内容，从而缔结了《欧洲联盟条约》（TEU）和《欧盟运行条约》（TFEU）。《欧洲联盟条约》第 43 条第（1）款和《欧盟运行条约》第 196 条、第 214 条都涉及人道主义援助，这两个条约为欧盟在人道主义援助领域的活动提供清晰的法律基础。《欧盟运行条约》第 196 条规定"联盟应鼓励成员国之间的合作，以改善、预防并避免遭受自然或人为灾害之制度的有效性"，"支持和补充成员国为了危机预防、筹备民事保护人员队伍以及应对联盟内的自然或人为灾害而在国家、地区和地方层面采取的行动"②。第 214 条规定了人道主义援助的目标、欧盟委员会的职能范围、适用的立法程序、互补性与协调性原则以及倡议设立人

---

① 见《欧洲共同体条约》第 5 条，经《里斯本条约修改后》，为《欧洲联盟条约》第 5 条之（1）（2）款。参见《欧洲联盟基础条约——经〈里斯本条约〉修订》，程卫东、李靖堃译，社会科学文献出版社 2010 年版，第 35 页。

② 《欧洲联盟基础条约——经〈里斯本条约〉修订》，程卫东、李靖堃译，社会科学文献出版社 2010 年版，第 122 页。

道主义援助的志愿者组织等。

  2007年，根据欧盟委员会的提议，欧洲理事会、欧洲议会和欧盟委员会通过了《欧洲人道主义援助共识》，以指导欧盟及成员国在人道主义援助上的行动。《共识》界定了人道主义援助的范围和原则，强调了欧盟与成员国及合作方的合作与协调，指出了人道主义救援需求和救援行动评估的重要性，还提出了监管的必要，强调了对弱势群体的关注，探讨了对长期发展目标的关注以及军事手段的使用等问题。

  在权能方面，欧盟和成员国在人道主义援助领域实行平行权能。欧盟和成员国在权能划分上，一般有三种：（1）欧盟的专有权能，（2）成员国的专有权能，（3）欧盟和成员国的共享权能。在存在共享权能的领域，欧盟和成员国都能进行立法。但是，当欧盟就享有共享权能的特定事务进行立法后，就排除了成员国在同一事务上的立法可能。① 但是，在少数政策领域，其中就包括人道主义援助，欧盟还采取了有别于以上三类的权能分享办法，那就是平行权能。这是《马斯特里赫特条约》在发展合作政策领域引入的欧盟和成员国互不排斥的权能分享模式。这种平行权能分享模式在《里斯本条约》中被重新确认，专门针对发展合作和人道主义援助政策。《欧盟运行条约》第4条第4款规定：在发展合作和人道主义援助领域，联盟拥有实施活动和制定共同政策的权能，但是，这种权能的行使不应导致成员国不能行使自己的权能。这意味着欧盟和成员国在人道主义援助领域共享权能而互不排斥。而根据《欧盟运行条约》第214条第6款规定的辅助和协调原则，尽管共享权能，但在这一领域实行平行立法权能时却有相互关照的义务。② 另外，当成员国在行使人道主义援助领域的权能时，根据《欧洲联盟条约》第4条第3款规定，它们需遵守对欧盟的忠诚原则。③

  《欧盟运行条约》第214条只是实施立法的法律基础，也就是说还需

---

  ① 《欧盟运行条约》第2条第2款。《欧洲联盟基础条约——经〈里斯本条约〉修订》，程卫东、李靖堃译，社会科学文献出版社2010年版，第58页。
  ② 《欧洲联盟基础条约——经〈里斯本条约〉修订》，程卫东、李靖堃译，社会科学文献出版社2010年版，第128页。
  ③ 同上书，第33页。

要具体的立法，欧盟委员会必须提出立法建议，经部长理事会和欧洲议会通过之后才能执行。但是，欧盟目前并没有根据《欧盟运行条约》第214条制定新的有关人道主义援助的法律，因此，96年理事会条例仍然是欧盟人道主义对外援助的指导性文献。

二 预算权力

ECHO 的资金来源有三个，欧共体/欧盟预算、欧洲发展基金（其中 B 部分是用于非加太国家短期的紧急行动的）、紧急援助储备金（当出现了紧急情况，而 ECHO 的预算已经支付完毕的情况下，可以动用这部分资金做出快速的反应）。[①] 根据对人道主义需求的评估，欧盟每年对外援助的规模都有不同，但大约占到欧盟对外援助总额的 10% 左右。ECHO 提供大约欧盟对外人道主义援助总数（即欧盟机构和成员国加在一起）的 40%。

在 20 世纪 90 年代前半期，欧盟成员国向欧盟提供的人道主义援助预算不断增加。到 1994 年，ECHO 已经成为世界上人道主义援助最大的提供者。但是，由于通过欧盟分发的资金数量快速增加，欧盟委员会总部难以承受快速增加的负担。从 90 年代中期开始，和欧盟的发展政策一样，ECHO 也因不完善的管理、援助资金发放时间的拖延、无力控制合作伙伴组织、缺乏分析能力、缺乏项目管理和评价能力等而受到人们强烈批评。随后，ECHO 的预算出现了下降。但到了 1999 年，ECHO 的预算又达到了前所未有的高度，达到 8.2 亿欧元。这主要是由于应对科索沃危机方面的花费，这方面的花费大约 4 亿欧元。

进入 21 世纪以来，ECHO 在援助资金管理上朝着更加专业化、更加完善方面发展。ECHO 的预算有了更大幅度的增加，但其占整个欧盟人道主义援助的份额似乎在下降。在整个 90 年代，它所提供的援助金额还占到欧盟总数的一半以上，现在，成员国提供的援助预算比 ECHO 要高出不少。这主要是由于欧盟数次扩大，成员国的数量有了增加。2012 年

[①] 2005 年，75.8% 的预算来自一般预算，3.5% 来自欧洲发展基金，20.7% 来自紧急储备金。

ECHO 对第三方国家的人道主义援助总额大约为 13.17 亿欧元，近两年由于受欧洲债务危机的影响，欧盟预算有所缩减，但 2014 年 ECHO 的预算仍达到 12.73 亿欧元。[①] ECHO 是继美国之后的第二大人道主义国际援助的提供者。这样大规模的预算资源使欧盟具有了向世界提供人道主义援助的领导地位，在国际人道主义国际援助方面具有重大的影响。

三 决策程序

快速的决策意味着快速的行动。但是，这种快速的决策，虽然有利于提供及时而灵活的人道主义援助，但结果却是 ECHO 的权威得到扩展，成员国严格的监督被牺牲。1999 年进行的评估得出的结论是，欧盟委员会的决策程序不能够适应需要，不能对紧急情况做出灵敏的反应，这种情况下，欧盟委员会在发放资金和适应迅速变化的事实面前需要花费很多时间。[②] 人道主义援助是对危机和紧急状态做出反应，因此，一般认为其决策程序不能像欧盟其他机构那样严格。

在这方面，欧盟进行了探索。2001 年，人道主义援助快速决策程序建立。根据该程序，ECHO 拥有在紧急情况下 48 小时内做出基本应急决定的权力，在承诺不超过 300 万美元紧急援助、援助的延续时间不超过 3 个月的情况下，可以事先不与成员国和欧盟委员会其他成员商议。这个快速决策通道赋予了 ECHO 很大的决策自主权。但是，就实际使用情况看，ECHO 仅仅在发生自然灾害的时候使用过快速决策通道，例如 2004 年年底的印尼海啸、2005 年在印度和巴基斯坦交界的大地震、2008 年中国汶川大地震等。这似乎表明，涉及一些在政治上较敏感的紧急状态方面，成员国是不太愿意赋予 ECHO 预算方面太多的权力的。

即便是采取了快速决策通道，不论是人道主义非政府组织还是欧盟委员会委员刘易斯·迈克尔都曾表示，委员会官僚机构与生俱来的烦琐的管理要求仍继续对快速发放紧急援助构成障碍。迈克尔说，在紧急状

[①] European Commission, "Annual Report on the European Union's Humanitarian Aid and Civil Protection Policies and their Implementation in 2014", Brussels, 21.8.2015, COM (2015) 406 final.

[②] Franklin Advisory Services, "Evaluation of Humanitarian – Aid Actions Stipulated under Article 20 of Council Regulation No. 1257/96", Brussels: European Commission, 1999.

态下，再走部门之间的协商程序，让它们提出自己对该项人道主义援助的意见，显得很不合情理。从紧急援助储备库里动员资金花费的时间尤其长，因为这需要委员会、理事会和议会三方的同意。

现在，欧盟人道主义援助的决策程序分为以下三类：

授权程序快速通道（Fast-track delegation procedure）：为提高对突发紧急事态反应速度，欧盟委员会授权 ECHO 在 48 小时内做出有关人道主义援助的基本决策，援助最高额度为 300 万美元，最长时间为 3 个月。

授权程序（Empowerment procedure）。负责人道主义援助的欧盟委员会委员被授权可以就不超过 300 万欧元最长 6 个月的紧急行动做出决策，对非紧急的事态不超过 1000 万欧元的援助事项做出决策。这些决策将被提交到欧盟委员会内部的部门间协商程序。资助额度超过 1000 万欧元的紧急决策和超过 200 万欧元的非紧急决策，要求得到人道主义援助委员会（HAC）成员国代表的赞同。

书面程序（Written Procedure）。对超过 3000 万欧元的紧急行动和总计超过 1000 万欧元的非紧急项目，由欧盟委员会委员集体决策，并需得到人道主义援助委员会（HAC）的同意。

ECHO 被允许自主决定每年的预算如何开支，哪一个具体的人道主义援助项目是它所希望支持的。但是，每年用于人道主义援助的预算总数是理事会和欧洲议会在平衡其他各项优先项目之后决定的，"经常，ECHO 试图满足的需求和实际上所能够获得的预算之间的差别在不断增加"。

四　机构设置

欧洲理事会是欧盟内部权力最大机构，但它对 ECHO 的影响有限。欧盟的机构设置为 ECHO 提供了相对于部长理事会的自主权。这个自主权是相当大的。在 2009 年《里斯本条约》生效之前，人道主义援助属于第一支柱领域的事项，理事会并不能指示 ECHO 如何发放资金。

欧洲议会是欧盟的重要机构，但由于没有必要就每一项人道主义援助行动制定一个新的规范，因此，这就限制了欧洲议会通过共同决策权力限定人道主义援助活动的范围。另外，一旦人道主义援助政策经过欧洲议会的共同决策程序通过，那么实施的权力就转移到专家委员会（the

Comitology Committee），该委员会召集欧盟委员会和成员国的代表，也和欧洲议会没有多大关系了。2006年7月，欧盟通过了一项新的程序规则，根据该规则，欧洲议会在历史上第一次获得了干预专家委员会的正式权力，即欧洲议会可以以绝对多数阻止共同决策所属事项的准立法实施措施。也就是说，ECHO的建议现在必须同时送到欧盟人道主义援助委员会（HAC）和欧洲议会。欧洲议会只是被授权检查ECHO有没有超出96年理事会条例授权的范围，并不能强制ECHO执行某项人道主义援助行动。

欧洲发展援助合作办公室（Europe Aid Cooperation Office）对欧盟人道主义援助具有重要影响，历史上人道主义援助就是依托发展援助政策。但现在，在欧盟委员会内部，ECHO和欧盟发展援助合作办公室相比，似乎拥有更大程度的自主权。欧洲援助局负责发展合作项目的实施，对外关系总司（对非加太以外的国家）和发展总司（对非加太国家）负责制定政策。ECHO则负责人道主义援助项目的整个过程，从计划到评估。不论是在布鲁塞尔还是在实施援助的地点，ECHO都与欧盟委员会其他机构保持一定的距离。它已经建立了覆盖范围广泛的援助地办公室，其雇员是一些专家和当地的人员，其运作独立于欧盟委员会的代表团。

成员国在1996年之前只是在每季度召开的会议上听取有关人道主义援助的汇报。① 1996年之后，它有两个渠道影响ECHO。一是通过专家委员会体系，成员国能够对ECHO施加一些影响，尽管主要是间接影响。二是通过欧盟人道主义援助委员会。人道主义援助委员会是根据96年人道主义援助理事会条例建立的。该委员会的成立为各成员国的代表提供了一个表达它们自己意见的机会，对欧盟委员会人道主义援助项目金额超过200万欧元的都要征求成员国的意见，紧急情况下除外。当发生紧急情况时，ECHO可以自主决定金额不超过1000万欧元的援助项目。

但成员国是欧盟人道主义援助的竞争者和参与者。人们常说欧盟是世界上最大的人道主义援助的提供者，这是把欧盟作为一个统一的行为

---

① Emery Brusset and Christine Tiberghien, "Trends and Risks in EU Humanitairaian Action", in Joanna Macrae（ed.）, *The New Humanitarianisms: A Review of Trends in Global Humanitarian Action*, London: ODI, 2002, p. 56.

体而引起的误解。由于人道主义援助是与成员国分享的权能,[1] 各成员国都有自己的人道主义援助预算和政策,各成员国自己决定的人道主义优先援助项目并不会和欧盟委员会决定的优先援助项目一致。如果欧洲不同的人道主义援助提供者之间缺乏协调,很可能会削弱欧盟国际人道主义援助政策的整体影响。例如,从欧盟提供的资金水平(欧盟加上各成员国总数)及欧盟强烈的人道主义援助传统来看,欧盟对联合国大的机构的影响似乎很有限。有人认为,欧盟不能引导各成员国的援助方向削弱了欧盟对联合国人道主义组织的影响。[2]

欧盟人道主义援助委员会的作用相当于一个管理委员会,而对欧盟的人道主义援助全球计划来说,则是一个规范委员会。全球计划(Global Plan)是为在突发危机的情形下允许 ECHO 建立国家或者区域范围的战略,通常每次持续的时间为 12 个月,如果得到批准,可以持续 24 个月。它们被用于非紧急情形,ECHO 可以展开 1000 万欧元以上的项目。欧盟成员国很清楚,欧盟人道主义援助委员会所发挥的不仅仅是一个咨询作用,还能够真正控制 ECHO。人道主义援助委员会代表的有限多数决策机制能够阻碍欧盟委员会提出的人道主义援助项目。人道主义援助委员会从来没有拒绝过 ECHO 的建议,事实上它所起的作用在很大程度上是一个顾问机构而不是一个管理机构。

但是,欧盟人道主义援助委员会对 ECHO 从不表示反对并不意味着欧盟人道主义援助委员会仅仅是一个橡皮图章,也不意味着成员国对 ECHO 的政策不能够施加自己的影响。委托人代理人(Principal – Agent)理论把这一现象说成是"理性预测",意思是代理(委员会)试图预测委托人(各成员国)的反应,并对自己的行为做出相应的调整。[3] 成员国施加的是间接力量,因为 ECHO 总是试图预测成员国的反应,并提出尽可

---

[1] 人道主义援助在欧盟的一些条约中并没有被清晰地提到。《欧共体条约》第 20 条是关于发展合作的,被当作 1996 年人道主义援助理事会规则的法律基础。

[2] SHEER, "Evaluation of Partnership between ECHO and UNHCR and of UNHCR Activities Funded by ECHO", 2005, 4. http://ec.europa.eu/echo/pdf_files/evaluation/2005/UNHCR_Evaluation_Final_Report.pdf.

[3] Mark A. Pollack, "International Relations Theory and European Integration", *Journal of Common Market Studies*, 2001, Vol. 39, No. 2, p. 203.

能被成员国所能够接受的建议。① 为了迎合所有成员国的意愿，ECHO 向欧盟人道主义援助委员会提出的建议计划通常包含对成员国来说很重要的一些危机。

五　实施机制

ECHO 下设两个办公室，第一个办公室负责运行，以地理范围来组织工作（例如中部非洲、东非等）；第二个办公室负责主题组织，例如食品援助、通讯等。ECHO 在布鲁塞尔有大约 100 名雇员，在欧盟之外有大约 70 名联系人员。有时为了特殊的项目还会征召一些专家。

ECHO 本身并不负责援助项目的执行，它通过合作伙伴支持人道主义行动。这些合作伙伴包括：非政府组织（大约 200 个）、国际组织（国际红十字会联合会、红新月会）、联合国机构（UNICEF，HCR，PAM 等）。在非政府组织中，有 80 多个非政府组织在布鲁塞尔设立了合作性的机构——"紧急情况合作志愿者组织"（the Voluntary Organizations in Cooperation in Emergence，VOICE），与 ECHO 保持密切联系，其目标是形成共同的立场，分享信息，在涉及人道主义援助的问题上游说欧盟及其成员国。当危机发生时，ECHO 会派代理去现场对形势进行评估，弄清楚到底需要什么。ECHO 就寻求合作伙伴的帮助，缔结具体的财政支持协议。ECHO 然后就监督项目是否得到了正确的管理和执行。ECHO 本身也要接受欧盟委员会的内部审计中心的审计。

根据共同体一般预算第 23 条规定，欧盟人道援助预算分为四类：支持人道主义行动、食品援助、行动支持和灾难准备、支持开支。当准备预算的时候，有两个工具来评估到底需要什么：全球需求评估（需要帮助的目标人口和优先项目）、被遗忘危机评估（分辨处于危机状态的、从国际社会得到很少和根本没有得到帮助的人口）。

《欧盟运行条约》第 214 条第 5 自然段规定欧盟应该建立欧洲人道主义援助志愿团，建立志愿团的目的是给欧洲年轻人加入到欧盟人道主义

---

① Tasneem Mowjee and Joanna Macrae，*Accountabilty and Influence in the EC Humanitarian Aid Office*，London：ODI，2002，17.

援助活动中去提供一个框架性安排，进一步推动欧洲普通公民对"欧洲事业"的认识。建立援助志愿团的想法最初来自于为制定《欧洲宪法条约》而举办的欧洲大会期间希腊外长乔治·帕潘德里欧的建议，后被写进《欧洲宪法条约》，在《欧洲宪法条约》被拒绝后，又成为《里斯本条约》的一个条款。有人认为这一条款受到的美国"和平队"的启示，只不过美国和平队活动的领域是发展合作，而欧盟的"志愿团"活动的领域是人道主义援助。[①] 2012年欧盟委员会发布了"提请欧洲议会和理事会关于建立欧洲人道主义援助志愿团的规则的决议"，表示欧盟委员会意图使欧洲援助志愿团成为一个活动在全球的样板，希望在2014—2020年间有1万人作为志愿者参加人道主义救援行动。

对ECHO自主权最大的限制似乎是在现场实施欧盟人道主义援助活动的时候对他人的依赖。ECHO几乎没有形成自己的行动能力，相反，它在实施人道主义援助的时候依赖的是专门从事人道主义救援的组织，包括非政府组织，联合国机构以及国际红十字会等，与这些人道主义组织建立了密切的相互依存关系。它的合作伙伴对欧盟人道主义国际援助的成功与失败负有共同的责任。如果其合作伙伴对其进行的人道主义援助政策和目标不能认同，ECHO甚至寸步难行。反过来，人道主义救援组织也非常看重像ECHO这样的大施主，给予其——也就是掌握钱袋子的机构——相当大的重视。

六 监管机制

人道主义援助一般都属于紧急援助，对反应时间有一定的要求，同时，由于在人道主义援助领域欧盟和成员国实行授权，成员国授予委员会分配、调动、使用人道主义援助物资的充分自主权。所以欧盟对人道主义援助的监管并不像对欧盟委员会其他机构的监管那样严格，但这并不意味着没有监管。

ECHO在决定实施某项人道主义援助的时候，首先在决策过程中就受

[①] Morten Broberg, "EU Humanitarian Aid after the Lisbon Treaty", *Journal of Contingencies and Crisis Management*, Vol. 22, Issue 3, September 2014, pp. 166 – 173.

到决策程序的限制。ECHO 分不同情况会采用授权快速通道、授权程序、书面程序等对人道主义援助进行决策，并分别接受不同形式的监督。

在决策的执行阶段，则主要通过人道主义援助委员会来实现监督。人道主义援助委员会是根据 96 年理事会条例而成立的，由成员国代表组成，是相对独立的管理和监管机构，对超过 200 万欧元的人道主义援助发表成员国的意见。

在决策执行完成之后，欧洲人道主义援助会受到欧洲议会、法院和审计院的监管。欧洲议会对 ECHO 的人道援助决策具有审查权，欧洲法院可以接受对 ECHO "有关超越权限、违反关键程序要求、破坏相关条约或者法律规定、权力使用不当"等行为进行诉讼，欧洲审计院可以对 ECHO 的财政和管理进行监察。

另外，96 年理事会条例要求欧盟委员会定期向理事会提交人道主义援助的年度报告、总结、汇报，以供理事会、欧洲议会和成员国进行审议。

ECHO 受到多重监管，如果其人道主义援助行动被认为有问题，可能受到制裁。这种制裁包括，削减预算、限定活动范围、解聘员工等。例如在 20 世纪 90 年代中期，由于 ECHO 被认为在资金管理和监管上能力不足，预算就受到削减，由 1994 年的 7.64 亿美元降到 1997 年的 4.31 亿美元。欧盟委员会和成员国都有权力在人事任免问题上影响 ECHO。而在桑特委员会 1999 年集体辞职之后，欧盟人道主义援助的范围和形式都有了重大的改变。

第四节　有关欧盟人道主义援助的若干争议

欧盟人道主义援助从最初依托于发展援助，到单独成立欧盟人道主义援助机构，从主要面向欧盟成员国前殖民地国家到面向全世界范围的发展中国家，从最初援助方主要是欧盟成员国到今天欧盟自身财政预算的巨大投入，人道主义援助已经走过很长的一段历史。由于人道主义援助作为一项对外政策具有其特殊性，人们对其在实施过程中是否体现了人道、公正、中立、独立等人道主义援助原则非常关注。根据欧盟委员会的调查,就 ECHO 是否履行了人道主义援助的原则,在欧盟成员国和非政府组织之间就存在很大的争议。① 人们对欧盟人道主义援助的争议主要在以下一些问题。

一 人道主义援助和危机管理能否混淆

根据《里斯本条约》有关欧盟人道主义的有关条款,欧盟人道主义援助是不能作为一种工具来支持或者促进欧盟共同外交与安全政策中危机管理行动的。《人道主义援助欧洲共同立场》也指出,"欧盟人道主义援助不是危机管理工具。"②《欧洲联盟条约》第 40 条为欧盟人道主义援助相对于对外政策和军事影响的独立性提供了另外的保障。根据该条款,共同外交与安全政策措施的实施不能影响欧盟非共同外交与安全政策行动的权力和措施的行使,反之亦然。

从国际人道主义援助的实践来看,现在国际社会已经接受在某种条件下可以使用军事手段来实施人道主义援助任务。这一点在《欧洲联盟条约》中也有体现。《欧洲联盟条约》第 43 条还指出,欧盟可以使用民事和军事手段来完成人道主义任务。在某种情况下,欧盟共同安全与防务政策框架下采取的措施,可能被用来支持人道主义行动。③ 这和第 21 条第 2 款第(7)点的平行适用是相适应的。但是,共同安全与防卫政策措施在人道主义行动中的使用仍然会引起争议,尤其对人为的危机而言更是如此,因为这类危机天然具有政治性。《欧洲人道主义援助共同立场》坚持"在复杂的紧急状态中,求助于军事保护设施应该是一种例外"④。该条款还说,使用军事设施和资源来支持人道主义救助行动是在非常有限的环境下作为"最后的手段"来使用的。也就是说,只有在没

---

① Charlotte Dany, "Poiticization of Humanitarian Aid in the European Union", *European Foreign Affairs Review* 20, No. 3, 2015, pp. 419 – 438.
② European Union, "European Consensus on Humanitarian Aid", p. 2.
③ 《欧洲联盟基础条约——经〈里斯本条约〉修订》,程卫东、李靖堃译,社会科学文献出版社 2010 年版,第 51 页。
④ European Union, "European Consensus on Humanitarian Aid", paragraphs 7.

有相应的替代民事手段且只有军事设施在能力和可获得性上能够满足关键的人道主义需要的情况下，才能使用。

对国际人道主义法律的尊重要求欧盟以军事行动支持人道主义救援行动要受到严格的条件制约。[①] 例如，这样的救援行动只能在联合国人道主义事务协调办公室的要求下且所有的民事手段都已经使用但无效的情况下才能展开。关键是，在这种情况下使用任何军事设施都必须在民事的协调下，且必须尊重人道主义援助的以需求为基础和中立的原则。也就是说，在任何情况下，人道主义需求的动机必须得到尊重。

但实际上，欧盟从设立 ECHO 开始，就受到了把人道主义援助与危机管理相结合起来的诱惑，并影响了人道主义援助的行动。

20 世纪 90 年代波黑战争期间和 1999 年科索沃战争期间，ECHO 就在其成员的压力下向这两个地区提供了远远超出合适比例的援助。这在很大程度上并不是出于人道主义援助，而是基于安全方面的考虑，主要是担心这些国家和地区的冲突会影响到欧洲的安全。

人道主义援助受到危机管理的挑战最新的例子是欧盟对叙利亚人道主义危机的应对。2013 年 6 月 24 日，欧盟委员会和欧盟外交与安全政策高级代表联合宣布《全面应对叙利亚危机的欧盟方式》的声明，这个声明包含多种目标，其中包括促进危机的政治解决、防止地区动荡和提供人道主义援助。这样，人道主义援助成为欧盟解决叙利亚危机的一揽子计划的一部分。显然，这样的解决路径包含着这样一种危险：欧盟支持的人道主义援助被认为是对外政策工具的一部分。[②] 当欧盟人道主义援助的目标和欧盟对叙利亚政府的制裁政策相联系的时候，情况尤其如此。欧盟外长会议呼吁向叙利亚提供更多的人道主义援助，而同时该会议又要求实施对叙利亚政府更加严厉的制裁，充分说明人道主义援助与其对

---

① 这些条件被写入《灾难救援中使用军事和防卫设施指南》（奥斯陆指南）和《在复杂紧急情况下支持联合国人道主义行动使用军事和防卫设施的指南》。

② Andrea Pontiroli, Aurelie Ponthieu and Katharine Derderian, "Losing Principles in the Search for Coherence? A Field – Based Viewpoint on the EU and Humanitarian Aid", *The Journal of Humanitarian Assistance*, 29th May, 2013. http://sites.tufts.edu/jha/archives/tag/comprehensive – approach.

外政策的密切关系。

96年理事会条例对超出拯救生命之外的紧急援助以及包括预防灾难、经济救助和长期发展之间过渡性的重建活动进行了说明,以求使人道主义援助和长远的发展、消除地区冲突的根源联系起来。这种情况导致人道主义援助和危机管理难以分清,从而导致了巨大的争议。

这种把人道主义救助和危机管理结合起来的做法,更为令人担心的一面是对一国国家主权的践踏。而从人道主义援助到人道主义干预再到"保护的责任"等概念和规范的演变,更增强了人们对人道主义援助与危机管理相结合的担心。

二 人道主义援助和发展援助的界限

人道主义援助和发展合作是密切联系在一起的,从20世纪60年代《雅温得协议》开始,到ECHO成立之前,人道主义援助基本上是发展援助的政策工具之一,通常很难在《欧盟运行条约》第214条所规定的紧急援助和结构性援助之间划一个明确的界限。ECHO成立之后,欧盟尝试把人道主义援助和消除人道主义危机的根源联系在一起,试图解决受援者在解决紧急生存问题后长期的发展问题,避免人道主义危机的再次发生。于是,欧盟委员会设立了连接救济、恢复和发展项目(Linking Relief, Rehabilitation and Development,简称LRRD),ECHO和发展总司联合开展的灾后恢复的"灰色区域"建立综合性的合作就是如此。[1] 除了制度性和操作性的障碍之外,还主要是由于欧盟内部负责人道主义援助和发展援助的两个部门之间的意见不一。2003年成立了一个部门间机构,由ECHO和发展总司共同负责,试图使两者更加协调一致。但是,在实践中,这个部门间的机构并没有取得什么成绩。

救援活动现场经验也表明,LRRD对欧盟来说仍然是一个挑战。一

---

[1] Kai Koddenbrock, and Martin Buttner, "The Will to Bridge? European Commission and U. S. Approaches to Linking Relief, Rehabilitation and Development", in Julia Steets, and Daniel S. Hamilton, (eds), *Humanitarian Assistance. Improving U. S. - European Cooperation*, The Johns Hopkins University/Global Public Policy Institute, 2009, pp. 117 – 143, http://www.gppi.net/fileadmin/gppi/Humanitarian_Assistance_EU – US – Cooperation.pdf.

个具体的例子是欧盟对 2010 年海地大地震的应对。尽管就紧急救助而言欧盟反应迅速且出手慷慨，但是，在向长期的发展过渡方面提供援助的时候还是遇到一些难题。在短期的救济和长期的发展之间存在着相当大的资金缺口。地震发生之后，欧盟成立了海地救援队，但救援队的建立在欧盟委员会和欧盟对外行动署之间造成了更大竞争和权力纠纷，造成了更多的延误而不是具体的成效。在 LRRD 领域，欧盟最近提出了一些前途诱人的倡议，例如在非洲之角的开创性行动——"支持非洲之角的恢复"行动。然而，欧盟委员会 1996 年提出关于 LRRD 的报告 20 余年过去了，除了一些开拓性的工程外，人们的结论是这个概念并没有成为实践。[1] 不论是负责欧盟发展援助政策的欧盟委员皮埃包格斯（Piebalgs）还是负责欧盟人道主义援助的欧盟委员乔吉耶娃（Georgieva）都承认，欧盟在 LRRD 领域的一些做法就具体的结果而言都有进一步改进的余地。例如欧盟的资金支持可以更加灵活。总之，尽管 LRRD 并不影响欧盟对外人道主义援助实施的独立性，但是作为在人道主义援助和发展合作之间实现欧盟对外政策一致性的工具，并没有实现其目标。

欧盟就发展合作和人道主义援助关系在 2012 年提出了关于"复原力"（resilience）的一个报告。[2] 复原力，被欧盟定义为个人、家庭、社区和一个国家或者地区能够耐受、适应并迅速恢复衰退和突发事件打击的能力。[3] 但是，要帮助当事方具有这样的能力，必须采取综合性的手段，包括风险评估、预防和防备以及对危机反应等。如果一项政策的目的是增强危机的恢复能力，那么，这就意味着援助方不仅仅是针对危机

---

[1] Volker Hauck, "What can bridge the divide between humanitarian aid and development?" ECDPM Talking Point, 19 September 2012, online at http://ecdpm.org/talking-points/bridge-divide-between-humanitarian-aid-and-development/.

[2] 请对比 Mara Benadusi, "Pedagogies of the Unknown: Unpacking 'Culture' in Disaster Risk Reduction Education", *Journal of Contingencies and Crisis Management*, 2014 Volume 22, Number 3, pp. 174-183。

[3] European Commission, Communication from the Commission to the European Parliament and the Council, "The EU Approach to Resilience: Learning from Food Security Crises", COM (2012) 586, Brussels, 3.10.2012.

的结果进行干预,积极救援,还意味着要针对当前危机的根源采取行动。① 由于这要求人道主义援助和发展政策之间的协调,"复原力"这一概念成为改进欧盟 LRRD 政策争论的核心议题。

发展合作历来被视为一个政治性问题,特别是冷战结束之后,欧盟在对外援助中加入了善治条款,把促进他们所钟情的西方多党制民主作为援助条件,从而使人道道主义援助政治化。这便是人道主义援助向发展政策领域扩展面临的尴尬。

三 人道主义援助能否借助贸易政策

国际人道主义援助的基本原则之一是独立性,意味着人道主义目标不受政治、经济、军事或其他目的的影响,并确保减缓和防止人道危机受害者的痛苦是人道主义援助的唯一目的。贸易政策和经济目标本身密切关联,甚至是国际政治的主要目的。因此,人道主义援助很难和贸易政策联系起来。《欧盟运行条约》第 214 条第 2 款以及《欧洲人道主义援助共同立场》所表达的人道主义原则并不能和贸易政策有效结合。

但是,欧盟确实有过为了达到人道主义目标而把贸易政策和人道主义目标相结合的尝试。2010 年巴基斯坦遭遇洪水灾害,欧盟对此积极提供人道主义救援。欧洲理事会当时号召不仅要采取人道主义援助措施,还要求采取其他一些有利于巴基斯坦恢复和发展的措施。在这种情况下,欧盟除了向巴基斯坦提供紧急救援外,还准备在贸易上对巴基斯坦采取优惠政策。欧盟同意对欧盟与巴基斯坦的贸易立即进行有利于巴基斯坦的倾斜,同时专门增加巴基斯坦对欧盟的市场准入,② 以此来增加巴基斯坦民生的改善,以期欧洲理事会运用贸易政策来实现欧盟在巴基斯坦的人道主义目标。但是,把贸易政策用于人道主义目的的做法损害了人道

---

① European Commission, Communication from the Commission to the European Parliament and the Council, "The EU Approach to Resilience: Learning from Food Security Crises", COM (2012) 586, Brussels, 3. 10. 2012.

② European Council, European Council Conclusions, 16 September 2010, Annex II, Declaration on Pakistan, EUCO/21/1/10 REV 1, 2010.

主义援助的独立性。欧洲议会中的一些议员以及来自法国、意大利、葡萄牙和西班牙的一些企业对这一措施是否合适提出了质疑。他们指责这种做法会造成两个方面不好的结果：一是这一措施会对欧盟纺织和乙醇工业造成不好的影响；二是欧盟在冷战结束之后一直致力于在发展中国家促进民主，贸易政策则是这一措施的重要手段，这是贸易政策的政治条件性，[①] 而对巴基斯坦人道主义救助与贸易政策相结合的做法，则有可能导致损害对外贸易政策中的政治条件性，同时损害人道主义援助的独立性。因此，尽管欧盟的倡议存在着一定的人道主义动机，但却在欧盟内部引起了争议。因为根据人道主义援助的基本原则，对需要进行人道主义援助的人进行救助，不应该被附上任何政治、经济和军事上的条件。

欧盟的这一措施后来虽然被欧洲议会通过，却是在《欧洲联盟运行条约》第207条第2款的法律基础上的欧盟共同商业政策的法律框架下被通过的，而不是以《欧洲联盟运行条约》第214条的法律基础上以人道主义援助的一部分而通过的。最后通过的文本也进行了修改，在把明确的政治条件性条款写进之后，欧洲议会才接受了拟议中的规则。根据这一规则，如果巴基斯坦没有"严重地系统性地违反人权，包括核心劳动权，民主基本原则和法治"，就能够获得欧盟的特惠贸易待遇。欧洲议会还加入了一个声明，指出这一措施并不是要在欧盟贸易政策方面开一个先例，仅仅是针对巴基斯坦特殊形势而做出的一个受到严格限制的反应，也就是通常所说的下不为例，从而对人道主义灾难背景下申请贸易优惠做出了限制。因此，《欧洲联盟运行条约》第214条第2款以及《欧洲共同立场》所表达的人道主义原则并不自动适用于这类措施。在共同商业政策的框架下，可以在尊重基本权利的条件下赋予某个国家的特别贸易优惠。[②]

[①] European Parliament, Debate on emergency autonomous trade preferences for Pakistan, 9 May 2011. 关于对外关系中的条件性，参阅房乐宪《欧盟对外关系中的政治条件性》，《世界经济与政治》1999年第10期。

[②] 但是，赋予贸易优惠的理由如果和外交政策有关，可能并不总是和国际贸易法相吻合，EC – Tariff Preferences 案例清楚地表明了这一点。见：WTO, "European Communities – Conditions for the Granting of Tariff Preferences to Developing Countries", Report of the Appellate Body, WT/DS246/AB/R, 20 April, 2004.

最后，欧盟把贸易政策和人道主义援助相联系的做法也面临着世界贸易组织层面的一些障碍。由于单方面实施贸易优惠可能会违反最惠国和非歧视原则，欧盟必须要求某种豁免。世界贸易组织某些成员，例如印度，可能会怀疑欧盟赋予巴基斯坦最优惠的市场准入，可能是基于地缘政治或者欧盟的其他利益，而不是人道主义动机。从历史的先例来看，印度的怀疑并不是空穴来风。[①]

巴基斯坦的例子说明，欧盟的贸易政策可能被用来作为在紧急状态下促进人道主义目标的工具，而其之所以这样做，可能是由于人道主义之外的多种原因，例如巴基斯坦地缘战略的重要性。但是，这种做法将会损害人道主义援助的独立性，也可能会损害欧盟对外贸易政策中的政治条件性。这一例子清楚地表明欧盟在追求对外政策的连贯性和一致性的时候面临的局限和挑战。欧盟有关用贸易政策支持巴基斯坦的人道主义目标的倡议最后是在巴基斯坦灾难性事件两年多之后的2012年10月通过的，比欧盟委员会2010年的建议要缓和了很多，附加了条件性和保障条款，贸易优惠的范围更加有限，时间更短（只实施了1年），使人们对这类措施的价值表示怀疑。[②] 因此，把欧盟的对外政策目标和欧盟的人道主义援助目标很难建立联系。

四 人道主义援助的非政治性与对外政策的一致性之间的矛盾

冷战结束之后，欧盟急需在国际舞台上发挥自己的作用，突出自己的地位，增进自己在欧盟各成员国的认同，在对外政策领域一直在为更强的一致性而斗争。在对外政策领域的一致性，意味着在不同的对外政策领域建立某种积极的整合或者综合，欧盟的各种条约都提出了这种要

---

① Clara Portela, and Jan Orbie, "Sanctions under the EU Generalised System of Preferences and Foreign Policy: Coherence by Accident?" *Contemporary Politics*, Volume 20, Number 1, 2014, pp. 63–76.

② Sangeeta Khorana, May T. Yeung, William A. Kerr, and Nicholas Perdikis, "The Battle over the EU's Proposed Humanitarian Trade Preferences for Pakistan: A Case Study in Multifaceted Protectionism", *Journal of World Trade*, Volume 46, Number 1, 2012, pp. 33–60.

求和指导原则。《里斯本条约》更加强调了促进欧盟对外政策一致性的意义。① 对政策目标一致性的强化,可以得出一种自然而然的结论,即通过构建共同的目标,欧盟将成为一个更加高效的对外政策行为体。考虑到人道主义危机的根源和结果之间的密切联系,人道主义在很大程度上应该归入另外一个政策领域。欧盟面临的一大挑战就是不能为了确保其他对外政策领域的一致性而牺牲人道主义援助的独立性。

直到20世纪90年代末,欧盟人道主义援助还经常与欧盟的对外政策目标纠缠在一起,但从1999年开始,欧盟就开始有意识地纠正这种做法。2002—2003年,欧盟召开欧洲大会,讨论起草《欧洲宪法条约》,在人道主义援助问题上开始形成一种普遍性的意见,那就是应该遵循国际人道主义法律,追求一种更加具有独立性的欧盟人道主义援助政策——也就是独立于经济、政治和军事等方面考虑的政策。这种意见强调的是人道主义援助政策相对于其他对外政策的独立性。2007年12月通过的《人道主义援助欧洲共同立场》强调了在这一领域欧盟政策的独立性质,并指出欧盟人道主义援助遵循国际公认的人道主义援助四原则,即中立、公正、人道和独立。2009年《里斯本条约》生效,人道主义援助成为欧盟对外政策的构成部分。更为重要的是,条约的相关条款是直接从《欧洲宪法条约》中抄来而没有经过进一步的讨论,而2007年的《人道主义援助欧洲共同立场》则明白地承认,欧盟人道主义援助是向第三方的自然灾害或者人为的危机中受害者提供及时的援助、解除痛苦或者保护人们免受侵害,以满足因不同灾害而产生的人道主义需求,构成了欧盟对外行动的一项独特政策。对这一点的承认,是欧盟实现独立的人道主义援助目标的重要一步。

欧盟尽管一再强调欧盟对外人道主义援助的非政治性,但是,欧盟同时又强调对外政策的一致性,这就导致欧盟在展开对外援助的时候经常受到欧盟内部约束,这里就充满着矛盾。实际上,人道主义援助的政治性很难避免。有学者认为,欧盟的人道主义援助,"双边的或者欧盟集

---

① Carmen Gebhard, "Cherence", in Christopher Hill and Michael Smith eds., *International Relations and the European Union*, 2nd edition, Oxford University Press, Oxford., 2011, pp. 101 – 127.

体的援助,相对于联合国或者非政府组织提供的人道主义援助而言,更容易受到积极的政治化的影响"。① 还有学者指出,"和欧盟的其他对外政策工具一样,ECHO 的开支同样也是为了实现欧盟更广泛的规范性和政治性的目标,例如民主和人权"。② 这里,我们需要讨论的问题是,尽管人们时常说是基于需要为基础的人道主义援助,但在实践中,欧洲人道主义援助是否仍然被用来完成政治性目标呢?

首先,人道主义援助政治化的已经成为很难回避的问题。人道主义援助不再被认为是满足救济紧急需求的暂时性的方法,而被当作干涉内部冲突的一种手段,是构建和平的一种工具,是消除贫困、促进人权和良治的起点。③ 其次,对外行动的一致性被认为是欧盟在国际政治舞台上发挥自己的影响所必需的。《欧洲安全战略》(欧洲理事会 2003 年通过)指出:"现在面临的挑战是把这些不同的工具和能力聚集起来:欧洲援助计划和欧洲发展基金、各成员国的军事和民用能力以及其他的工具……外交努力、发展、贸易和环境政策都应该追随这一议程。"欧盟本身在执行人道主义援助的时候,不仅在人的思维上常出现对政治化的偏向,甚至在法律规定上也存在矛盾,使人道主义援助难以摆脱政治化的诱惑。

为了应对国际危机状态,欧盟需要确保人道主义援助与所涉及的其他对外政策的关联性,要确保与其他对外政策领域的一致性。但是,强调人道主义援助与其他对外政策领域的一致,可能损害欧盟对外人道主义政策的独立性。研究欧洲一体化的学者对欧盟对外政策一致性方面的研究已经产生了很多学术成果,这些学术研究成果通常都强调欧盟对外政策一致性方面积极的影响,很少关注其消极方面,例如对欧盟人道主义援助方面的消极影响。人们对一致性的理解通常是认为各构成部分之

---

① Thomas G. Weiss, *Humanitarian Business*, Cambridge: Poity Press, p. 38.
② Michael Smith, "Implementation: Making the EU's Inernational Relation Work", in Christopher Hill and Michael Smith (eds), *International Relations and the European Union*, 2nd edition, Oxford University Press, Oxford, 2011.
③ Michael Barnett, "Humanitarianism Transformed", *Perspectives on Politics*, 2005, Vol. 3, No. 4, pp. 723 – 40.

间消除了分歧，或者在各部分之间建立了某种整合性联系。就政策而言，一致性意味着要保证欧盟不同政策领域对外行动的整合，意味着不同的政策领域以及它们相应的机构以一种人们所期望的、积极的方式进行互动，服务于共同的目标。① 但是，对于欧盟的人道主义援助来说，欧盟所强调的对外政策领域的一致性却对其保持独立性的目标带来了巨大的挑战。对于在《里斯本条约》中增加独立的一章是否强化了欧盟的独立性，或者，欧盟对一致性的追求是否将导致人道主义援助的动机屈从于安全、发展或者对外贸易的目标，等等问题，人们是存在很多的担忧的。

《里斯本条约》和《人道主义援助欧洲共同立场》等不同规定之间的矛盾，使人道主义援助的独立性与对外政策的一致性很难协调起来。欧盟人道主义援助的执行不仅要符合国际人道主义法律，而且也必须在欧盟对外行动的原则和目标总体框架之内展开。② 值得一提的是，这已经成为有关欧盟对外政策所有条约条款中的一个标准表述，反映了《里斯本条约》有关保证欧盟在国际舞台上行动的一致性的基本构想。那么，对这一条款的严格解读则意味着欧盟的人道主义援助可能被用来实现《欧洲联盟条约》第21条规定的全部政策目标，包括欧盟有关维持和平、预防冲突和加强国际安全等方面的抱负。显然，这样的解释将严重影响人道主义行动的独立性。然而，《欧盟联盟条约》第21条所列举的欧盟对外行动目标并不能免除欧盟的各机构遵守各条约中特别法律基础中所表明的授权原则。根据《联盟运行条约》第214条第2款，欧盟只能在尊重国际人权法律和有关中立、公正和非歧视原则的基础上才能执行人道主义援助政策。而后边的这些原则排除了人道主义援助被用以追求欧洲联盟条约第21条所列举的政治、军事和经济等对外政策目标。《欧盟运行条约》第214条第1款中的第一句话并不能影响这种法律上的义务。总之，条约中有关人道主义援助的特别条款有助于强化欧盟在这一领域

---

① Carmen Gebhard, "Cherence", in Christopher Hill and Michael Smith eds., *International Relations and the European Union*, 2nd edition, Oxford University Press, Oxford., 2011, p. 112.

② 《欧盟运行条约》第214条第1款。见《欧洲联盟基础条约——经〈里斯本条约〉修订》，程卫东、李靖堃译，社会科学文献出版社2010年版，第127页。

的特点，但并没有解决人道主义援助政策在执行过程中经常发生的边界模糊的问题。

另一方面，如果认为《欧盟运行条约》第214条第1款所提到的欧盟对外行动的原则和目标不是对欧盟人道主义独立性的威胁，而把其看作是对欧盟应对全球紧急事态行动一致性的某种呼吁，根据《人道主义援助欧洲共同立场》，尽管人道主义援助适用于特殊事态和特殊原则，这意味着它与其他形式的援助有鲜明的区别，但是，人道主义援助只有和其他政策相联系的时候才是有效的。①

《里斯本条约》引进了一些创新，以增强欧盟对外行动的一致性。第一个创新是在《欧洲联盟条约》第21条第1款给出了欧盟对外行动目标的总清单。但依据《欧洲联盟条约》第21条第1款，"帮助处于自然和人为灾难的人口、国家和地区"这一目标（第21条第1款g项），并不归人道主义援助政策专属，因而其他领域的对外政策也可以追求这样的目标。第二个创新是创立了新的制度功能和机制，最为突出的是欧盟对外行动署（EEAS）和欧盟外交和安全政策高级代表的设立。与发展合作政策相反，人道主义援助政策并不属于对外行动署的权能。然而，人道主义援助领域的人士和ECHO都很担心，在《里斯本条约》的框架下，人道主义援助政策和欧盟对外行动会出现融合以及对欧盟对外行动署的协调作用做出夸大的解释，这都有可能导致人道主义援助在执行过程中出现政治化。在欧盟急需在国际舞台上发挥更大的作用并努力提高自己在国际舞台上的可视度的时候，这种担心可能被放大。人们一般认为可视度和一致性是有效的对外行动的一部分，那么追求一致性的目标可能引起更大的担心。长期以来，欧盟对外行动，包括人道主义援助，不能在国际上被广泛关注，一直为欧盟决策者所担忧。但是，就人道主义援助而言，对可视度的关注可能和基于需要提供人道主义援助的这一援助

---

① 该条款明确指出，欧盟人道主义援助"应该考虑到长远的发展目标"以及"与发展合作密切相关"。见 European Union, European Consensus on Humanitarian Aid, Joint Statement by the Council and the Representatives of the Governments of the Member States meeting within the Council, the Parliament and the European Commission, Official Journal of the European Union 2008/C 25, 20.1.2008, p. 3.

动机相冲突，可能影响人道主义援助相对于政治、经济和军事等目标的独立性。

总而言之，尽管《里斯本条约》看起来似乎强化了欧盟人道主义援助的独立性，但是欧盟对对外政策一致性的追求一直被认为是对基于需求为基础的人道主义援助的一种挑战。

第五节 欧盟人道主义援助政策政治化的问题

国际红十字会强调人道主义援助"人道、公正、中立、独立"四原则，欧盟并未在其法律体系中明确引入人道和独立性原则，但是，正如前文所述，其在政策文件中已经明确表明了其对人道主义四原则的坚持。但是，欧盟在人道主义援助名义下获得的资源是否完全用来提供非政治性的人道主义援助呢？欧盟确实为履行人道主义援助的基本原则而进行了诸多的努力。例如，欧盟坚持基于紧急需求的援助理念，制定了客观评估人道主义需求的办法——"全球人道主义需求评估"（the Global Humanitarian Needs Assessment）和"被遗忘的危机评估"（the Forgotten Crises Assessment），通过把危机情况和一些基本指标进行比对，确定援助的对象，尽量避免受政治因素的干扰。再如，狭隘的国家利益可能使欧洲的人道主义援助资金全部流向最受关注的危机，目的是突出自己在国际上的形象，或者从安全角度考虑或者从历史联系角度来考虑分配人道主义援助的资源，因此，为了避免成员国尤其是大国对人道主义援助的影响，欧盟单独设立了人道主义援助机构 ECHO。又如，欧盟本身并不执行欧盟的人道主义援助，而是根据人道主义援助的理念，招募非政府组织为合作伙伴，保证其公正性和非政治性。

这里就涉及了对欧盟人道主义援助的政治性的讨论。而我们从上文的讨论中可以看出，实际上，欧盟虽然致力于摆脱政治考虑对欧盟人道主义援助的影响，但政治因素一直影响着欧盟的对外人道主义援助。

第一，基于最紧急人道主义需求的援助和对被遗忘的危机的关注并不能排除政治性。在 1993 年到 1996 年间，前南斯拉夫地区国家得到了占

ECHO 人道主义援助预算一半以上的援助,这反映了欧盟对安全的顾虑,是一种政治性的需求,并不是严格基于需求而提供的人道主义援助。但是,在确定哪个地方的人道主义需求最为迫切的时候,起关键作用的则是政治决定,从而很可能导致在确定哪个地区最需要人道主义援助的时候具有武断性。欧盟对被遗忘的危机展开人道主义救助,也和提高欧盟在欧洲民众和在世界中的影响有关。欧盟坚持对被遗忘的危机的援助,更能突出其对人权的关注,更显得非常珍贵,增加了其援助的价值,能促使其援助活动更为引人注目,并使之成为 ECHO 的标签,对欧盟在国际舞台上树立起自己的形象起到促进作用。

第二,制度独立也难以成为人道主义援助非政治性的保证。原则上讲,赋予一个自主的办公机构掌控人道主义援助资源,能够使之免于受成员国和欧盟对外政策目标的影响,使人道主义援助保持其符合自己原则的特点,保证人道主义灾难中的受害者的基本需求得到公平公正的满足。但在实际执行中,ECHO 的机构独立和人道主义援助的保护立法,并不能确保人道主义援助的公正性。一方面,ECHO 制度性的独立可能与成员国特别是大的成员国限制欧盟委员会在对外事务中的权力愿望这一政治目的有一定关系。当欧盟成员国感到欧盟委员会借助人道主义援助试图追求某种真正的对外政策的时候,它们就会站起来反对。另一方面,把人道主义援助作为一种危机管理工具的诱惑从来就没有完全消失过。我们必须注意,欧盟的军事和民事危机管理机制才刚刚开始形成,被认为还很不完善,[①] ECHO 机制下人道主义干预的决策不如欧洲共同外交与安全政策那样有力和迅速,但在共同外交和安全政策不能发挥作用的情况下,可能更有利于欧盟实现其政治意图。欧盟部分国家,包括欧盟外交与安全政策高级代表,都把人道主义援助看作是欧盟可以利用的冲突预防的主要工具之一。

另外,对国家民族而言,人道主义援助是国家对外政策的构成部分,

[①] Reinhardt Rummel, "The EU's Involvement in Conflict Prevention: Strategy and Practice", in Vincent Kronenberger and Jan Wouters (eds.), *The EU and Conflict Prevention, Policy and Legal Aspects*, Den Haag: Asser Press, 2004.

例如，丹麦人道主义援助机构的发展趋势是把人道主义援助统合到一个整体性的协调性政策框架中，该框架包括政治性的、致力于冲突解决的、发展援助和人道主义援助等各方面的内容。① 荷兰则把人道主义援助、发展政策和安全关切融合在一起，三方使用的预算是联合预算。② 而在欧盟层面，虽然 ECHO 的独立性减少了成员国对欧盟人道主义援助的控制，但并不意味着政治性的消失。研究显示，尽管欧盟成员国认为欧盟人道主义援助政治性不够，在与欧盟人道主义援助办公室展开合作的非政府组织而言，欧盟人道主义援助的政治性则是很强的。③

第三，ECHO 的合作伙伴选择难以避免政治性。欧盟本身并不是人道主义援助的执行者，欧盟需要选择非政府组织作为合作伙伴来执行人道主义援助。ECHO 资助的项目是否是非政治性的，在某种程度上取决于在当地执行这一项目的合作伙伴的人道主义援助理念。国际红十字会（ICRC）大约接受 ECHO 资金总额的大约 10%—15%，其人道主义援助行为的基础是人权、公众、中立和独立，这些原则和 ECHO 人道主义援助的理念是一致的。④ ECHO 的人道主义援助理念还遵守了联合国所倡导的传统人道主义原则，联合国人道主义救援机构每年接受 ECHO 资金总额的 30%—35%。尽管联合国的人道主义援助组织尽力保持其人道主义援助活动的特点，但是，流入该组织的资金最终用途也不能完全免除政治性因素的影响。因为联合国担当的角色并不仅仅是一个中立的人道主义援助提供者的角色，它还是并且首先是一个负责维持国际和平与稳定的政治性组织。例如，在伊拉克，联合国就被认为是占领力量，并且由于实施对伊拉克多年的经济制裁而受到当地普遍的敌视。

---

① Danida, *Strategic Priorities in Danish Humanitarian Assistance*, Copenhagen: Ministry of Foreign Affairs, 2002, p. 8. "Danida" 为丹麦外交部在展开对外人道主义援助和发展援助的标识。

② Judith Randel and Tony German, *Global Humanitarian Assistance* 2003, http://www.globalhumanitarianassistance.org/GHA2003/WeblinkPDFs/0p3-4W.pdf, p. 64.

③ Charlotte Dany, "Politicization of Humanitarian Aid in the European Union", *European Foreign Affairs Review*, Vol. 20, No. 3, 2015, pp. 419-438.

④ 国际红十字会编：《人道主义宪章与赈灾救助标准》，李祥洲等译，中国对外翻译出版公司 2001 年版。

非政府组织人道主义援助机构每年接受 ECHO 资金总额的约 55%—60%。但这些非政府组织并不都是专门的人道主义救援组织,在这些组织中,有些非政府组织把拯救生命和防止灾难作为自己的优先任务,有些非政府组织的议程中则包含了人道主义援助、人权和发展工作等内容。[1] 佩特泰韦勒(Petiteville)就对真正的欧盟人道主义援助政策这一概念提出了疑问,认为还不如说是欧盟支持人道主义非政府组织的政策。即便是那些严重依赖 ECHO 支持的非政府组织也没有感到它们在选择参与地区的时候、规划和实践人道主义援助行动的时候失去了自己的自主性。这意味着救援机构的选择很重要。

作为提供资金支持的一方,ECHO 对这些组织的影响可能比佩特泰韦勒所想象的要大一些。ECHO 选择资助工程的方式能够使其引导非政府组织向其所主张的人道主义行动方向发展。它只对它认为是重要的特定危机和特定工程提供资助。它会对提供人道主义资助的地区进行选择,并且只对涉及危机地区的非政府组织的项目计划提供支持,并且,它只选择那些直接提供核心人道主义援助任务的项目。另外,只有符合它选择标准的非政府组织,才能成为《伙伴关系框架协定》的一方,而只有签订了协议的非政府组织,才有资格向 ECHO 提交人道主义援助项目计划书。《伙伴关系框架协定》为它提供了一种手段,使其能够把合作伙伴聚集到非政治性人道主义援助目标上来。

但是,即便如此,也不能保证欧盟人道主义援助的非政治性。首先,即便是在最严格的控制制度下,所强调的重点也是在管理和财政方面,而不是在具体的人道主义援助项目内容上,并且,人们也不是很清楚 ECHO 是如何对合作伙伴是否坚持了人道主义原则进行具体的评价。其次,欧洲非政府组织对 ECHO 在财政上依赖也不能被过分夸大。非政府组织所依赖的资金中私人捐款占了很高的比例,例如,无国界医生组织(Medecins Sans Frontieres)从来就不允许其运作总经费中来自政府的资助

---

[1] Abby Stoddard, "Humanitarian NGOs: Challenges and Trends", in Joana Macrae and Adele Harmer (eds), *Humanitarian Action and the "Global War on Terror": A Review of Trends and Issues*, London: ODI, 2003; Larry Minear, *The Humanitarian Enterprise. Dilemmas and Discoveries*, Bloomfield: Kumarian Press, 2002, pp. 78 – 81.

超过50%，在过去若干年里，该组织就多次拒绝各类捐款，如果它认为这些捐款会威胁其独立性或者它所坚持的人道主义救助援助的话。另外，非政府组织在选择各类公共资助的时候也有相当大的自由度，除了ECHO之外，欧盟各成员国也向它们提供资助进行人道主义援助，而各成员国的人道主义援助的政治动机更为明显。

小　结

欧盟的人道主义援助最早是和发展援助联系在一起的，是为了保持欧盟成员国和其海外领土及原殖民地的密切联系，并随着人权政治进入国际政治领域而进一步发展，因此欧盟人道主义援助的政治内涵无可否认。从价值层面来看，当代人道主义援助哲学是依据欧美所秉持的价值来塑造的，其根基来自于基督教伦理；从政治层面而言，人道主义援助是国际人道主义干预的重要构成部分，对受援国的社会、文化、经济和环境结构产生了重要的影响。人道主义援助把受影响的人们假定为脆弱的需要援助的群体，忽视受援助者的创造性和文化，充满着种族主义行为，往往会使受自然灾害袭击的政府丧失对社会的控制，形成新的不稳定。某些人道主义援助被认为是殖民体系的另一种形式的延续。[1]

欧盟掌握了一些可以实施人道主义援助的资源，拥有相当规模的预算和决策自主权，从而使欧盟在人道主义援助方面的权力得到了加强。但欧盟在国际人道主义援助舞台上的地位也受到了其他行为体的限制，并且其自身也缺乏实施人道主义援助行为的能力。人道主义援助现在已经成为欧盟对外关系中一个日益引起人们关注的重要领域，欧盟已经成为世界上实施人道主义援助最重要的行为体。在长期的对外援助实践中，欧盟完善了人道主义援助的法律体系和组织制度建设，保证了援助的效

---

[1] Janaka Jayawickrama, "Humanitarian aid system is a continuation of the colonial project", https：//www.aljazeera.com/indepth/opinion/humanitarian – aid – system – continuation – colonial – project – 180224092528042.html.

率。欧盟对"基于需求的援助"和对"被遗忘的危机"的关注，增强了世界对欧盟作为人道主义援助行为体的关注，有效树立了欧盟人道主义形象，有利于欧盟所坚持的价值观念的传播，是欧盟对外政策的重要构成部分。

第八章

多重危机冲击下欧盟
对外政策的未来

  欧洲一体化历史上多次出现过危机,但每一次危机都没有能够阻挡欧洲一体化的发展,反而使欧洲一体化不断克服前进道路上的阻碍继续前行。只不过,由于欧洲一体化本身广泛而深入的进展,使得进入 21 世纪第二个 10 年欧盟面对的危机显得更加复杂,更加广泛,更加严重。人们对欧盟能否克服危机继续前行,充满疑问。2016 年 6 月欧盟委员会副主席兼欧盟外交与安全政策高级代表莫盖里尼在《欧盟全球战略》的序言中表达了对欧盟当前面对危机的感知:"我们联盟的目的,甚至联盟存在本身,都受到了怀疑……我们所处的地区在更大范围上已经变得更加不稳定、更加不安全。我们边界内部和外部的危机直接影响了我们公民的生活。"[①] 实际上,由于各种危机相互影响,直接导致欧洲各国民众对欧盟本身的怀疑,疑欧主义势力崛起,离心力在欧盟前所未有地增强。

  进入 21 世纪,随着全球化的迅猛发展以及新兴大国的崛起,全球性的力量对比正在发生深刻变化,大国对外战略也在发生深刻的调整。欧盟作为当今世界具有重要影响的力量,也在对自己的对外战略进行适当的调整。而当前面临的多重危机,更是对欧盟的对外政策产生了直接的影响,导致了欧盟对外战略出现较大程度上的变化。

[①] Federica Mogherini, Forword of European Union Global Strategy, in European Union, "Shared vision, common action: A stronger Europe. A global strategy for the European Union's Foreign and Security Policy", June 2016, Brussels. http://europa.eu/globalstrategy/sites/globalstrategy/files/eugs_review_web.pdf, p. 3.

第一节　多重危机冲击欧盟对外政策

当前欧盟面临的危机和以往不同的地方主要体现在这是一场全面的危机，欧债危机、周边安全、难民危机、恐怖主义、民粹主义、英国脱欧，等等，存在于欧洲一体化的方方面面，有的危机甚至互为因果，环环相扣，以致直接威胁到欧盟本身的存在。"我们生活在一个有着关乎生存的危机时代，不论是在欧盟内部还是在外部。我们的联盟正面临威胁。我们的欧洲工程曾经带给我们前所未有的和平、繁荣与民主，现在正受到质疑。在东方，欧洲的安全秩序正在被侵犯，而恐怖主义和暴力正在北非和中东地区甚至是欧洲本身蔓延。经济增长在非洲很多地方仍然没有人口增长的速度快，亚洲的安全形势正日趋紧张，而气候变化正带来更多的破坏。"[1] 欧盟官方这种深刻的反思声音，增强了我们对这种危机的感受。

欧洲债务危机是美国次贷危机的延续，其原因是政府债务负担超过了自己承受的范围，从而引起了债务违约的风险。欧洲债务危机起于希腊。2009年10月，希腊政府宣布当年财政赤字占国内生产总值的比重超过12%，引起了主权信用评级的下调，导致人们的恐慌。欧盟在如何救助希腊问题上拖延不决，危机相继蔓延至葡萄牙、西班牙、爱尔兰、意大利等国，法国、德国等欧元区国家也深受拖累，导致经济形势恶化，失业率上升，进而引发一些国家的政治危机，激化了社会矛盾。欧洲债务危机导致了欧洲国家之间的利益分化，形成了不同的利益集团，各国从自身利益出发，围绕债务危机的解决方案争执不休，导致各国欧洲对欧盟的认同感下降，各国政策出现了"再国家化"的倾向，欧盟成员国间合作意愿下降。对欧盟认同感的下降导致了成员国与欧盟机构关系的紧张，民众对欧盟支持率的下降。根据英国《卫报》报道，从2007年发

---

[1] European Union, "Shared vision, common action: A stronger Europe. A global strategy for the European Union's Foreign and Security Policy", Brussels, June 2016, http://europa.eu/globalstrategy/sites/globalstrategy/files/eugs_review_web.pdf, p. 13.

展到 2012 年，欧盟五个最大国家中对欧盟持怀疑态度的人在西班牙从 23% 增加到了 72%，在英国从 49% 增加到了 69%，在德国从 36% 增加到了 59%，在法国从 41% 增加到了 56%，在意大利从 28% 增加到了 53%，在波兰从 18% 增加到了 42%。① 危机导致欧盟对外政策决策出现了多中心化，弱化了核心国家英、法、德三国的领导意愿和能力。危机还导致欧盟对外行动资源的紧张，例如各成员国军事预算、② 对外发展援助预算都有削减③。欧债危机降低了欧盟的吸引力，影响到了欧盟的软实力。

欧盟还没有从债务危机中得到复苏，就又受到周边安全危机的冲击。欧盟一直致力于通过扩散自己的价值观念和制度规范来获得一个稳定而繁荣的周边。欧盟 2004 年出台的欧洲周边政策明确指出其与周边国家伙伴关系的基础是共享价值观，欧盟对坚持共同价值观的国家将予以嘉奖。④ 这种通过价值观和制度输出构建周边安全环境的做法却并没有在现实中取得成功。2011 年开始发生的"阿拉伯之春"主要是在欧盟的推动下迅速扩大，几乎蔓延整个阿拉伯世界，最终导致 100 多万人死亡，给当地造成了巨大破坏，而叙利亚战争和也门内战至今仍未结束，同时带来恐怖主义组织"伊斯兰国"的崛起，恐怖袭击甚至发生在欧洲的中心城市巴黎、布鲁塞尔和伦敦等地，同时中东地区动荡也引发了难民潮，严重冲击了欧洲社会。在东部地区，欧盟试图通过"东方伙伴计划"和周边政策改造除俄罗斯之外独联体欧洲 6 国，引发俄罗斯的强烈反弹。2013

---

① The Guardian: "Crisis for Europe as Trust Hits Record Low", 24 April 2013, https://www.theguardian.com/world/2013/apr/24/trust-eu-falls-record-low.

② 除瑞典、波兰、法国、芬兰和丹麦等少数国家外，欧盟绝大多数中等国家的国防预算削减 10%—15%，一些小国削减幅度高达 20%。2011 年 7 月，意大利甚至由于财政压力而撤出参加北约框架下利比亚行动中的航空母舰。Calara Marina O'Donnell (ed.), The Implications of Military Spending Cuts for NATO's Largest Members, Washington, Brookings Institution, July 2012, Http://www.brookings.edu/research/papers/2012/07/militaryspending-nato-odonnell.

③ 经合组织发展援助委员会 15 个欧盟成员国官方发展援助在 2012 年为 637 亿美元，同比下降 7.4%，官方发展援助占国民总收入的比重从 0.44% 下降到 0.42%，其中西班牙、意大利和希腊下降幅度最大，分别下降 49.7%、34.7% 和 17.0%。OECD, "Aid to Poor Countries Slips Further as Governments Tighten Budgets", http://www.oecd.org/newsroom/aidtopoorcountriesslipsfurtherasgovernmentstightenbudgets.htm.

④ European Commission, "European Neighbourhood Policy, Strategy Paper", COM (2004) 373 final.

年年底因欧盟与乌克兰签署联系国协议问题而引发乌克兰国内冲突,进而出现政局动荡,反对派推翻政府,克里米亚并入俄罗斯,乌东部地区发生内战,引发乌克兰危机,使战争在欧洲的中心地区爆发。乌克兰危机至今仍在演变当中。"乌克兰危机是欧洲安全秩序的危机……当前俄罗斯与欧盟所有的对话机制失灵,如何与俄罗斯打交道,欧洲普遍持悲观立场。"① 欧盟试图通过改造周边国家的方式处理与邻国的关系,并没有促进周边国家的安全稳定和可持续发展,"阿拉伯之春"和乌克兰危机实际上证明了欧盟周边政策的失败。周边安全危机凸显了欧盟模式的争议性,同时也对欧盟的对外政策提出了挑战。

难民问题一直是令欧洲头痛的问题。冷战结束后,苏联和南斯拉夫的解体都引发了不同程度的武装冲突甚至战争,导致难民涌向欧洲。而最近的难民危机则和欧盟周边政策的失败引发的难民潮有关。英法等国对利比亚的空袭,对中东北非国家反对派的支持,变更了当地的政权,却没有在当地建立稳定的社会秩序,而对叙利亚反政府武装的支持,实际上使战争扩大,极端势力崛起,战祸得以延绵。在这种情况下,来自中东和北非的难民不断向欧洲涌来。2013—2015 年,欧盟境内难民申请数量分别达到 43.2 万人、62.7 万人和 130 万人。② 大量难民的涌入导致了欧盟接纳的困难,引发了社会矛盾,导致欧盟成员国在难民安置方案问题上的争执,降低了欧盟的凝聚力。对难民身份的质疑和安置方案的争议,加剧了欧盟各国民众的疑欧情绪,使东欧和西欧、南欧和北欧、新欧洲和老欧洲之间的矛盾日趋尖锐。同时,难民的到来还导致社会不稳定,由难民而引发的刑事犯罪案件不断上升。"难民危机不仅进一步加剧了欧盟的内部分裂,从根本上威胁了作为一体化根基的《申根协定》,还因为增加了欧盟的内外安全威胁,加速极端右翼政党和右翼力量的上升,导致欧盟陷入深度合法性危机,增加了欧盟调整周边治理的压力。"③

---

① 金玲:《欧盟对外政策转型——务实应对挑战》,世界知识出版社 2015 年版,第 45—46 页。
② 黄文叙:《欧洲难民问题的严重性及出路》,《现代国际关系》2017 年第 2 期。
③ 金玲:《难民危机背景下欧盟周边治理困境及其务实调整》,《当代世界与社会主义》2016 年第 6 期。

难民危机直接挑战了欧盟的对外行动能力，促使欧洲对周边政策、难民治理以及对外援助等问题的反思。

恐怖主义在2001年"9·11"事件之后是欧盟治理的对象，是欧盟共同外交与安全政策中的重要议题。2003年欧盟公布的《欧洲安全战略》把其列为欧盟面对的首要安全威胁。在此之前，恐怖主义被认为是成员国主权内的事务而不是欧洲层面的事务，因而并不是欧盟关注的优先议题。"9·11"事件改变了欧盟的这种认识，而随后发生的2004年马德里火车爆炸事件、2005伦敦地铁恐怖袭击事件则更使欧洲人认识到恐怖主义的危险性，并于2005年制定了《欧盟反恐战略》。欧盟在发展合作、周边政策等政策领域都包含着反对恐怖主义的内容，特别是进入21世纪第二个10年之后，欧盟尤其重视在欧盟周边反恐，意图建立一个"稳定与繁荣"之弧。但是，欧盟在冷战结束之后一直在世界上推行价值观外交，与美国一起试图对世界其他地区进行民主改造，尤其是2011年"阿拉伯之春"发生后，欧盟极力推销自己的价值观，支持反对派，促进当地的变革，加剧了中东北非的不稳定，导致极端势力"伊斯兰国组织"崛起，欧盟密切配合美国对中东地区的民主改造计划，形成与伊斯兰极端主义在意识形态上的尖锐对立，更加激起了恐怖主义力量的反弹。最近一些年在欧洲的中心城市例如巴黎、布鲁塞尔、伦敦等地不断发生一些伤亡严重的恐怖主义袭击事件。制造这些恐怖袭击事件的既有极端组织"伊斯兰国"的有组织的行为，也有独狼式的行动；既有来自欧洲之外的恐怖分子，也有拥有欧盟成员国国籍的当地极端分子。恐怖主义袭击的发生，加上外来移民的进入，使欧洲的排外主义情绪日趋上升，对欧盟的对外反恐合作和移民政策、人口自由流动政策乃至周边政策都构成严重挑战。

民粹主义是随着欧洲一体化的发展而不断发展壮大的一股思潮，最近一些年却在欧洲导致极右翼势力的迅速崛起，成为威胁欧盟团结稳定和凝聚力甚至欧盟存在的一股势力。欧洲一体化是当今世界全球化大潮的一个重要构成部分。冷战结束之后的全球化浪潮是崇尚自由市场经济、私有化、削减社会福利、打破民族国家壁垒的新自由主义的全球化，是服务于垄断资本的全球化。国际资本和跨国公司为了降低成本增加利润，纷纷把工厂转移到劳动力成本和税收等生产成本较为低廉的地区，这样就造成了发达国家的产业空心化，工作机会的流失、贫富分化等社会问题。[①] 欧洲一体化的发展特别是《申根协定》的签订，人口的流动更加自由，但也便利了外来移民和难民的在欧洲境内的流动，欧洲一体化和外来移民成为民粹主义攻击的目标，并为其崛起提供了土壤，而难民问题和恐怖主义的交织为民粹主义发展壮大提供了有利条件。在这样的背景下，民粹主义成为政客煽动民意的工具，民粹主义政党在法国、英国、意大利、德国等国的迅速发展壮大。民粹主义思潮和势力在欧洲的增长，使欧洲各国疑欧主义情绪不断增加，导致了欧盟内部的离心倾向，导致了欧盟内部协调的困难，导致了欧盟对外合作中的贸易保护主义，导致了欧盟治理的低效，导致欧盟参与国际事务活动的意愿和资源的减少。而英国脱欧公投的成功通过，就是在民粹主义政党煽动下，疑欧情绪在英国发展的结果。而英国脱欧，不论对欧洲而言还是对大西洋两岸的关系而言，乃至对世界政治经济格局的发展，都有可能产生非常重大的影响。

　　面对多重危机的挑战，欧盟采取了一系列措施予以应对，并取得了一定的成效。例如债务危机的压力明显缓解，经济复苏势头明显，2017年欧元区国民生产总值增长到2.3%，欧盟28国为2.4%，明显高于2016年的1.8%和2.0%。[②] 但是，危机所造成的影响依然存在，周边安全问题依然严峻，难民问题仍然是一个让欧盟内部争吵不休的话题，恐怖主义威胁仍然切实存在，民粹主义仍然对欧盟认同构成威胁。

　　欧洲债务危机的发展使人们对欧盟内部机制缺陷有了深刻认识，经济危机对欧盟的冲击以及由此而引发的民粹主义则影响了欧盟各国的政治生态环境，降低了欧盟的软实力，限制了欧盟在国际舞台上的行动能力。欧盟的周边安全危机凸显了欧盟通过对外价值观和制度规范传输稳定周边战略的失败，对欧盟的周边政策、对外援助政策等政策理念构成

---

① 王明进：《全球化的推手为什么掀起贸易摩擦》，《人民论坛》2018年4月（下）。
② 欧洲统计局网站2018年3月7日发表的数据，参见 http://ec.europa.eu/eurostat/documents/2995521/8718257/2-07032018-AP-EN.pdf/99862cd5-dba6-49fa-bb2a-aa5395fa-8b1b。

了严重挑战。中东北非动荡和乌克兰危机不仅恶化了欧盟的周边安全环境，也带来了严重的难民问题，难民潮涌向欧盟国家，对欧盟内部协调构成挑战，造成了欧盟内部的分化，欧盟也不得不花费大量资源安置难民，难民问题和移民问题叠加在一起，引起欧盟成员国居民对外来人口的不满，造成了民粹主义和疑欧主义势力的增长，导致欧盟内部离心力的增强。英国脱欧则加深了人们对欧洲危机的认识。欧盟面临的多重危机往往互为因果，相互交织，对欧洲的对外政策走向产生巨大影响。

第二节 欧盟对外政策的调整

2016年6月28日，欧盟发布了《欧盟全球战略》，仅仅在英国脱欧公投5天之后。这被很多人看作是一种宣示性的行动：宣示欧盟对英国脱欧的态度，宣示欧盟对未来的信心。但报告内容整体低调的特点，表明了欧盟在经历当前的多重危机之后对外政策的重大调整。欧盟对外政策的调整事实上早就开始了，而《欧盟全球战略》则表明了欧洲对外战略调整的整体方向。

实际上，自从欧洲债务危机发生以来，欧盟在多个对外政策领域就进行了反思，发布了一些政策文件。例如在对外发展援助领域欧盟先后发布《变革议程》（2011）和《新的欧洲发展共识》（2017）；在气候政策领域，欧盟先后发布《后哥本哈根国际气候政策——重振全球气候变化行动刻不容缓》（2010）、《欧盟2050低碳经济路线图》（2011）、《欧盟新增长路径》报告（2011）和《2030气候和能源战略》（2014）等；在对外文化领域发布了《欧盟对外关系中的文化》（2014）、《欧盟国际文化关系战略》（2016）；在2015年通过《欧盟周边政策评估报告》对周边政策进行了修改；等等。《欧盟全球战略》被认为是2003年《欧洲安全战略》的升级版，通过对比这两者的差别，我们能够认识到欧盟在经历目前的多重危机打击之后，其对外战略发生了怎样的变化。

《欧洲安全战略》是在美国发生"9·11"恐怖袭击事件、美国发动了阿富汗战争和伊拉克战争之后发布的。时任欧盟共同外交和安全政策高级代表索拉纳在文件发布几个月前成立了一个工作小组起草了该文件。

文件指出了欧盟面临的五个方面的主要威胁：恐怖主义、大规模杀伤性武器的扩散、持续的地区冲突、国家失败和有组织犯罪。文件列出了欧盟安全战略的目标：为保障欧盟的安全在周边建立起有效的保障体系、在世界上追求以有效的多边主义为基础的国际秩序，为此呼吁欧盟在对外政策上更加积极、更加具有能力、更加具有一致性并且与合作伙伴共同努力（more active, more capable, more cohesive, working with partners）。① 整个文件只有15页，行文简洁，目标明确，充满抱负。

2016年发布的《欧盟全球战略》则经过了较长时间的酝酿。在欧盟面临多重危机的背景下，欧盟成员国开始寻求改变过时的《欧洲安全战略》。《欧洲安全战略》之所以过时，是因为它主要是一个共同外交与安全政策的指导性文件，而在共同外交与安全政策领域，欧盟的决策主要实行政府间主义方式，成员国的利益分歧在这里得到了充分的体现。在欧债危机、难民危机、周边安全危机等事项的影响下，欧盟成员国之间出现了力量上的分化组合，围绕任何一项议题，欧盟内部几乎都会产生内部分裂，争吵不断，导致决策能力下降，内部离心力增强。在这种情况下，欧盟需要一个超越单纯安全议题的综合性战略，凝聚共识，减少分歧，提升欧盟的权威和对外行动能力。同时，《里斯本条约》生效后，欧盟在内部机构上发生了变化，欧盟对外行动署的设立增强了外交与安全政策高级代表的权力，机制变革也需要一个全面的战略规划来支撑。②

2012年7月意大利、波兰、西班牙和瑞典四国外交部部长提出一个倡议，要求根据变化欧盟内部和世界政治环境，制定一项新的欧盟外交和安全政策。③ 2015年2月7日，新上任的欧盟外交与安全政策高级代表

---

① European Union, "The European Security Strategy: A Secure Europe in a Better World", Brussels: 12 December 2003. https://europa.eu/globalstrategy/en/european-security-strategy-secure-europe-better-world.

② Camille Grand, "The European Union Global Strategy: Good Ambitions and Harsh Realities", *The International Spectator*, 2016, Vol. 51, No. 3, pp. 19–21.

③ Nathalie Tocci, "Towards an EU Global Strategy", in Antonio Missiroli ed., *Towards An EU Global Strategy: Background, Process, References*, European Union Institute for Security Studies, pp. 117–118.

莫盖里尼呼吁确立新的欧盟安全战略，因为2003年的《欧洲安全战略》已经不合时宜。从那时起，欧盟所有成员国和外交政策界都参与了相关的讨论。由于《里斯本条约》生效后设立了欧盟对外行动署，其对外行动的能力和领域都得到了加强，文件的制定也反映了这些变化。因此，《欧盟全球战略》虽然被认为是对《欧洲安全战略》的替代，但却完全不同：它不仅仅是一个安全战略，而是一个涵盖了众多政策领域的全面战略，涉及军事能力、反恐、就业机会、包容性社会、人权等领域，只有在相关总司和欧盟其他机构的密切合作之下才有可能实施。这份文件把其全球战略目标定位为促进欧盟公民的利益，包括和平与安全、繁荣、民主和以规则为基础的全球秩序；根据其对战略环境的现实评估，有原则的务实主义成为其对外战略的基本理念，坚持团结、接触、责任和伙伴原则；其对外行动的战略优先是欧盟的安全（包括安全和防卫、反恐、网络安全、能源安全和战略沟通）、东部和南部国家社会的复原力建设、解决冲突和危机的融合性手段、合作性地区秩序以及面向21世纪的全球治理。为实现欧盟的全球目标，文件呼吁需要一个可信的、反应敏捷的、团结的欧盟共同努力。[①]《欧盟全球战略》内容复杂，文字要比《欧洲安全战略》要多，全文共60页，更加具体，但行文更加低调，突出了欧盟在对外政策领域的务实调整。

第一，经历多重危机的冲击，欧盟对外政策中价值观外交遭受挫折，务实主义色彩增加。

欧债危机发生以来，欧盟越来越认识到自己力量的局限和过往价值观外交在现实中遇到的困难，并考虑到新兴发展中大国的崛起，在对外政策中越来越采取务实主义立场。《欧盟全球战略》指出："为了避免陷入孤立主义和鲁莽的干涉主义困境，欧盟将加强与世界的接触，展示自己对他人的责任和对突发事件的敏感。有原则的务实主义将是未来若干

[①] European Union, "Shared vision, common action: A stronger Europe. A global strategy for the European Union's Foreign and Security Policy", Brussels, June 2016, http://europa.eu/globalstrategy/sites/globalstrategy/files/eugs_review_web.pdf, p.16.

年我们对外行动的指南。"① 欧盟对外政策的务实主义突出表现在价值观外交在欧盟对外战略中地位的下降。

欧盟在对外事务中一直致力于价值观外交，在更广泛的世界内寻求推行包括西式民主、法治、人权和基本自由的普遍性与完整性、尊重人的尊严、平等和团结原则以及尊重《联合国宪章》和国际法原则。② 这一原则已经被写入《欧洲联盟条约》。在冷战结束之后，在欧盟对外发展援助政策中，促进民主一直是欧盟对发展中国家进行民主改造的重要手段。从20世纪90年代中期的第四个《洛美协定》开始，政治条件性一直是欧盟发展援助的基本条款。2003年的《欧洲安全战略》尽管认为世界面临恐怖主义威胁等诸多安全挑战，但认为由于欧洲一体化的发展，欧盟处于有史以来最繁荣、安全、自由的时代，认为欧洲价值观念的传播让一些专制国家发生了改变，成为安全、稳定且充满活力的国家。欧盟正是在这一理念的指导下，制定了其周边政策和扩大政策。但欧盟被人称为经济上的巨人和政治上侏儒，在多重危机的打击下其价值观外交受到了冲击。《欧盟全球战略》尽管承认"在全世界促进我们的价值有我们的利益"，但也强调"我们的基本价值是寓于我们的利益当中的，和平与安全、繁荣、民主和以规则为基础的全球秩序是支持欧盟对外行动的关键价值"。利益受到了强调，而和平与安全被放到了其战略目标的首位。

欧盟对外政策的务实主义转向，和欧盟的内部运作机制、价值观外交遭遇挫折以及国际格局的变化密切相关。首先，在多重危机的冲击下，成员国在价值和利益面前更容易选择利益。由于共同外交和安全政策议题的政府间主义性质，成员国利益难以协调，对外政策效率不高，欧洲危机则进一步暴露了成员国之间的利益分歧，增强了欧盟对外政策方面的协调难度，而欧盟采取的紧缩政策也限制了欧盟获得资源的能力，在价值观和利益面前，成员国和欧盟都更倾向于选择现实利益。

---

① European Union, "Shared vision, common action: A stronger Europe. A global strategy for the European Union's Foreign and Security Policy", Brussels, June 2016, http://europa.eu/globalstrategy/sites/globalstrategy/files/eugs_review_web.pdf, p. 16.

② 参见《欧洲联盟基础条约——经〈里斯本条约〉修订》，程卫东、李靖堃译，社会科学文献出版社2010年版，第42—43页。

其次，价值观外交受挫导致欧盟重新在价值观和利益方面做出平衡。通过价值观外交塑造欧盟理想中的世界秩序是冷战结束之后欧盟对世界秩序的构想。在冷战结束之际担任欧共体委员会主席的雅克·德洛尔1989年10月在布鲁日欧洲学院演说时就表达了不仅要在欧洲通过联盟保障欧洲的价值理念，并要在全世界播撒这种理念的决心，这实际上体现了一种带有"文明使命"的右倾"激进化的世界主义理念。"① 欧盟这种价值观外交首先在与中国的交往中遇到了挫折。2009年欧洲重要智库"欧洲对外关系委员会"就发表报告指出，欧洲人一直希望能够影响中国的发展方向，但中国的内外政策却向另一个反向发展，对欧洲的价值观不屑一顾，反而与之对抗，甚至对其产生负面作用。2010年12月欧盟外交与安全政策高级代表阿什顿发布的欧盟与战略伙伴关系的报告调整了对华政策框架，务实主义成为与中国发展关系的重要原则。② 通过价值观外交营造一个安全的周边环境，一直是欧盟孜孜以求的目标。但是，欧盟在2011年开始的中东北非动乱中通过价值观输出换取当地政权的变革并没有为欧盟带来一个稳定的中东；同样，欧盟在东部邻国实施的同样的变革计划也因为乌克兰危机而宣告失败。地区动荡、难民危机、恐怖袭击等让欧盟变得比10年之前更加不安全、不稳定，从而宣告了价值观外交的挫折。欧盟被迫在2015年对其周边政策进行了修改，放弃了以欧洲模式作为评判的标准，"'稳定'取代'转型'成为周边政策的核心"，"认识到周边的多样性和自身作为'转型力量'的局限性，推动区别和灵活的政策方法"。③ 在这种情况下，《欧盟全球战略》用"外部伙伴"代替了周边政策中的"邻国"概念，这些选择表明，欧盟决定放弃以前通过价值和规范的传播改造邻国而实现融合的模式，而是采取将外部行动聚焦于解决特定的问题的务实态度。例如在土耳其、利比亚等国，欧盟在那里注资支援当地建设临时的难民中心，而不再从人权等问题上指责

---

① 参见赵晨《叙利亚内战中的欧盟：实力、理念与政策工具》，《欧洲研究》2017年第2期。

② 冯仲平：《新形势下欧盟对华政策及中欧关系发展前景》，《现代国际关系》2011年第2期。

③ 金玲：《欧盟周边政策新调整：利益优先取代价值导向》，《当代世界》2016年第6期。

这些国家。

最后，欧盟对外政策的务实转型和国际政治经济格局的变化密切相关。冷战结束之后，全球化迅猛发展，一些发展中大国抓住了全球化的机遇，实现经济上的快速发展，实现了群体性崛起，金砖国家从一个经济概念成为一种合作机制，权力的转移成为不可阻挡的趋势。基于对世界政治环境的认识的改变，欧盟不得不接受这些国家在国际政治经济体系中日益上升的影响，在对外政策中做出现实主义的转变，例如对中国提出的一带一路倡议持较为积极的态度，加入亚投行，在国际货币基金组织改革中为发展中国家份额的增长做出让步等。① 而在气候变化领域，在哥本哈根会议之后，能够积极主动地适应新的形势，放弃气候政治领域的单边主义倾向，改变原来立场，主动协调，推动巴黎气候协定的成功签署等，都是务实主义的转变的具体表现。

"有原则的务实主义是欧盟对以往历史经验的反思以及对当前战略环境进行评估的结果。欧盟认识到仅凭欧盟模式的吸引力无法解决内外问题，所以要降低期望值，缩小愿望—现实之间的鸿沟，制定更为谦逊、现实的全球战略。"② 而从《欧盟全球战略》发布后西方学者的反应来看，也能清楚地看出这一转变的务实主义性质。《欧盟全球战略》发布之后，西方一些组织和学者对其中务实主义原则尤其是价值观的退让提出了批评，认为报告忽视了欧盟的"规范性身份"，没有强调民主对善治的价值。③ 有机构认为，民主和规则导向的全球秩序应作为欧盟全球战略的具体行动的长期关注的重点领域，建议欧盟的对外行动要多培育"政治敏感性"，在与伙伴国的合作中主动反映和扩大民主，在设计促进其他国家的民主方面，欧盟及其成员国应该提升凝聚力，提高政策执行的一致性，把对民主的尊重视为在贸易、气候和其他所有对外政策领域达成协

---

① 任琳：《欧盟全球治理观的实用主义转型》，《国际展望》2015 年第 6 期。
② 杨海峰：《有原则的务实主义——欧盟外交与安全政策的全球战略评析》，《欧洲研究》2016 年第 5 期。
③ Kateryna Pishchikova and Elisa Piras, "The European Union Global Strategy: What Kind of Foreign Policy Identity?" *The International Spectator*, Vol. 52, No. 3, 2017, pp. 103 – 120.

议的重要条件。①

但欧盟对外政策的务实主义转变，并不是不要价值观外交。有原则的务实主义毕竟是"有原则的"。在欧盟的全球战略利益中，反映价值观方面的内容并没有放弃，只是排序排在了安全与稳定、繁荣之后，"利益与价值相连"是报告的核心观点，并且贯穿于全文。因此，有原则的务实主义只是在价值观的传播与现实利益之间做出的某种权衡，欧盟对外政策中价值观外交是不会被放弃的。

第二，经历了多重危机的打击，欧盟世界主义情怀有所抑制，更加关注周边安全和稳定。

2003年《欧洲安全战略》把欧盟视为自由、民主、繁荣之地，欧盟面对的五大安全威胁全部来自于欧盟的外部，认为欧盟"不可避免地是全球角色……欧洲应该准备承担全球安全责任，建设一个更加美好的世界"，②因而要在全世界展开推广欧洲价值观念的行动，希望通过接触促进变革，推动欧洲价值观念和制度规范在全世界的扩散。

多重危机的打击，一方面让欧盟对外政策从价值观外交转向务实主义外交，更加重视"利益置换"；另一方面，欧盟也认识到自己的能力有限，"欧盟的战略重点已明显收缩，战略资源投入重点是其周边地区"。③尽管在2003年《欧洲安全战略》中周边国家尤其是刚刚经历过南斯拉夫内战的巴尔干地区也被重点关注过，但那时周边国家只是欧盟向全世界推广欧洲价值观的前沿阵地，是民主转型改造的先行先试之地。从那时起，欧盟试图以自身模式吸引周边国家做出改变，通过欧盟观念和价值的传播和引导，首先在周边形成一个安全和繁荣的地带，然后再扩展到全世界。欧盟利用扩大政策对原中东欧国家进行了欧洲化改造，对于不能吸收加入欧盟的国家，则通过周边政策促使其转型。欧盟在处理与邻

---

① 孙灿：《〈欧盟外交与安全政策的全球战略〉解读》，《国际研究参考》2016年第8期。

② European Union, "European Security Strategy: A Secure Europe in a Better World", Brussels, 12 December, 2003, https://europa.eu/globalstrategy/en/european-security-strategy-secure-europe-better-world, p. 1.

③ 崔洪建、金玲、王毅：《欧盟国际地位及其影响力变化》，CIIS研究报告，中国国际问题研究所，2014年6月，第24页。

国的关系时，通过扩大政策、巴塞罗那进程、东方伙伴计划、地中海联盟等不同阶段的政策调整，欧盟周边安全形势反而比以前更加糟糕。中东北非动荡、乌克兰危机引起了周边局势动荡，并由此引发难民危机和恐怖袭击威胁的增加。周边地区在欧盟战略布局中的优先地位因此大大提升，时任欧盟外交与安全政策高级代表阿什顿甚至把周边政策提升到欧盟对外政策核心的高度。[1]

在这种情况下，欧盟把对外政策关注点越来越集中到周边国家。2015年欧盟对周边国家政策进行了新的调整，突出了对周边国家安全和稳定的重视。在2016年发布的《欧盟国际文化战略》报告中，欧盟同样把扩大政策、周边国家政策和发展援助政策所涵盖的国家作为对外文化外交的重点，扩大政策和周边政策针对的是欧盟的周边国家，而发展援助的重点地区同样也是周边国家。这在对外援助方面政策表现得更为突出和具体。欧盟尽管在危机之后对外援助总额有所下调，但还是向周边国家投入了大量的资源。在危机之后的2014年，欧盟对外援助的总额按援助去向划分，非洲国家占45%，中东、地中海和欧盟的欧洲邻国占27%，亚洲和太平洋国家占10%，拉丁美洲和加勒比地区国家占4%，用于民事保护的占4%，用于世界范围的灾害救助的占3%，用于欧盟援助志愿者组织的占1%，用于其他一些行动的占6%。[2] 在叙利亚危机问题上，到2017年年底，欧盟及其成员国已经筹集了106亿欧元，包括7.53亿欧元的人道主义援助，用于叙利亚及周边国家的难民安置设施建设和人道主义救助。2018年欧盟安排了2.8亿欧元的资金用于叙利亚危机，其中1.4亿欧元用于叙利亚国内援助。[3] 由于中东北非的动荡，大量难民涌向欧洲，欧盟与地中海沿岸国家签订协议安置难民，以避免难民潮的

---

[1] 崔洪建、金玲、王毅:《欧盟国际地位及其影响力变化》，CIIS 研究报告，中国国际问题研究所，2014 年 6 月，第 24 页。

[2] European Commission, *Humanitarian Aid and Civil Protection*, Luxembourg: Publications Office of the European Union, 2015, p. 8.

[3] 欧盟民事保护和人道主义援助行动署网站：叙利亚，http://ec.europa.eu/echo/where/middle-east/syria_en。

冲击。例如2016年与土耳其签署难民协议，承诺向土提供30亿欧元的资金。① 在乌克兰危机中，从2014年到2018年，欧盟及其成员国已经提供了6.77亿欧元的资金用于早期恢复建设和人道主义援助，欧盟委员会提供了1.12亿欧元，其中2018年为2000万欧元。② 现在的情况是，大量援助用来关注周边国家，而用于周边国家和地区的援助中，大部分又用于和安全稳定密切关联的难民安置。

周边国家和地区在《欧盟全球战略》中着墨最多因此也是可以理解的。欧盟感知的安全威胁首先来自周边："在东方，我们的安全便捷受到了侵犯，而恐怖主义和暴力充斥中东以及欧洲自身。"③ 在欧盟对外行动五个优先领域中，东方和南方国家和社会复原力是欧盟对外战略优先之一，紧紧排在欧盟自身的安全之后，而在另一个战略优先"合作性的地区秩序"中，周边国家是欧盟构建合作性地区秩序的重点地区。从整个战略报告的逻辑结构来看，该报告是按照欧盟本土、周边、全球三环结构展开阐述的：欧盟首先要在欧洲和周边地区承担责任，进而在更远地区寻求有针对性接触，欧盟希望成为周边地区的全面伙伴和安全提供者。④ 这种对近邻的过度关注甚至受到欧洲学者的批评，认为文件对东方和南方邻国的强调可能在某种程度上贬低了欧盟的全球利益，这将导致欧盟对亚洲等地的关注不符合其作为一个全球角色的定位。⑤

第三，在周边政策上，欧盟提出了复原力建设概念，在"促变"与"安全稳定"间寻求平衡。

欧盟对其周边政策进行了重新评估，安全和稳定成为欧盟周边政策

---

① 数据来源参见 http：//www.euractiv.com/section/justice - home - affairs/news/eu - and - turkey - agree - on - 3 - billion - refugeedeal/。

② 欧盟民事保护和人道主义援助行动署网站：Ucraine, http：//ec.europa.eu/echo/where/europe/ukraine_en。

③ European Union, "Shared vision, common action: A stronger Europe. A global strategy for the European Union's Foreign and Security Policy", Brussels, June 2016, http：//europa.eu/globalstrategy/sites/globalstrategy/files/eugs_review_web.pdf, p. 19.

④ 杨海峰：《有原则的务实主义——欧盟外交与安全政策的全球战略评析》，《欧洲研究》2016年第5期。

⑤ Camille Grand, "The European Union Global Strategy: Good Ambitions and Harsh Realities", *The International Spectator*, Vol. 51, No. 3, 2016, p. 20.

核心关切和首要目标，并充分体现在了《欧盟全球战略》文件当中。《欧盟全球战略》强调的是"促进我们公民的利益"，在其列出的对外行动的优先选择中，最重要的是"我们联盟的安全"，认为欧盟的全球战略始于欧盟内部。《欧盟全球战略》指出"外部和内部安全比以往都更加缠绕难分：我们的内部安全赋予了我们在邻国和周边地区安全中同样的利益"。[①] 在这种考虑下，欧盟认为邻国和周边地区国家和社会复原力的建设符合欧盟的利益。复原力（resilience）指的是一个国家和社会进行改革，从而承受各种内部和外部危机并得以恢复的能力。[②] 在复原力建设方面，欧盟关注的地区是欧盟的周边国家，东部延伸到中亚，南部延伸到中非地区。在中东和北非地区动乱和乌克兰危机的影响下，和以往注重价值观的传播不同，欧盟现在更加重视安全，在周边地区建设复原力的目标是形成环绕欧洲周边的一个安全地带："欧盟将和其伙伴一起，促进周边地区的复原力。一个具有复原力的国家是一个安全的国家，安全是繁荣和民主的关键。"[③]

　　复原力建设作为一种战略优先，涵盖了不同类型的国家和政策领域。首先是扩大政策涵盖的国家。其对象主要是西巴尔干国家和土耳其，欧盟对它们有现代化和民主化方面的入盟标准要求，欧盟与这些国家在移民、能源安全、恐怖主义和有组织犯罪等方面面临共同的问题，欧盟与这些国家的合作要求切实的收益，这意味着在反恐、安全领域的改革、移民、基础设施、能源和气候、深化人与人之间的接触和分配欧盟的援助上进行切实的合作。其次是周边国家，其中很多国家属于欧盟周边政策支持的对象。欧盟支持周边政策下所包含的东部伙伴关系和南方地中海沿岸国家实施各种联系协议，包括深入而全面的自由贸易区（DCF-

---

① European Union, "Shared vision, common action: A stronger Europe. A global strategy for the European Union's Foreign and Security Policy", Brussels, June 2016, p. 15.

② European Union, "Shared vision, common action: A stronger Europe. A global strategy for the European Union's Foreign and Security Policy", Brussels, June 2016, p. 23. 复原力是欧盟最近讨论比较热烈的一个词，在我国学界译法比较多样，有的译成"弹性"，有的译成"恢复力"，有的译成"复原力"，有的译成"韧性"。

③ European Union, "Shared vision, common action: A stronger Europe. A global strategy for the European Union's Foreign and Security Policy", Brussels, June 2016, p. 23.

TAs）协议，深化与这些国家量身定做的伙伴关系，不论是否是周边政策涵盖的国家，欧盟都对其建设国家和社会复原力的不同路径表示支持。最后是大周边地区的复原力。对于大周边地区压迫性的国家，长远来看可能是不稳定的和脆弱的，但欧盟也要通过多种多样的政策来支持其复原力建设。欧盟将通过长期的接触不懈地寻求促进人权的保护等促进这些脆弱国家进行能力建设，欧盟将通过发展援助政策、支持公民社会发展、强化能源和环境复原力等，增强这些国家的复原力，当这些国家的人们感觉正在变得富裕且日子过得有希望，这个国家就是有复原能力的。最后，复原力建设要求一个更加有效的移民政策。欧盟特别关注移民和难民的来源国和中转国的复原力建设问题，主张大幅度强化在这些国家的人道主义努力，关注教育、妇女、儿童，通过一般性的和量身定制的措施来治理移民问题。

　　对复原力的强调是基于欧盟在冷战结束之后在周边地区试图通过"促变"传播欧盟价值观和制度规范遭受挫折，欧盟周边国家经历剧变动荡不定、安全形势恶化的背景，目的是寻求周边的安全与稳定，提升周边国家抗击危机和从危机中恢复的能力。安全与稳定成为复原力的首要目标，尽管周边国家属于不同类型的国家，但变革已经成为次要目标。需要指出的是，欧盟除了因非常紧急的移民问题没有对移民来源国和中转国提出变革要求只是提出具体的解决移民问题的措施外，对不同类型的国家和地区，欧盟提出的复原力建设的目标是不一样的。对于扩大政策涵盖下的国家，欧盟与它们的关系面临的挑战是促进政治改革、法治、经济上的趋同和发展良好的邻国关系；对于欧盟东方和南方的邻国，欧盟相信欧盟自身持久的吸引力能够激发它们的变革，并对格鲁吉亚和突尼斯的变革大加赞赏，认为它们成为繁荣、民主且稳定的民主国家将激励本地区的国家；对于大周边地区的国家，欧盟也是试图通过长期的接触来促进人权和包容负责的治理。经过多重危机的打击，欧盟在对外战略优先目标上进行了调整，在"促变"和"安全稳定"上进行了再权衡，但并没有放弃扩散其价值规范的诉求。

　　第四，在安全稳定成为欧盟对外战略头等关注的情况下，欧盟强调战略自主性并对战略伙伴做出了新的界定。

欧洲安全防务长期依赖美国，欧洲债务危机以来，欧盟各成员国在防务预算上更是大幅度削减。这是最近几年来美国和欧盟之间争议的一个话题。《欧盟全球战略》指出，恰当水平的报负和战略自主对欧盟在其境内外培育和平保障安全的能力是很重要的。欧洲应该能够保卫自己，对外部的危机做出反应，并对伙伴的安全和防卫能力提供帮助。在应对外部危机管理和能力建设方面，欧盟应该能够在其成员国提出请求的情况下保护它们及其它们的机构。[1]这就意味着欧盟能在应对外部和内部危机包括恐怖主义、多种威胁、网络安全和能源安全、有组织犯罪和外部边界管理等挑战的时候，能够兑现团结互助的承诺。欧盟的战略自主权在欧盟与北约的关系中非常重要。欧盟把北约作为其绝大多数成员国的安全提供者，但认为欧盟和北约的关系不应该损害非北约成员国的欧盟成员国的安全防卫政策，欧盟应该在补充性、融合性且尊重两个机构的决策自主性的基础上深化与北约的关系。"欧盟作为一个安全共同体应该得到加强：欧盟在安全和防卫上的努力应该能够使欧盟自主行动，并且能够为与北约的合作做出贡献而采取行动。"[2]

欧盟若要增强战略主动性，就要增加投入，增强硬实力，成为一个信得过的联盟。"在这个脆弱的世界上，仅靠软实力是不够的：我们必须增强我们在安全和防御上的信誉。"[3]《欧盟全球战略》认为，途径就是成员国有足够水平的国防开支，最有效地利用资源，将防务开支的20%用于武装设备采购和研发。为了获得这些能力，成员国需要把防卫合作作为一种规范，防卫合作的自愿方式需要变成切实的承诺，一个可持续发展的、创新的、有竞争力的欧洲防卫工业对欧洲的战略自主和可信的共同安全和防卫政策是至关重要的。

欧盟需要战略自主性，但更需要灵活多样的伙伴关系。欧盟和当今世界上主要国家都建立了战略伙伴关系，但这些战略伙伴关系在很大程

---

[1] European Union, "Shared vision, common action: A stronger Europe. A global strategy for the European Union's Foreign and Security Policy", Brussels, June 2016, p. 20.

[2] Ibid.

[3] Ibid., p. 45.

度上受到欧盟内部的质疑。① 《欧盟全球战略》提出建立灵活多样的伙伴关系，意味着对外战略的新调整。

伙伴首先是欧盟全球战略的一个原则。欧盟要成为一个负责任的全球行为体，但责任需要分担，需要伙伴，因此共同承担责任是欧盟的基本原则。那么，欧盟的伙伴是谁呢？可以是国家、地区性组织和国际组织。欧盟的伙伴是有选择的，是那些能够提供全球公共物品、迎接共同挑战的行为体。欧盟将与那些核心伙伴、拥有共同价值观念的国家和地区组织携手合作。②

伙伴其次是全球治理一条路径。欧盟要作为榜样来引领全球治理，欧盟可以作为由不同行为者组成的网络中的议程制定者、联结者、协调者和促进者，但需要伙伴。欧盟的伙伴是灵活多样的，可以是国家和组织，也可以是私营领域和公民社会组织。欧盟构建全球治理的合作伙伴体系是有层次的：联合国是欧盟的核心伙伴，也是多边制度的框架；美国等国是核心伙伴；然后是地区组织；然后是亚洲、非洲和美洲的具有共同思想和战略的合作伙伴。欧盟还要支持重要的非国家行为体，尤其是公民社会组织。③ 同时，在不同领域，欧盟将与不同的国家和组织组成伙伴关系。

最后，需要指出的是，美国是唯一被《欧盟全球战略》提到的在安全、全球治理、经济贸易合作等多个领域的核心伙伴，而联合国则是国际组织中在全球治理领域中的核心伙伴，在安全领域，北约和美国一起列为的核心伙伴等，这显示了欧盟对跨大西洋关系的重视，同时也表明欧盟现在对伙伴的理解与过去有了一定的区别。

第五，从以有效的多边主义为基础的国际秩序转变为以规则为基础的国际秩序。

欧盟在2003年的《欧洲安全战略》提出了以"有效的多边主义"为基础的国际秩序的主张，这种主张被认为既是由于欧洲的传统历史文化

---

① 徐龙第：《欧盟的战略伙伴关系探析》，《国际论坛》2012年第2期。
② European Union, "Shared vision, common action: A stronger Europe. A global strategy for the European Union's Foreign and Security Policy", Brussels, June 2016, p. 18.
③ Ibid., p. 45.

所决定的，例如欧洲的均势传统、欧洲一体化的历史经验等，同时也被认为是对美国单边主义的一种回应。美国在"9·11"事件之后绕过联合国发动伊拉克战争，引起了欧盟内部的分裂，欧盟需要提出自己应对危机的方式，以体现欧盟的团结，因此提出了以联合国为中心的有效的多边主义世界秩序观。[①] 多边主义原则甚至被写入《里斯本条约》，[②] 突出了欧盟对多边主义的信念。但是，金融危机以来，国际政治格局的变化以及多重危机的冲击，使欧盟的多边主义立场发生了微妙的转变。

首先，美国对外政策发生了转变。欧盟之所以提出"有效的多边主义"这一概念，主要是针对小布什政府时期美国在国际政治一系列问题上表现出来的浓郁的单边主义立场，包括绕过联合国发动伊拉克战争，拒绝承认具有多边合作特点的国际协议，例如在气候问题上单方面退出京都议定书，废除1972年与苏联达成的《反导条约》，等等。欧盟内部在与美国的关系问题上特别是在伊拉克战争问题上发生严重分裂，欧盟需要强调不同于美国的政策立场使成员国团结起来，反对单边主义于是成为欧盟对外政策的亮点。但金融危机发生之后，美国的政策立场发生了变化，奥巴马就是在反对布什政府单边主义旗号下赢得选举的，在美国陷入伊拉克战争和阿富汗战争难以自拔的情况下，美国奥巴马政府在对外政策上向多边主义转向，以图摆脱困境，欧盟通过多边主义平衡美国单边主义不再是当务之急。

其次，新兴国家的崛起改变了国际政治格局。进入21世纪以来，中国、印度、巴西等国的力量迅速增长，呈现出群体性崛起的状态，而西方国家的力量相对下降，国际政治格局呈现多极化趋势。2000年中国和印度占世界经济规模的比重为11.8%，到2010年上升至20.1%；2003年欧盟28国占世界经济的比重为30.7%，2013年该比例下降为23.7%，

[①] 陈志敏、吉磊：《欧洲的国际秩序观："有效的多边主义"？》，《复旦国际关系评论第十四集》2014年9月。
[②] 《欧洲联盟基础条约——经〈里斯本条约〉修订》，程卫东、李靖堃译，社会科学文献出版社2010年版，第42—43页。

而中国在世界经济中的份额从 2003 年的 4.3% 上升到 2013 年的 12.1%。①发展中国家力量的上升推动了国际政治格局的变化，2008 年 11 月 G20 首脑会议召开，新兴大国首次以平等身份参与全球经济治理，G20 代替七国集团成为全球经济合作的首要机制。虽然欧盟主张"多边主义"，但其主张的"有效的多边主义"应该是西方主导下、体现西方价值观念和意志的多边主义。发展中国家的群体性崛起，尤其是政治制度迥异的中国崛起，被认为是对西方主导的国际秩序的挑战，国际政治格局的这种改变会使国际社会政治体系更不稳定，更紊乱。欧洲人担心，围绕规则、秩序和利益竞争，会使国际社会重回权力政治主导的局面。② 这并不是"有效的多边主义"所主张的世界。

最后，欧盟在国际关系中的多边主义实践受挫，导致了欧盟对"有效的多边主义"认识上的改变。进入 21 世纪以来，欧盟从自己的力量特性出发，力图通过多边途径推动世贸组织多哈回合谈判和就气候变化问题达成京都议定书之后的约束性框架协议，但都遇到了挫折。自 2001 年世界贸易组织就削减贸易壁垒、通过更公平的贸易环境来促进全球特别是较贫穷国家的经济发展展开谈判，但多轮谈判持续陷入僵局。欧盟不能"有效"控制谈判进程，降低了其继续推动多哈进程的动力。而在气候谈判问题上，欧盟一直以领导者自居，但在 2009 年召开的哥本哈根气候谈判中，欧盟设定的谈判议程受到发展中国家的强烈反对，最后欧盟成为谈判的"旁观者"，欧盟领导全球气候治理的能力被弱化。欧盟的多边主义实践证明，欧盟并不能按照自己的意愿有效推动相关议程，从而动摇了欧盟对建立以"有效的多边主义"为基础的国际秩序的信心。

由于上述因素的影响，欧盟对"有效的多边主义"的态度发生了微妙的改变。在官方表述中，欧盟仍然坚持以联合国为中心的"有效的多边主义"是对外行动的中心构成要素，积极支持联合国的工作，重视与联合国的合作，积极在联合国的框架内推动有效的多边主义，甚至在地

---

① 转引自金玲《欧盟对外政策转型：务实应对挑战》，世界知识出版社 2015 年版，第 36—39 页。

② Giovanni Grevi, "A Progressive European Global Strategy", Policy Brief, No. 140, November 2012, FRIDE.

区合作舞台上也坚持多边主义，例如加强与东盟、非盟的合作等。但在实际运作中已经认识到了危机之后欧盟对外行动能力的局限和国际局势的变化，对欧盟的对外政策作了适度调整，更多强调基于规则的国际秩序，注重发展双边战略伙伴关系，以双边促多边等。2015年欧盟对外行动署发布的《全球环境变化中的欧盟》报告表示"传统的多边主义在新兴国家试图改革'二战'后格局的情况下丧失了动力"，提出推动多边主义的伙伴关系模式。[①]《欧盟全球战略》中继续淡化多边主义，全文虽有16个地方提到多边或者多边主义，但不再提"有效的多边主义"这一概念，在欧盟全球战略的目标中提到"欧盟将促进基于规则的全球秩序，多边主义是关键原则，而联合国是核心"，[②] 将2003年《欧洲安全战略》中"基于多边主义的全球秩序"更改为"基于规则的全球秩序"，而"多边"更多是和各类伙伴相联系的。这说明欧盟在将来追求全球秩序的时候，推动多边主义的愿望在下降，而在世界秩序不确定性加强的情况下，更强调规则，更强调国际法，更愿意构筑灵活多样的伙伴关系网，更加注重跨大西洋联盟在推动新秩序形成过程中的作用。

欧盟当前进行的对外政策调整，反映了欧盟在经受包括欧债危机、周边安全危机、难民问题、恐怖袭击、身份认同、英国脱欧等重大危机的打击下，对国际政治经济格局变化的深刻认识，也是欧盟对自己过往对外战略及实践的反思。危机限制了欧盟在对外政策领域获取资源和手段的能力，削弱了欧盟的软实力，打击了成员国及其人民对欧洲一体化的信心，使欧盟的对外政策更加关注欧盟自身利益和周边环境，对欧盟长期以来坚持的价值观外交和有效的多边主义形成较大冲击。欧盟对外政策的调整不仅反映在欧盟对外政策宣示性文件如《欧盟全球战略》当中，更体现在不同的议题领域，包括发展援助政策、对外环境政策、反恐与对外合作、对外文化政策、反扩散政策以及人道主义援助等。

[①] European Union, "The European Union in A Changing Global Environment—A More Connected, Contested and Complex World", June 2015, http://eeas.europa.eu/archives/docs/docs/strategic_review/eu-strategic-review_executive_summary_en.pdf.

[②] European Union, "Shared vision, common action: A stronger Europe. A global strategy for the European Union's Foreign and Security Policy", Brussels, June 2016, p. 15.

在多重危机的打击下，欧盟深刻认识到当前面临的内外困境，认识到欧盟当前内外形势和危机与之前相比更不稳定，更不安全，面临更大的威胁。总体上看，周边国家安全危机，尤其是阿拉伯之春的发展演变和乌克兰危机，标志着欧盟试图通过制度输出营造安全稳定繁荣的周边环境和周边政策的失败，欧盟对外政策开始从冷战结束后在世界上推行价值观外交进行模式输出的政策立场上有了较大程度的倒退，其务实主义色彩更加明显；中东北非地区的动乱以及难民危机和恐怖袭击事件，使欧盟的世界主义情怀有所消退，欧盟因而更加关注周边国家的安全和稳定，并因此调整了其发展援助、移民以及文化等政策；经历了危机打击之后，欧盟更加重视欧洲内部和周边国家、社会的复原能力建设，增强应对危机的能力，营造周边安全环境；在全球秩序建设中更加重视灵活多样的伙伴关系和国际规则的作用。

从欧盟对外政策的调整来看，欧盟在对自己作为一种"规范性"力量的认知上比以前稍显低调，更加注重利益的获得，但这并不表明欧盟不再坚持价值观外交。在对外政策中推广其价值和规范已经写入欧盟条约，《欧盟全球战略》的基本底色仍然是坚持欧盟所主张的价值规范是繁荣稳定的基础，推广其价值规范是欧盟的责任。这样看来，在现实利益和价值观推广上的矛盾仍将在未来欧盟对外政策中得到充分的体现，并继续影响欧盟与世界其他国家和地区关系的发展。

第三节　欧盟对外政策的调整与中国

欧盟成立后，即谋求在世界舞台上发挥更大的作用。由于自己在实力上的欠缺，欧盟把自己定义为"规范性力量"，在世界上推广自己的价值观念和原则规范。在与中国的关系上，欧盟奉行的是"无条件的接触政策"，目的是通过与中国的接触和交流，设置中国的发展议程，希望中国按照欧洲设想的路径发展演变，按照其设想的情形使中国融入当今世界体系。这在相当大程度上反映了欧盟对第二次世界大战结束之后欧洲一体化成功经验的认识，对欧洲一体化在20世纪90年代高歌猛进的乐观态度，以及在世界上推广自身价值观和制度的自信，其中既有欧洲中心主义的自我膨胀,也有某种世界主义的理想情怀。但是,金融危机发生后,欧盟又接连遭遇欧债危机、难民危机、周边安全危机、恐怖主义袭击、认同危机等多重危机,综合实力相对下降,在这种情况下,欧盟在对外政策方面发生了务实主义的改变,在价值观外交和安全稳定方面,更加侧重于安全稳定,在世界主义情怀和欧洲利益方面,更加侧重欧盟的现实利益。"当下的欧洲看上去更愿成为保护自己的现实主义的'堡垒',而不是理想主义的照亮别人的'灯塔'。"[1] 欧盟对外政策的这种演变同样也体现在欧盟对中国的政策上。

2016 年 6 月,在出台《欧盟全球战略》的同时,欧盟还出台了《欧盟对华新战略要素》[2] 报告,意在对今后若干年的对华政策提供战略性指导。2017 年 12 月 20 日,欧盟还发布了对华经济评估报告[3]。此外,一些欧洲智库近年来还发布了一些研究报告,提出了对中国崛起的认知,并为欧盟提供政策建议,例如,早在 2013 年,欧盟安全研究所就发表研究报告《布鲁塞尔—北京:游戏正在变化》,[4] 表达了对中国崛起的疑惧。2017 年欧盟安全研究所发布《中国的未来:地平线 2025》,[5] 专门分析中国参与全球治理问题。2017 年 12 月,欧洲重要智库欧洲对外关系学会发布研究报告《中国在门口:欧盟与中国关系新权力审查》。[6] 这些报告都充分表达了欧洲人对中国新认知并提出了对欧盟发展与中国关系的政策建议。这些文件和研究报告,反映了欧洲对中国认识的变化和发展对华

---

[1] 洪邮生、李峰:《变局中的全球治理与多边主义的重塑——新形势下中欧合作的机遇和挑战》,《欧洲研究》2018 年第 1 期。

[2] European Commission, *Elements for a New EU Strategy on China*, Joint Communication to the European Parliament and the Council, Brussels, 22.6.2016, JOIN (2016) 30 final.

[3] European Commission, "Commission Staff Working Document, on Significant Distortions in the Economy of the People's Republic of China for the Purposes of Trade Defence Investigations", Brussels, 20.12.2017 SWD (2017) 483 final/2, http://trade.ec.europa.eu/doclib/docs/2017/december/trade-156474.pdf.

[4] Nicola Casarini ed., *Brussels - Beijing: Changing the Game?*, Report No. 14, February 2013, European Union Institute for Security Studies (ISS).

[5] Eva Pejsova, *Chinese Future: Horizon 2025*, Report No. 35, July 2017, European Union Institute for Security Studies (ISS).

[6] François Godement and Abegaël Vasselier, *China at the Gates: A New Power Audit of EU - China Relations*, European Council on Foreign Relations (edfr.eu), December 2017.

的关系的基本预期。

在危机的冲击下,欧盟认为中国在很多方面已经成为欧盟的竞争者,对中国的疑惧情绪在增加。欧盟在 1995 年发布了首份对华政策文件《中欧关系长期政策》,① 表达了当时发展对华关系的基本认识。那时,欧盟希望通过与中国的接触,在价值观和制度上影响中国,希望欧盟能够帮助中国设定改革议程,从而使中国融入国际社会。但中国的发展并没有沿着欧盟所希望的道路上走,在 2009 年的时候,欧洲就有人认识到这一问题,认为欧盟对中国价值观输出的战略是完全失败的,中国是无法改变的,主张放弃对中国的"无条件接触"的政策,转而实行"利益置换"政策,放弃理想主义,而采取现实主义政策。② 2008 年金融危机之后,欧盟和美国都受到经济危机的严重打击,而中国则实现了经济的快速发展,2010 年国民生产总值超过日本而成为世界第二大经济体。欧盟对中国的看法开始发生另一种变化:欧盟一方面认为中国是可以合作的伙伴,另一方面对中国的疑惧逐渐增加。

当 1985 年欧共体委员会主席德洛尔访问中国的时候,他当时是促使中国成为一个出口国,现在中国已经成为一个高技术低成本的经济竞争者。"中国迅速增长的技术密集型出口产品对欧洲敏感的产业部门构成严重挑战。"③ 中国现在已经全面进入了欧洲,"这已经不仅仅是巨大的贸易顺差问题,还包括投资、租借和金融权力"。④ 这种竞争不仅体现在经济上,还体现在基本制度上。欧盟认为在与非洲关系上,中国对非发展援助模式是对欧盟非洲政策的冲击,抵消乃至破坏了欧盟在非洲促进民主、人权和良好治理的努力。特别是在多重危机的冲击下,欧洲国家民主制度失灵,民粹主义大行其道,欧洲国家对自己的制度不再那么拥有自信,更把中国视为制度上的竞争对手。在这种情况下,欧盟对中国的"对抗

---

① European Commission, *A Long Term Policy for China – EU Relations*, May 1995, COM (95) 279.
② 冯仲平:《新形势下欧盟对华政策及中欧关系发展前景》,《现代国际关系》2011 年第 2 期。
③ Nicola Casarini ed., *Brussels – Beijing: Changing the Game?*, p. 5.
④ François Godement and Abegaël Vasselier, *China at the Gates: A New Power Audit of EU – China Relations*, European Council on Foreign Relations (edfr.eu), December 2017.

性"思维有所增加,[1] 认为中国不遵守规则,是对西方价值观念和西方主导的国际体系的威胁。认为中国经济存在严重的"市场扭曲",欧盟指责中国经济体制,认为中国的国有经济部门系统地干预经济发展,限制私企和外资进入某些特定领域;猜疑中国加强与欧盟成员国展开的双边或区域性合作,认为这是对欧盟"分而治之";认为中国"一带一路"倡议是对欧盟的威胁,试图在西方制度之外创建一个"平行体系",向外输出价值观。[2]

《欧盟全球战略》基于"有原则的务实主义"基本立场,明显放弃了对中国"无条件接触"的立场,主张"不论是在国内还是在国际上,欧盟要在尊重法治的基础上接触中国,欧盟将最大限度地利用欧盟中国互联互通平台以及亚欧会议、欧盟—东盟框架的潜能,寻求一种与中国西进对接的路径。欧盟将深化与中国的贸易和投资合作,寻求公平的竞争平台,恰当的知识产权保护和高端技术领域更强的合作,以及在经济改革、人权和气候变化等领域的对话"。[3] 该文件涉及中国的文字尽管不多,但字里行间试图规制中国的文字并不少。《欧盟对华新战略要素》作为一个时隔10年之后再次发布的欧盟对华战略文件,"着重强调了欧盟对华战略的两条相互联系的指导性原则:一是互利性,二是规制性。"[4]

基于欧盟对中国认知的改变和自身所处的形势,欧盟对华政策出现了以下几点显著变化。

第一,对华越来越采取利益优先的态度,保护主义越来越严重。

欧盟对外政策务实主义转向的后果,体现在中欧关系上就是明确强调在发展对华关系时在政治上和经济上都必须"对等互惠"。"这实际上表明了欧盟今后在发展对华关系时将更加关注其自身的利益追求,在涉

---

[1] 赵柯、丁一凡:《"失衡"的中欧关系:解析欧盟对华政策调整》,《当代世界》2018年第4期。
[2] 张健:《欧盟发展态势与中欧关系》,《现代国际关系》2018年第5期。
[3] European Union, "Shared vision, common action: A stronger Europe, A global strategy for the European Union's Foreign and Security Policy", Brussels, June 2016, pp. 37-38.
[4] 洪邮生、李峰:《变局中的全球治理与多边主义的重塑——新形势下中欧合作的机遇和挑战》,《欧洲研究》2018年第1期。

及切身利益时更不会轻易做出让步。"① 欧盟现在视中国为竞争者,欧盟不愿意履行中国加入 WTO 议定书第 15 条规定义务,不承认中国市场经济地位,并出台新的贸易救济法规,实质上就是贸易保护主义。欧盟为避免被指责为不遵守规则而提出了"市场扭曲"概念,认为欧盟在过去和中国的交往中,由于中国经济存在"严重的市场扭曲",没有遵守相关规则,欧盟是"吃亏"一方,因此主张"对等互惠"。

除了贸易保护主义,投资保护主义更加严重。欧盟对外关系委员会的报告称,欧盟完全向中国敞开了市场,而中国则在其国境内部设置各种障碍,因此,没有对等的市场准入,对欧盟来说就等于经济自杀。欧盟需要建成全欧性的投资审查体系,尽管在一些国家看来这并不符合自由贸易的原则,并且可能要冒恶化与中国政治关系的风险。但是只有这样,才能避免像中国 2001 年加入 WTO 那样导致中国产品大举挺进欧洲的局面再次发生。② 近些年来,欧洲一些国家不断为中资企业在欧洲的投资设置障碍,德国还专门修订《对外经济法》,严格审查外资并购,尤其是针对"受国家工业政策指导、享受国家补贴并有国有企业参股的企业"的并购案,③ 目的是抵制外国对欧盟国家敏感高科技企业的"不平等"收购,有明显针对中国的意图。欧盟的保护主义情绪上升,实质上是"对自身国际竞争力下降的焦虑",④ 把自己在危机中遭受的困难归咎于外部的尤其是中国的竞争,甚至污称中方采取不遵守国际规则的竞争。在欧盟把中国视为竞争者的情况下,欧盟对华保护主义将在今后相当长一段时间内成为中欧之间产生摩擦的一个主要原因。

第二,强调以规则为基础的国际秩序,对中国进行规制的色彩更浓。

欧盟对外政策的务实主义转型,并不是放弃原则。欧盟在其标志着对外政策调整的战略文件《欧盟全球战略》中宣称其价值内嵌与其利益

---

① 房乐宪、关孔文:《欧盟对华新战略要素:政策内涵及态势》,《和平与发展》2017 年第 4 期。
② François Godement and Abegaël Vasselier, *China at the Gates: A New Power Audit of EU – China Relations*, European Council on Foreign Relations (edfr. eu), December 2017, p. 91.
③ 张健:《欧盟发展态势与中欧关系》,《现代国际关系》2018 年第 5 期。
④ 崔洪建:《焦虑不自信的欧洲才苛求中国》,《环球时报》2017 年 7 月 21 日。

当中。在《欧盟对华新战略要素》报告中，欧盟则表示要在尊重国际法、包括国际人道法和人权法的基础上发展对华关系，重视基于规则的国际秩序。欧盟在2003年发布的《欧洲安全战略》中强调的是基于多边主义的国际秩序，尽管多边主义仍然是欧盟在对外关系中坚持的基本原则之一，但现在更多强调的是基于规则的国际秩序。这主要是由于在多重危机的冲击下，欧洲内部民粹主义兴起，反精英、反建制的情绪严重威胁着欧洲的安全稳定和欧洲一体化的进一步发展。而从国际上来看，特朗普当选美国总统之后奉行"美国第一"原则，对国际秩序造成极大冲击，而以中国为代表的发展中国家的崛起，也被视为是对西方主导的国际秩序的威胁。因此欧盟"承认中国在国际关系和治理中发挥更大的作用应该与中国更多地坚持国际规则和标准相联系"。[1]

欧盟关于基于规则的国际秩序有着多种含义，可以适用于政治、经济、安全等多个领域。在政治领域，这种以规则为基础的国际秩序是以西方价值观为基础的国际秩序，欧盟仍然强调人权是欧盟对华政策的核心。在《欧盟对华新战略要素》报告中，欧盟深刻表达了对中国的人权关切，指责中国的互联网治理方式，甚至对中国出台的国内法规例如《境外非政府组织境内活动管理法》进行指责。这"反映了其西方价值观取向的道德优越心态"。[2] 在经济领域，欧盟认为中国开放的重点是帮助中国公司走向海外却把外国公司拒之门外，欧盟现在的经济困难部分原因在于中国存在"严重扭曲市场"，中国在国际经济贸易中进行了不遵守国际规则竞争，要求中国在"一带一路"建设中要遵守市场规则和国际标准，在欧盟有关中国的各种文件中，"公平竞技场""市场规则"成了常用的词汇。在安全领域，《欧盟对华新战略要素》突出了其对东海和南海的关切，指出"欧盟应该鼓励中国通过采取建立信任的措施，支持基于规则的国际秩序，尤其是尊重《联合国海洋法公约》及其仲裁程序，迅速完成东盟—中国的'南海行为准则'谈判，对地区稳定

---

[1] European Commission, *Elements for a New EU Strategy on China*, Joint Communication to the European Parliament and the Council, Brussels, 22.6.2016, JOIN (2016) 30 final.

[2] 洪邮生、李峰：《变局中的全球治理与多边主义的重塑——新形势下中欧合作的机遇和挑战》，《欧洲研究》2018年第1期。

做出建设性的贡献"。① 中国在欧盟眼中是一个完全不同的国家,欧盟认为只有把中国的行为规制于他们的价值观和规范主导的规则之中,才能形成一个稳定的秩序,从这一角度来看,欧盟对中国的价值观外交并不会因其对外政策的调整而取消。

第三,强调以整体性原则与中国打交道,以欧盟的整体利益对华施压。

《欧盟对华新战略要素》要求欧盟采取连贯一致的方式,成员国要与欧盟委员会、欧盟对外行动署和其他机构协调一致,在与中国发展关系时强化已经达成的欧盟立场。也就是说,欧盟必须发出强有力的、清晰的、一致的声音。欧盟成员国应该共担责任,在敏感领域保护欧盟的整体利益,例如国际法、边界和海洋问题、军事合作、对敏感和两用高端技术转移活动的监控等。欧盟对中国的军事外交必须达到更大的连贯性和一致性。② 欧盟如此高调地强调对外政策的整体性和一致性,与当前欧盟面临的内外形势以及欧盟对华政策的认知有密切的关系。欧盟自20世纪70年代开始政治合作以来,就一直努力"用一个声音说话",通过成员国的团结,壮大欧洲的力量。金融危机发生以来,在欧债危机、难民危机、英国脱欧的影响下,欧盟内部的离心倾向增强,从外部形势来看,美国特朗普上台之后,跨大西洋关系发生了较大变化,世界面临较大不确定性,所有这些都要求欧盟更加强调团结,通过加强欧盟对外政策的整体性和一致性,强化欧洲认同。但当前欧盟如此强调对华政策的整体性原则,则显示了其对发展与中国关系的消极认知。

欧盟成员国与第三方国家发展关系往往会利用欧盟作为杠杆,使自身的利益最大化,从而使成员国与第三方的关系超越欧盟与第三方的关系。由于欧盟成员国众多,利益协调困难,第三方国家也倾向于优先发展与欧盟成员国的关系。这在中欧关系中得到了较为明显的表现。中国与英国的关系最近几年得到了快速的发展,中英关系进入"黄金时代",

---

① European Commission, *Elements for a New EU Strategy on China*, Joint Communication to the European Parliament and the Council, Brussels, 22.6.2016, JOIN (2016) 30 final.

② Ibid.

中国与奥地利、希腊、捷克、芬兰等国的关系也处于历史上最好的时期。同时，中国还开展了与中东欧国家之间的"16+1"合作，中国与南欧也展开了密切的合作。一些欧洲人认为这是中国对欧洲"分而治之"，中国过于关注与欧盟成员国的双边关系，对欧盟的整体利益不利。① 正是基于这样的认识，欧盟对中国与中东欧的合作比较敏感，对中国对东南欧的投资感到焦虑，甚至有欧洲政客要求中国遵守"一个欧盟"原则。这将对中国与欧盟不同地区国家的合作造成一定程度的干扰。

第四，在更加重视经济利益的同时，对华关系的地缘政治因素考虑增加。

由于欧洲和中国相距遥远，大家一般认为中欧之间没有地缘政治利益冲突。欧盟对中国长期以来实行的是一种"接触政策"，希望在与中国的接触中，中国会实现较大的变化，融入西方主导的国际体系，而较少考虑在中欧关系中加入地缘政治因素，中欧关系也得以较为顺利地从20世纪90年代的伙伴关系发展到今天的全面战略伙伴关系。《欧盟对华新战略要素》要求欧盟对华政策应该纳入欧盟对亚太地区政策框架之内，应该充分考虑和利用欧盟与日本、东盟、澳大利亚等国的伙伴关系，并加强欧美之间的合作与协商。"这意味着今后中欧关系中的美国因素或者第三方因素影响将更为显著，在某些情况下可能进一步增添欧盟对华决策的复杂性。"②

近些年来，欧盟还加强了对中国周边国家政治安全形势的关注力度，例如《欧盟对华新战略要素》报告中就把中国南海问题和东海问题列为其重要的关注点，认为其在该地区有重要的安全利益。近年来，随着中国的发展，亚太地区的安全结构发生了重大变化，欧盟很担心该地区发生安全冲突，从而威胁欧盟在该地区的利益，即便是安全结构发生改变，欧盟也需要进行必要准备，以免被边缘化。欧盟将要在未来变化的安全局势中做出选择。欧盟现在对中国的接触政策，已经"由以往的试图通

---

① François Godement and Abegaël Vasselier, *China at the Gates: A New Power Audit of EU – China Relations*, European Council on Foreign Relations (edfr. eu), December 2017.
② 房乐宪、关孔文：《欧盟对华新战略要素：政策内涵及态势》，《和平与发展》2017年第4期。

过接触改变中国内部政治体制，转变为力图通过接触影响和引导中国的对外政策行为，确保中国不挑战现有的国际秩序，将中国的对外行为规范在当前西方主导的国际秩序中"。①

从整体上看，经受多重危机打击之后，欧盟的对外政策更加内视，更加关注欧盟自身的安全与稳定，更加关注欧盟的周边。尽管欧盟仍然视自身为一种规范性力量，但转向了"有原则的务实主义"。在与中国的关系上，欧盟变得更加现实，更加强调在与中国打交道过程中利益的获取，对中国在贸易和投资方面采取更多的贸易保护主义措施，对中国的"一带一路"倡议继续持猜疑态度，强化欧盟对华政策的一致性和整体性。考虑到以往欧盟价值观外交的挫折以及当前国际局势不确定性的增强，欧盟更重视规则在建构和维持当今国际秩序中的作用，并用以指导对华政策的方方面面，希望通过规则约束和引导中国的对外政策行为。

"9.11"事件后的西方经历了反恐战争引发的震荡以及经济危机引发的各种后遗症，而中国则差不多同时加入世界贸易组织，进入发展的快车道。到今天，中国和欧盟所处的世界和自身都已经发生了巨大变化。尽管很多学者对欧盟最近发布的相关对华政策文件中竞争性乃至对抗性思维的增加感到意外，但应该看到这是欧盟对当今世界力量格局转换和自身处境的理性分析，将指导未来一个时期欧盟对华政策。但是中国和欧盟作为全面战略合作伙伴的基础并没有发生根本性改变。欧盟仍然自认为是中国的伙伴，认为自身的繁荣与中国的可持续发展密切相关。中欧之间进行积极而全面的合作，不仅有共识，而且有较好的条件。中欧对以多边主义作为全球治理的基本原则有共同的认识，并将联合国作为国际多边制度的核心，反对现存国际体系中的单边主义；中欧在反对贸易保护主义、反对逆全球化方面有着共识，主张维护并推动全球自由贸易体系，双方都希望能够尽快达成一个全面的、富有雄心的投资协定，深化关税和贸易便利化合作；双方在诸多全球性问题上有着相似的看法，

---

① 赵柯、丁一凡：《"失衡"的中欧关系：解析欧盟对华政策调整》，《当代世界》2018年第4期。

尤其是在气候变化问题上，中国和欧盟的合作成为达到国际气候治理目标的重要条件；中欧在科学研究、创新以及数字经济领域的合作具有广阔前景；中欧之间在人文交流领域有着较好的合作和良好的发展势头。因此，在看到中欧之间竞争性因素在增加的同时，也应该看到双方良好的合作基础和前景。

参考文献

中文文献：

［英］约翰·平德：《联盟的大厦》，辽宁教育出版社1998年版。

陈玉刚：《国家与超国家——欧洲一体化理论比较研究》，上海人民出版社2001年版。

陈志敏、［比］古斯塔夫·盖拉茨：《欧洲联盟对外政策一体化——不可能的使命？》，时事出版社2003年版。

陈志敏、吉磊：《欧洲的国际秩序观："有效的多边主义"？》，《复旦国际关系评论第十四集》2014年9月。

程卫东、李靖堃译：《欧洲联盟基础条约——经〈里斯本条约〉修订》，社会科学文献出版社2010年版。

崔宏伟：《"规范性强权"欧盟与中欧关系的和谐发展》，《社会科学》2007年第11期。

崔洪建、金玲、王毅：《欧盟国际地位及其影响力变化》，CIIS研究报告，中国国际问题研究所，2014年6月。

戴启秀：《欧盟文化战略视角下欧盟文化政策研究》，《教学与研究》2016年第11期。

董亮：《逆全球化事件对巴黎气候进程的影响》，《阅江学刊》2018年第1期。

房乐宪：《当前欧盟文化外交战略构想及其对中欧关系的政策含义》，《教学与研究》2013年第12期。

房乐宪、关孔文：《欧盟对华新战略要素：政策内涵及态势》，《和平与发展》2017 年第 4 期。

房乐宪：《联邦主义与欧洲一体化》，《教学与研究》2002 年第 1 期。

房乐宪：《欧盟对外关系中的政治条件性》，《世界经济与政治》1999 年第 10 期。

房乐宪：《欧洲政治一体化：理论与实践》，中国人民大学出版社 2009 年版。

冯存万、朱慧：《欧盟气候外交的战略困境及政策转型》，《欧洲研究》2015 年第 4 期。

冯仲平：《关于欧盟外交政策的几个问题》，《现代国际关系》2006 年第 4 期。

冯仲平：《新形势下欧盟对华政策及中欧关系发展前景》，《现代国际关系》2011 年第 2 期。

甘逸骅：《欧盟全球战略与对外关系》，晶典文化事业出版社 2006 年版。

高家伟：《欧洲环境法》，工商出版社 2003 年版。

巩潇泫、贺之杲：《欧盟行为体角色的比较分析——以哥本哈根与巴黎气候会议为例》，《德国研究》2016 年第 6 期。

巩潇泫：《欧盟气候政策的演变及对中国的启示》，《江西社会科学》2016 年第 7 期。

关孔文、房乐宪：《从华沙到巴黎：欧盟气候外交政策的新趋势》，《和平与发展》2016 年第 4 期。

郭灵凤：《欧盟对外关系中的文化维度：理念、目标和工具》，《欧洲研究》2009 年第 4 期。

郭秀玲：《"9·11"后欧盟反恐：政策、实施与评估》，博士学位论文，外交学院，2018 年。

何平：《欧洲文化与国际关系》，四川人民出版社 2007 年版。

贺之杲、巩潇泫：《规范性外交与欧盟气候外交政策》，《教学与研究》2015 年第 6 期。

洪邮生、李峰：《变局中的全球治理与多边主义重塑》，《欧洲研究》2018 年第 1 期。

胡荣花：《欧盟经济发展报告》（2008），复旦大学出版社 2010 年版。

胡志高：《环境殖民主义：当前南北双方在环境问题上矛盾加剧深刻根源》，《桂海论丛》2000 年第 5 期。

扈大威：《欧盟对西巴尔干地区政策评析》，《国际问题研究》2006 年第 2 期。

黄文叙：《欧洲难民问题的严重性及出路》，《现代国际关系》2017 年第 2 期。

贾文华：《欧盟官方发展援助变革的实证研究》，《欧洲研究》2009 年第 1 期。

金玲：《难民危机背景下欧盟周边治理困境及其务实调整》，《当代世界与社会主义》2016 年第 6 期。

金玲：《欧盟对外政策转型：务实应对挑战》，世界知识出版社 2015 年版。

金玲：《欧盟能源—气候战略：转型新挑战和新思路》，《国际问题研究》2014 年第 4 期。

金玲：《欧盟周边政策新调整：利益优先取代价值导向》，《当代世界》2016 年第 6 期。

李格琴：《欧盟介入伊朗核问题政策评估》，《武汉大学学报》（哲学社会科学版）2006 年第 3 期。

李克国：《环境殖民主义应引起重视》，《生态经济》1999 年第 6 期。

李琳婧：《欧盟混合协定实施的问题及影响》，《哈尔滨师范大学社会科学学报》2017 年第 6 期。

李明明：《建构主义的欧洲一体化理论探析》，《欧洲研究》2003 年第 2 期。

李小军：《论美国和欧盟在防扩散战略上的分歧与合作》，《外交评论》2005 年第 6 期。

刘立群、连玉如主编：《德国·欧盟·世界》，社会科学文献出版社 2009 年版。

刘丽云：《试析欧盟发展政策的新特点、新取向和新功能》，《欧洲研究》2009 年第 1 期。

刘文秀：《欧盟的超国家治理》，社会科学文献出版社 2009 年版。

卢晨阳：《欧盟环境政策的发展演变及其特点》，《国际研究参考》2014年第2期。

卢新德：《论全球绿色浪潮与我国绿色产品的出口》，《世界经济与政治论坛》2000年第2期。

罗英杰：《欧盟对俄罗斯进行技术援助的塔西斯计划》，《俄罗斯中亚东欧市场》2005年第3期。

吕蕊、赵建明：《试析欧盟在伊朗核问题中的角色变化与影响》，《欧洲研究》2016年第6期。

欧共体官方出版局编：《欧洲联盟法典》第一、二、三卷，苏明忠译，国际文化出版公司2005年版。

任琳：《欧盟全球治理观的实用主义转型》，《国际展望》2015年第6期。

世界环境与发展委员会：《我们共同的未来》，王之佳、柯金良译，吉林人民出版社1997年版。

宋黎磊：《欧盟特性研究：作为一种规范性力量的欧盟》，《国际论坛》2008年第2期。

苏欲晓、武媛媛、张晗编：《欧盟的对外关系》，鹭江出版社2006年版。

孙灿：《〈欧盟外交与安全政策的全球战略〉解读》，《国际研究参考》2016年第8期。

孙逊：《论伊拉克战争对国际核不扩散机制的影响》，《国际论坛》2003年第5期。

田德文：《解析欧盟中东北非战略》，《当代世界与社会主义》2016年第1期。

田景梅、胡思德：《〈不扩散核武器条约〉：分歧与弥合》，《现代国际关系》2006年第10期。

王新影：《"发展援助危害论"及其评析》，《国际论坛》2016年第6期。

王瑜贺、张海滨：《国外学术界对"巴黎协定"履约前景分析的评述》，《国际论坛》2017年第5期。

吴金勇、刘婷：《气候政治》，《商务周刊》2007年5月20日。

肖主安、冯建中：《走向绿色的欧洲——欧盟环境保护制度》，江西高校出版社2006年版。

宿琴：《现实发展与想象建构——欧盟文化政策解析》，《太平洋学报》2010年第2期。

徐进：《文化与对外关系：欧盟的做法及启示》，《国际论坛》2010年第5期。

徐龙第：《欧盟的战略伙伴关系探析》，《国际论坛》2012年第2期。

徐龙第：《欧盟对外关系总司司长谈论欧盟对外政策与伊朗核危机》，《欧洲研究》2007年第4期。

郇庆治、胡瑾：《联邦主义与功能主义之争》，《欧洲》1999年第6期。

严骁骁：《韧性研究：对政治安全的批判性反思及其超越》，《欧洲研究》2017年第2期。

杨海峰：《有原则的务实主义——欧盟外交与安全政策的全球战略评析》，《欧洲研究》2016年第5期。

尹斌：《后冷战时代的欧盟中东战略与伊朗核问题》，《北京航空航天大学学报》（社会科学版）2006年第9期。

邮洪生：《"规范性力量欧洲"与欧盟对华外交》，《世界经济与政治》2010年第1期。

张健：《欧盟发展态势与中欧关系》，《现代国际关系》2018年第5期。

张浚：《欧盟的"软力量"：欧盟发挥国际影响的方式》，《欧洲研究》2007年第3期。

张华：《刍议欧共体对外关系中的混合协定问题》，《国际论坛》2007年第3期。

张鹏：《"9·11"事件后欧盟与东盟反恐合作初探》，《欧洲研究》2008年第4期。

张学昆：《欧盟邻国政策的缘起及其与扩大政策的联系》，《国际论坛》2010年第3期。

赵晨：《叙利亚内战中的欧盟：实力、理念与政策工具》，《欧洲研究》2017年第2期。

赵绘宇：《欧洲环境法中的循环经济趋势》，《上海交通大学学报》（哲学社会科学版）2006年第1期。

赵柯、丁一凡：《"失衡"的中欧关系：解析欧盟对华政策调整》，《当代世界》2018 年第 4 期。

郑启荣:《全球视野下的欧盟共同外交与安全政策》,世界知识出版社 2008 年版。

仲鑫:《对二战后发展理论及官方发展援助关系的思考》,《南京财经大学学报》2008 年第 2 期。

周弘、[德]贝娅特·科勒-科赫主编:《欧盟治理模式》,社会科学文献出版社 2008 年版。

周弘:《对外援助与国际关系》,中国社会科学出版社 2002 年第 3 版。

周弘主编:《欧盟是怎样的力量——兼论欧洲一体化对世界多极化的影响》,社会科学文献出版社 2008 年版。

周亚敏:《欧盟在全球治理中的环境战略》,《国际论坛》2016 年第 6 期。

朱淦银:《欧盟安全战略与发展研究》,军事谊文出版社 2009 年版。

朱立群:《欧盟是个什么样的力量》,《世界经济与政治》2008 年第 4 期。

朱素梅:《恐怖主义:历史与现实》,世界知识出版社 2006 年版。

英文文献:

Allison, G. (2004) *Nuclear Terrorism: The Ultimate Preventable Catastrophe*, Times Books, New York.

Andersen, M. S. and Liefferink, D. (1997) (eds.), *European Environmental Policy: the Pioneers*, Manchester, New York, Manchester University Press.

Andréani, G. (2004) "The War on Terror: Good Cause, Wrong Concept", *Survival*, Vol. 46, No. 4.

Arts, R. (2004) "Changing interests in EU deveopment cooperation: the impact of EU membership and advancing integration" in Arts and Dickson, *EU Development Cooperation: From Model to Symbol* (Manchester University Press), Manchester.

Benadusi, M. (2014) "Pedagogies of the Unknown: Unpacking 'Culture' in Disaster Risk Reduction Education", *Journal of Contingencies and Crisis Management*, Vol. 22, No. 3.

Bretherton, C. and Volger, J. (1999) *The European Union as A Global Actor*,

London; New York: Routledge.

Broberg, M. (2014) "EU Humanitarian Aid after the Lisbon Treaty", Journal of Contingencies and Crisis Management, Vol. 22, No. 3.

Bunn, M. and Wier, A. (2004) "Securing the Bomb: An Agenda for Action", Nuclear Threat Initiative and the Harvard University Project on Managing the Atom, Harvard University, Washington D. C. http://www.nti.org/e_research/analysis_cnwmupdate_052404.pdf.

Carbone, M. (2013) "Between EU Actorness and Aid Effectiveness: The Logics of EU Aid to Sub - Saharan Africa", *International Relations*, Vol. 27, No. 3.

Cardoso, W. K. and Honwana, J. (2000) "Reflection Paper: Priorities in EU Development Cooperation in Africa", Council of ministers, Brussels.

Castle, S. (2002) "Straw Looks to EU's Future Frontiers," *The Independent*.

Čavoški, A. (2015) "A Post - Austerity European Commission: No Role for Environmental Policy?" *Envirometal Politics*, Vol. 3, No. 3.

Chilosi, A. (2007) "The European Union and Its Neighbours: Everything but Institutions?" *European Journal of Comparative Economics*, Vol. 4, No. 1.

Christiansen, T., Kirchner, E. and Murray, P. eds. (2013), *The Palgrave handbook of EU - Asia relations*, Basingstoke: Palgrave Macmillan.

Commission Communication (2008) "The Enlargement Strategy 2008 - 2009", http://ec.europa.eu/enlargement/pdf/press_corner/key-documents/reports_nov_2008/strategy_paper_incl_country_conclu_en.pdf.

Commission of the European Communities (2007) "Euromed, ENPI Regional Strategy Paper 2007 - 13 and Regional Indictive Programme 2007 - 10". Brussels 2007. http://ec.europa.eu/world/enp/pdf/country/enpi_euromed_rsp_en.pdf.

Commission of the European Community (2007) *Mid - term review of the Sixth Community Environment Action Programme*, Brussels, 30.4.2007, COM 225 final. http://ec.europa.eu/governance/impact/docs/ia_2007/sec_

2007_0547_en. pdf – .

Cooper, R. (2003) *The Breaking of Nations: Order and Chaos in the Twenty – First Century*. NY: Atlantic Monthly Press, London: Atlantic Books.

Cormick, M. (2007) *The European Superpower*, New York: Palgrave Macmillan.

Council of the European Union (2005) "The European Union Counter – Terrorism Strategy", Brussels. http://register.consilium eu. int/pdf/en/05/st14/st14469 – re04. en05. pdf.

Council of the European Union (2007) "Implementation of the Strategy and Action Plan to Combat Terrorism", Brussels. http://register.consilium.eu.ent/pdf/en/05/st14/st14469 – re04. en05. pdf.

Council of the European Union, Factsheet (2007) "The EU and the Fight Against Terrorism", Brussels.

Council of the European Union (2006) Council Common Position 2006/242/CFSP of March 2006 relating to the 2006 Review Conference of the BTWC (OJ 2003, L88/65). http://eur – lex. europa. eu/LexUriServ/LexUriServ. do? uri = OJ: L: 2006: 088: 0065: 0067: EN: PDF.

Cox, A. and Koning, A. (1997) *Understanding European Community Aid*. London: Overseas Deveplopment Institute.

Cupeper, R. (2005) "Human Security, Equitable Development and Sustainable Development: Foundations for Canada's International Policy", NSI paper on International Policy Review, the North – South Institute, Ottawa. in Biscop.

Dany, C. (2015) "Politicization of Humanitarian Aid in the European Union", *European Foreign Affairs Review*, Vol. 20, No. 3.

De Vries, G. (2006) "The Fight Against Terrorism: Five Years After 9/11", Presentation at Annual European Foreign Policy Conference London School of Economics & King's College London.

Dearden, S. (2003) "The Future Role of the European Union in Europe's Development Assistance", 16/1 Cambridge Review of International Affairs.

Decision No. 1600/2002/EC of the European Parliament and of the Council Laying the Sixth Community Environment Action Programme, (2002) *Official Journal of the European Communities L* 242.

Diez, T. (2013) "Normative Power as Hegemony", *Cooperation and Conflict*, Vol. 48, No. 2.

Dobbins, J. (2005) "NATO Peacekeepers need a Partner", *Internatinal Herald Tribune*.

Dodd, D. and Lyklema, M. Dittrich van Weringh, K. (2006) A Cultural Commponent as an Integrated Part of the EU's Foreign Policy?, Boekman—Studies and Labfor Culture, Amsterdam.

Dominguez, R. (1995 – 2004) The Foreign Policy of the European Union: A Study in Structural Transition, The Edwin Mellan Press, Ltd.

Duchene, F. (1972) "Europeps role in world peace", in R. Mayne (ed.), Europe Tomorrow: Sixteen Europeans Look Ahead, London: Fontana.

Eder, F. (2011) "The European Union's counter – terrorism Policy towards the Maghreb: trapped between democratisation, economic interests and the fear of destabilisation", *European Security*, Vol. 20, No. 3.

EEAS (2017) "From Shared Vision to Common Action: Implementing the EU Global Strategy (year 1)", https://europa.eu/globalstrategy/en/vision-action.

Eliassen, K. A. (1998) "Introduction: the New European Foreign and Security Agenda", in Kjell A Eliassen (ed), *Foreign and Security Policy in the European Union*, London: Sage.

Emerson, M. (2005) "EU – Russia. Four Common Spaces and the Proliferation of the Fuzzy", in *CEPS Policy Brief*, No. 71.

European Commission (1989) *Relations Between the European Community and International Organizations* Luxembourg: Office for Official Publications of the European Community.

European Commission (2001) "Making a Success of Enlargement," *Strategy Paper and Report of the European Commission on the Progress Towards Acces-*

sion by Each of the Candidate Countries.

European Commission (2002) "Towards the Enlarged Union," *Strategy Paper and Report of the European Commission on the Progress Towards Accession by Each of the Candidate Countries.*

European Commission (2003) *Communication from the Commission to the Council and the European Parliament, Wider Europe – Neighbourhood: A New Framework for Relations with our Eastern and Southern Neighbours*, COM (2003) 104 final, Brussels.

European Commission (2003) *Paving the Way for a New Neighbourhood Instrument*, COM (2003) 393 final, Brussels.

European Commission (2004) *European Neighbourhood Policy – Strategy Paper*, COM (2004) 373 final, Brussels.

European Commission (2005) Communication from the Commission to the Council, the European Parliament, the European Economic and Social Committee and the Committee of the Regions, Proposal for a Joint Declaration by the Council, the European Parliament and the Commission on the European Union Development Policy "The European Consensus", COM (2005) 311 final, Brussels.

European Commission (2005) DG Development, "Consultation on the Future of EU Development Policy", Issue Paper, Brussels.

European Commission (2007) LIFE – Third Countries 1992 – 2006: Supporting Europe's neighbours in building capacity for environmental policy and action, Luxembourg: Office for Official Publications of the European Communities.

European Commission (2000) *European Community's Development Policy*. COM (2000) 212 final, Brussels.

European Commission (2016) "Towards an EU Strategy for International Cultural Relations", Joint Communication to the European Parliament and the Council, Brussels, 8.6.2016. JION (2016) 29 final.

European Commission (2017) "A New Strategy to Put Culture at the Heart of

EU International Relations", Brussels, 23 May 2017. http: //europa. eu/rapid/press - release_MEMO - 16 - 2075_en. htm.

European Commission (2017) "New European Consensus on Development", https: //ec. europa. eu/europeaid/sites/devco/files/european - consensus - on - development - final - 20170626_en. pdf.

European Commission (2015) Annual Report on the European Union's Humanitarian Aid and Civil Protection Policies and their Implementation in 2014, Brussels, 21. 8. 2015, COM 406 final.

European Commission (2016) Joint Communication to the European Parliament and the Council, "Towards an EU Strategy ofor International Cultural Relations", Brussels, 8. 6. 2016. JION29 final.

European Council (2003) *A Secure Europe in a Better World - European Security Strategy*. Brussels.

European official press (2004) *A World Player: the European Union's External Relations*, Brussels.

European Parliament's Committee on Development (2017) "Possible Impacts of Brexit on EU Development and Dumanitarian Policies", Policy Department, Directorate - General for External Policies.

European Union (2016) "Shared vision, common action: A stronger Europe. A global strategy for the European Union's Foreign and Security Policy ", Brussels. http: //europa. eu/globalstrategy/sites/globalstrategy/files/eugs_review_web. pdf.

European Union (2015) "The European Union in A Changing Global Environment—A More Connected, Contested and Complex World". http: //eeas. europa. eu/archives/docs/docs/strategic_review/eu - strategic - review_executive_summary_en. pdf.

Falkner, R. (2006) "The EU as a 'Green Normative Power'? EU Leadership in International Biotechnology Regulation", Centre For European Studies, Harvard University, Working Paper.

Farrell, M. (2005) "A Triumph of Realism over Idealism? Cooperation Between the European Union and Africa", *European Integration*, pp. 263 - 283.

Fisher, R. (2008) "Recognising the Significance of Culture in Government and EU External Relations", a presentation made to the 5th European Forum on Culture and Society— "Culture Co - operation and Mobility in Europe", Luxembourg.

Fisher, R. (2007) *A Cultural Dimension to the EU's External Policies—From Policy Statements to Practice and Potential*, Boekman - Studies and Labfor Culture, Amsterdam.

Flockhart, T. (2016) "The Coming Multi - order World", *Comtenporary Security Policy*, Vol. 37, No. 1.

Galtung, J. (1973) The European Community: A Superpower in the Making, London : Allen&Unwin.

Gerner, D. J. (1995) "The Evolution of the Study of Foreign Policy", in Laura Neack, Jeanne A. K. Hey, and Haney, P. J. *Foreign Policy Analysis. Continuity and Change in its Second Generation*, New Jersey: Prentice Hall.

Grand, C. (2016) "The European Union Global Strategy: Good Ambitions and Harsh Realities", *The International Spectator*, Vol. 51, No. 3.

Gregory and Wilkinson, P. (2005) "Riding Pillion for Tackling Terrorism is a High Risk Policy", in *Security, Terrorism and the UK* (London: Chatham House).

Grevi, G. (2009) "The Interpolar World: A New Scenario", Occasional Paper, No. 79, EU Institute for Security Studies, Paris.

Grieco, J. M. (1995) "The Maastricht, Treaty, Economic and Monetary Union and the Neo - Realist Research Programme", *Review of International Studies*, Vol. 21, No. 1.

Haass, R. N. ed. (1999) *Transatlantic Tensionsthe United States, Europe and Problem Countries*, Washinton DC. Brookings Institute.

Heisbourg, F. (2000) *European Defence: Making it Work*. Paris: Institute for

Security Studies.

Heisbourg, F. (2004) "The European Security Strategy Is Not a Security Strategy", in A European Way of War, London: Centre for European Reform.

Hettne and Söderbaum, F. (2005) "Civilian Power or Soft Imperialism? The EU as a Global Actor and the Role of Interregionalism" 10 *EFA Rev.*

Hill, C. (1996) *The Actor in Europe's Foreign Policy*, London: Routledge.

Hill, C. (2003) "What is to be done? Foreign Policy as a Site for Political Action," *International Affairs*, 79, No. 2.

Hill, C. (2003) *The Changing Politics of Foreign Policy*, New York: Palegrave Mcmillan.

Hill, C. (1997) "The Actors Involved, National Perspectives", in E-. Regelsberger, P. de Schoutheete de Tervarent and W. Wessels (eds) *Foreign Policy of the European Union*, London: Rienner.

Holland, M. (2003) "20/20 Vision? The EU's Cotonou Partnership Agreement", *The Brown Journal of World Affairs*, Vol. 9, No. 2.

Holmes, L. (2013) "Dealing with Terrorism, Corruption and Organised Crime: the EU and Asia", in Christiansen, T., Kirchner, E. and Murray, P. (eds.), *The Palgrave handbook of EU–Asia relations*, Basingstoke: Palgrave Macmillan. 2013.

House of Lord, European Union Committee (2005) "After Madrid: the EU's Response to Terrorism". http://www.publications.parliament.uk/pa/ld200405/ldselect/ldeucom/53/53.pdf.

Jacobson, M. (2006) *The West At War – US and European Counter – terrorism Dfforts, Post – September 11*, Washington DC: The Washington Institute for Near East Policy.

Johnston, AI. (2001) "Treating International Institutions as Social Environments," *International Studies Quarterly*, Vol. 45, No. 4.

Jørgensen, K. E. (1997) "PoCo: The Diplomatic Republic of Europe", in K. E. Jørgensen (ed), *Reflective Approaches to European*

Governance. London: Macmillan Press ltd.

Jupille, J. (1999) "The European Union and International Outcomes", *International Organization*, 23. No. 2 (Spring).

Kagan, R. (2004) *Of Paradise and Power: America and Europe in the New World Order*, New York: Vintage Books.

Karl, K. (2000) "From Georgetown to Cotonou: The ACP Group faces up to new challenges", *The Courier*, Special Issue, Cotonou Agreement.

Kaunert, C. and Le'onard, S. (2001) "EU counterterrorism and the European neighbourhood policy: an appraisal of the southern dimension", *Terrorism and Political Violence*, Vol. 23, No. 2.

Kingah, S. (2006) "The Revised Cotonou Agreement Between the European Community and the African, Caribbean and Pacific States: Innovations on Security, Political Dialogue, Transparency, Money and Social Responsibility" 50/1 Journal of African Law.

Laatikainen, K. V. (2006) "Pushing Soft Power: Middle Power Diplomacy at the UN", in Laatikainen, K. V. and Smith, K. E. (eds), *The EU at the UN: Interesting Multilateralism*, Houndmills: Palgrave Macmillan.

Lavenex, S. & Schimmelffnnig, F. (2006) "Relations with the Wider Europe", *Journal of Common Market Studies*, Annual Review.

Lellouche, P. (1993) "French in Search of Security", *Foreign Affairs*, Vol. 72, No. 2.

Lightfoot, S. (2016) Emma Mawdsley and Balázs Szent – iványi, "Brexit and UK International Development Policy", *The Political Quarterly*, Vol. 88, No. 3.

Lightfoot, S., Mawdsley, E. and Szent – iványi, B. (2016) "Brexit and UK International Development Policy", *The Political Quarterly*, Vol. 88, No. 3.

Lindstrom, G. and Schmitt, B. (2003) (eds.) "Fighting proliferation: European Perspectives", *Chaillot Paper*, No. 66.

Mackenzie, A., Bures, O., Kaunert, C., and Léonard, S. (2013) "The

European Union Counter – terrorism Coordinator and the External Dimension of the European Union Counter – terrorism Policy", *Perspectives on European Politics and Society*, Vol. 14, No. 3.

Mannars, I. (2002) "Normative Power Europe: a Contradiction in Terms?" *Journal of Common Market Studies*, Vol. 40, No. 2.

Mannars, I. (2002) "The European Union's Normative Strategy for Sustainable Peace", In V. Rittberger and M. Fischer (eds), *Strategies for Peace*, Opladen: Verlag Barbara Budrich.

Manners, I. (2002) "Normative Power Europe: A Contradiction in Terms?" *Journal of Common Market Studies*, Vol. 40, No. 2.

March, J. (1998) "The Institutional Dynamics of International Political Orders", *International Organization*, 1998, Vol. 52, No. 4.

Matia, R. and Martin, F. (2012) "The European and International Negotiations on Climate Change, A Limited Role to Play", *Journal of Contemporary European Research*, Vol. 8, Issue 2.

Migliorisi, M. S. and Wolfe, T. (1998) "An Evaluation of EU Aid to the ACP", European Commission, Ref. 951338.

Milward, A. S. (1984) *The Reconstruction of Western Europe*, London: Methuen.

Mitrany, D. (1994) "A Working Peace System", in B. F. Nelsen, A. C – G. Stubb (ed), *The European Union: Readings on the Theory and Practice of European Integration*, Lynne Rienner Publishers.

Moisi, D. (1999) "Iraq", in Richard N. Haass, (ed.), *Transatlantic Tensionsthe United States, Europe, and Problem Countries*, Washinton DC. Brookings Institute.

Moravcsik, A. (2003) "Striking a New Translantic Bargain", *Foreign Affairs*, Vol. 82, No. 4.

Müller, H. (2003) "Terrorism, proliferation: A European threat assessment", *Chaillot Paper*, No. 58.

Müller, W. (2006) "Improving the Democratic Accountability of EU Intelligence", *Intelligence and National Security*, Vol. 21, No. 1.

Nolan, C. J. (2002) *The Greenwood Encyclopedia of International Relations*, Vol. 2, Westport, CT: Greenwood.

Oberthür, S. (2016) "Where to go from Paris? The European Union in climate geopolitics", *Global Affairs*, Vol. 2, No. 2.

Ogata, S. and Sen, A. (2003) Report of the Commission on Human Security (United Nations, New York; Organization for Economic Cooperation on the Threshold of the 21st Century (Development Assistance Committee, Paris, 1988).

Olson, M. Zeckhauser, R. (1966) "An Economic Theory of Alliances", *The Review of Economics and Statistics*. Vol. 48, No. 3.

Partnership Agreement Between the African. (2000) Caribbean and Pacific Group of States of the One Part and the European Community and its Member States of the Other Part, Sign in Cotonou, 23 June 2000. O. J. L317/1, article 1.

Pentilla, E. J. (2003) "The Role of the G8 in International Peace and Security", *Adelphi Paper*, No. 335, International Intstitute for Strategic Studies, London.

Petito, F. (2016) "Dialogue of Civilizations in a Multipolar World: Toward a Multicivilizational – multiplex World Order", *International Studies Review*, Vol. 18, No. 8.

Pfenning, C. (1997) *Global Europe: The European Union in World Affairs*, Bourlder: Lynne Reinner.

Picciotto, R. (2004) "Aid and Conflict: The Policy Coherence Challenge" *Conflict, Security and Development*, Vol. 4, No. 3.

Picciotto, R. (2006) "Why The World Needs Millennium Security Goals", Opinion *Conflict, Security and Development*, Vol. 6, No. 1.

Pierson, P. (2000) "Increasing Returns, Path Dependence, and the Study of Politics", *American Political Science Review*, Vol. 94, No. 2.

Pishchikova, K. and Piras, E. (2017) "The European Union Global Strategy:

What Kind of Foreign Policy Identity?" The International Spectator, Vol. 52, No. 3.

Pontiroli, A., Ponthieu, A. and Derderian, K. (2013) "Losing Principles in the Search for Coherence? A Field - Based Viewpoint on the EU and Humanitarian Aid", The Journal of Humanitarian Assistance, http://sites.tufts.edu/jha/archives/tag/comprehensive - approach.

Portela, C. (2003) "The Role of the EU in the Non - proliferation of Nuclear Weapons: The Way to Thessaloniki and Beyond", PRIF Reports, No. 65.

Prodi, R. (2002) "A Wider Europe - A Proximity Policy as the Key to Stability", Speech at the 6th ECSA - World Conference in Brussels, Speech/02/619.

Quille, G. and Pullinger, S. (2003) "The European Union: Tackling the Threat from Weapons of Mass Destruction", ISIS Report.

Rochelle, K. (2004) EU Donor Atlas, Mapping Official Development Assistance, European Commission, Brussels.

Rosecrance, R. (1998) "The EU: A New Type of International Actor", in J. Zielonka (ed.), Paradoxes of European Foreign Policy, London: Kluwer Law International.

Russet, B. Starr, H. and Kinsella, D. (2000) World Politics: The Menu for Choice, Boston: Bedford/St. Martin's.

Santiso, C. (2002) "Improving the Governance of European Foreign Aid: Development Cooperation as an Element of Foreign Policy", CEPS Working Document, No. 189, Brussels.

Schimmelfennig, F. and Sedelmeier, U. (2004) "Governance by Conditionality: EU Rule Transfer to the Candidate Countries of Central and Eastern Europe," Journal of European Public Policy, Vol. 11, No. 4.

Smith, K. (2000) "The End of Civilian Power EU : A Welcome Demise or Cause f or Concern ?" International Spectator, Vol. 23, No. 2.

Smith, K. E. (2003) European Union Foreign Policy in a Changing World, Polity.

Smith. H. (2001) *European Union Foreign Policy: what it is and what it does*, Pluto Press, London.

Toje, A. (2005) "The 2003 European Security Strategy: A Critical Appraisal", *European Foreign Affairs Review*. Vol. 10, No. 1.

Tucker, J. B. (2004) "The BWC New Process: A Preliminary Assessment", *The Nonproliferation Review*.

Van Den Sanden, T. (2017) "Preliminary assessment of the impact of Brexit on EU development and humanitarian aid policies", Directorate – General for External Policies, Policy Department.

Van Ham, P. (2011) "The European Union's WMD Strategy and the CFSP: a Critical Analysis", *Non – Proliferation Papers*, No. 2, EU Non – Proliferation Consortium.

Vires, GD. Nato Review (2005) "Interiew: Gijs de Vries, EU Counter – Terrorism Co – odinator", Autumn. http://www.nato.int/docu/review/2005/issue3/english/interview.html.

Waltz, K. (1993) "The Emerging Structue of International Politics", *International Security*, Vol. 18, No. 2.

Waltz, K. (2000) "Structural Realism After the Cold War", *International Security*, 2000, Vol. 25, No. 1.

Watts, J., et al (2003) "Institutional Learning and Change. An Introduction", *ISNAR Discussion Paper 3*, The Hague: Online publication (www.ciat.cgiar.org).

Webb, S. (2005) Minutes of Evidence "After Madrid: The EU's Response to Terrorism", House of Lord, European Union Committee. http://www.publications.parliament.uk/pa/ld200405/ldselect/ldeucom/53/53.pdf.

Whitman, R. (1998) *From Civilian Power to Superpower? The International Identity of the European Union*, Basingstoke: Macmillan.

Whitman, R. (2013) "The Neo – normative Turn in Theorising the EU's International Presence", *Cooperation and Conflict*, Vol. 48, No. 2.

Youngs, R. (2006) *Europe's Flawed Approach to Arab Democracy*, London:

Centre for European Reform.

Zielonka, J. (1998) *Explaining Euro – Paralysis: Why Europe is Unable to Act in the International Politics*, Macmillan Press Ltd.

Zielonka, J. (2006) *Europe as Empire: The Nature of the Enlarged EU*, Oxfrd: University Press.

后　　记

　　2007年，北京外国语大学国际问题研究所的几位老师为研究生合开了一门课程，课程的名称叫"区域国别外交"，每个老师结合自己的研究领域上一到两次课，我选择的是讲授欧盟对外政策方面的内容。欧盟对外政策有众多的议题，一两次课很难系统地展开，只能就其中一两个议题进行探讨。我把这次授课的机会当成一次系统学习的机会，对每一届学生都尽量讲授新的议题，几年下来也对欧盟对外政策中的不少问题有了些粗浅认识，有些文字还得以发表在国内专业学术刊物上，但多数情况下还仅仅属于满足于自己弄明白问题，虽然有时想整理付印，却常常被一些琐碎杂事打乱节奏。2016年起"区域国别外交"停止授课，我便收拾心情，静下心来，把此前的积累做一梳理，算是对这几年时光的一点纪念。形成书稿的这种过程，也决定了本书每章都有相对的独立性的这一特点。

　　课程开设的10年也恰是欧洲面临各种危机的10年。2007年的时候，股市正火，街头巷尾人们谈论的不是炒股票，就是买基金。就在炒股专家们预言上证指数能够达到12000点的时候，国际上正在酝酿着金融风暴，不时有学者和金融界要员发出危机即将到来的警告，就像暴风雨到来之前隐隐约约的雷声。2008年随着雷曼兄弟的倒台，一场起源于美国的金融风暴席卷全球。欧洲也受到严重冲击，然后爆发了欧洲债务危机。在周边地区动荡不安、恐怖袭击不断发生、难民潮汹涌而至等问题的共同影响下，疑欧情绪在欧洲迅速发酵，民粹主义势力不断壮大，英国脱欧便是其结果之一。欧盟面临的多重危机对欧洲一体化的未来造成严重影响，导致人们对欧盟的未来产生怀疑，甚至有些西方学者在思考欧盟之后应该如何研究欧洲一体化的问题。

　　冷战结束之后，欧洲一体化取得了较为快速的发展，但也积累了较多的问题，正如不断冲高的股市，在某个节点出现大跌也完全合乎情理。欧洲一体化现在正因为遭受多重危机的冲击而处于调整期，这种调整当然也会反映到其对外政策上，尽管不是在所有对外政策领域都有所表现。我在对过去授课积累的一些思考进行整理时，也关注了欧盟正遭受的多重危机对欧盟对外政策的冲击和影响。由于是按照过去授课的讲义整理而成，以每章探讨一个话题方式展开，只能从某个方面谈个人的认识，难免浅陋。而事实上，本书所涉及的每一个议题都是一个宏大的领域，都可以写成若干专著来进行探讨。

　　非常感谢为本书的写作和出版提供帮助的所有人。首先感谢中国人民大学欧洲问题研究中心的各位老师。我从中国人民大学国际关系学院博士毕业后，他们是与我保持联系最多的学术团队，参与他们的学术活动为本人的学术进步提供了巨大的帮助，本书的顺利出版有赖于中心的支持。感谢《国际论坛》编辑部的各位同事，这个温馨的小团队团结能干，任劳任怨，他们对工作的投入就是对我的最大支持。北外国际关系学院是一个年轻的学院，拥有一支能干的教师队伍，能在一起工作就是缘分啊！同事们都非常敬业，衷心希望学院能有更好的发展。

　　书稿最后的修改和整理是在夏日。在写作的过程中，透过办公室窗口，天气晴好的情况下能够看到蓝天白云下墨绿的西山，能够看到远处髽鬏山和清水尖云起云涌。成书的过程是辛苦的，正如在山中小路上游走，有时甚至会迷失方向，有时会碰到障碍，但每遇到一处美好的风景的时候，就会感到此前付出的价值和意义。在读书时把某个问题思考明白，就如在山中穿行时遇到一处美好的风景。

2018 年 9 月 7 日